Erik Lindner

Die Herren der Container

Deutschlands Reeder-Elite

| Hoffmann und Campe |

1. Auflage 2008
Copyright © 2008 by
Hoffmann und Campe Verlag, Hamburg
www.hoca.de
Satz: atelier eilenberger, Leipzig
Gesetzt aus der Bulmer
Druck und Bindung: Druckerei C. H. Beck, Nördlingen
Printed in Germany
ISBN 978-3-455-50090-5

HOFFMANN
UND CAMPE

Ein Unternehmen der
GANSKE VERLAGSGRUPPE

Nicht Machthunger, nicht Geltungstrieb ist es gewesen,
was ihn so weit von der kleinen Grundlage am Baumwall in alle
Winde geführt hat. Ist er noch er selber? Ist er es damals
nicht viel mehr gewesen mit der kleinen eigenen Agentur …?
Jetzt ist er nichts als ein Getriebener, ein Gehetzter von einer
übernommenen Pflicht zur andern, in immer engere und
bedrängendere Abhängigkeiten hineinverzwickt.

HANS LEIP, DES KAISERS REEDER.
EINE ALBERT-BALLIN-BIOGRAPHIE, 1956

Inhalt

Der Hanseat trägt Grau, und wenn er
Farbe trägt, dann ist es Dunkelblau.

Einführung

Nichts manifestiert die Globalisierung der modernen Wirtschaft so augenfällig wie der Container. Die Idee des Transports von Gütern in genormten Stahlbehältern wurde vor über einem halben Jahrhundert in den USA entwickelt. Dementsprechend hat der Standardcontainer amerikanische Maße: 20 Fuß Länge, 8 Fuß Breite, 8,6 Fuß Höhe (1 Fuß entspricht 30,48 Zentimetern). Die branchentypische Kurzform dafür heißt »TEU« – twenty foot equivalent unit. 2006, als die Logistikbranche den fünfzigsten Geburtstag des Containers feierte, gab es weltweit bereits 16 Millionen der so reizlos erscheinenden wie praktisch nutzbaren Boxen. Unablässig kommen neue hinzu. Der Großteil von ihnen ist ständig in Bewegung. Welche Dynamik in dem kontinuierlichen Transportprozess steckt, erschließt sich dem Betrachter nur bedingt. Genauso wenig ist auf den ersten Blick zu erkennen, welches wirtschaftliche Potenzial in der durch den Container ausgelösten Transportrevolution steckt.

Als Autofahrer begegnet man häufig Lastwagen mit langgestrecktem 40-Fuß-Stahlcontainer vor oder neben sich auf der Straße. Das entspricht zwei TEU mit maximal 30 Tonnen Ladung. Ob darin DVD-Player aus China enthalten sind, Jeans aus Vietnam oder chilenischer Rotwein, ist von außen nicht ersichtlich. Allgegenwärtig ist der Container im Straßenverkehr. Dabei wirkt er sperrig und aufgrund seiner puren Masse sogar ein wenig bedrohlich, wenn man im Stau vor oder hinter dem Sattelschlepper steht. Auf einem 700 Meter langen Güterzug wirken 80 TEU bereits passender, denn das sieht fast schon elegant aus. Und am Hamburger Elbstrand, unterhalb vom

Falkenstein oder bei Övelgönne, wird der überdimensionale Containerfrachter mit seinen klobigen Aufbauten zu einem spektakulären Element maritimer Kulisse im Binnenland. Promenierende Hamburger und Touristen ergötzen sich gleichermaßen daran, wenn ein Schiff mit 6000 TEU wie im Zeitlupentempo von Schleppern an ihnen vorbeidirigiert wird. Viele registrieren dieses Bild mit einem Bier in der Hand im entspannten Getümmel bei der *Strandperle*, einem alteingesessenen Imbiss mit Kultcharakter. Hier unten am Wasser wird sichtbar, dass Hamburg den bedeutendsten deutschen Hafen besitzt.

Verlässt man den Elbstrand und geht über einen der steilen Wege hinauf zur Elbchaussee, verändert sich die Perspektive. Jetzt erst ist die Fülle der Containerterminals auf dem gegenüberliegenden Ufer des Flusses zu sehen. Dort bietet sich ein stets betriebsames Szenario: Eine ganze Reihe von Schiffen wird ent- oder beladen, mehrere Dutzend Kräne sind dafür in Aktion, während Transportwagen eilig zwischen den Stapeln vielfarbiger Container umherfahren. Da keine Menschen zu erkennen sind, mutiert der Anblick des weitläufigen Containerhafens zu einem mechanischen Riesenballett. Eines wird dabei bewusst: Hier brummt ohne Unterlass ein großes Geschäft. Die Vorstellungskraft lässt den Betrachter allerdings bei den Ausmaßen des Ganzen im Stich: Knapp zehn Millionen TEU wurden hier im Jahr 2007 »umgeschlagen«, wie die Hafenwirtschaft den Ladungsvorgang nennt. Damit ist Hamburg derzeit der neuntgrößte Containerhafen der Welt. Und die Tendenz zeigt deutlich nach oben: Mehr und vor allem größere Schiffe, mehr Container, mehr Züge und Lkw werden hierher kommen und von hier aus abfahren. Genauso sieht es in Bremerhaven, Rotterdam, Antwerpen und Hunderten weiterer Häfen der Welt aus. Logistik, vor allem Containerlogistik, ist einer der Wachstumsmärkte überhaupt – und die Masse zieht vielfältige Probleme nach sich.

Nichts verkörpert den gegenwärtigen Welthandel so gut wie der Containerfrachter. Bei diesem Schiffstyp ist die Globalisierung für jedermann offensichtlich, greifbar allerdings nur für die wenigsten. Hier schließt sich eine interessante Frage an: Wer hat sie eigentlich im Griff, die bald fünftausend die Meere befahrenden Vollcontainerschiffe? – Die Antwort erscheint überraschend: Ein Drittel dieser immensen, kostspieligen Flotte hat deutsche Besitzer. Sie haben weltweit Gewicht, und ihr Anteil wächst sogar noch. Der Handel zur See unterliegt seit längerem einer bemerkenswerten Dynamik, wie auch die Entwicklung des Jahres 2007 zeigte: Während die Weltwirtschaft um fünf Prozent zulegte, wuchs die Welthandelsflotte um sieben Prozent. Die deutsche Handelsflotte brachte es gar auf das Dreifache des allgemeinen Schiffszuwachses. Und in Zukunft? Bei Werften in aller Welt sind derzeit neue Schiffe bestellt, deren Frachtvolumen zwei Drittel der bislang eingesetzten Containerkapazität beträgt. Und jedes dritte Containerschiff wird für deutsche Auftraggeber gebaut. Unter ihnen sind namhafte Reederdynastien, aber auch erst in jüngerer Zeit entstandene Reedereien und Emissionshäuser. Über deren Fonds erwarben Zehntausende Anleger Beteiligungen an den Frachtern. Einst waren es Steuersparmodelle, durch die diese Investoren in die Branche gelockt wurden. Heute stehen die Renditeaussichten im Vordergrund: Über geschlossene Fonds teilen Zahnärzte, Rechtsanwälte, leitende Angestellte, solvente Erben und andere Anleger als Kommanditisten Risiko und Gewinn in der boomenden Containerwirtschaft. Viele profitieren von dieser im ästhetischen Sinn wenig ansehnlichen, aber in ihrer schieren Dimension bestechenden Blüte der Schifffahrt, seien es Menschen mit Salzwasser im Blut oder einfach solche mit alerten Anlageberatern im Ohr.

Was ist das für ein Geschäft, in dem die Deutschen in den letzten zwanzig Jahren mit großem Geschick und milliardenschwerem Kapital an die Spitze drängten und weit über ein Drittel der benötigten Containertonnage bauen ließen? Es ist der Kernbereich der maritimen Wertschöpfungskette, die aus Schiffbau, Finanzierung, Schiffsbetrieb, Vercharterung und Frachtgeschäft besteht. Die sogenannten Trampreeder beschaffen das benötigte Kapital, ordern auf der Werft das Schiff, verchartern und betreiben es im Auftrag des Charterers, der im Regelfall eine große Linienreederei unterhält. Dessen Ziel als Logistikunternehmer ist es, mit der eigentlichen Transportleistung des Frachters auf eigene Rechnung zu verdienen. Somit stellt der Trampreeder kostspielige Tonnage gegen mittel- oder langfristige Charterverträge zur Verfügung. Dank dieser Charterraten, die je nach Schiffsgröße gegenwärtig über 50 000 Dollar pro Tag ausmachen können, lassen sich Millionen verdienen.

Zwar machen die Schiffe deutscher Eigner nur selten in deutschen Häfen fest, aber Hamburg ist erstaunlicherweise der Nabel der internationalen Containerschifffahrt. Denn hier gibt es alles, was ihren reibungslosen Fluss ermöglicht: über fünfzig Reedereien, die Containerfrachter verchartern, zwei weltweit operierende Linienreedereien, Dutzende von der Kapitaleinwerbung lebende Emissionshäuser, branchenaffine Banken, zahlreiche Makler und den bedeutenden »Schiffs-TÜV« Germanischer Lloyd, die Reparaturwerft von Blohm + Voss, Schiffsausrüster sowie die seit den siebziger Jahren ständig ausgeweiteten Terminal-Anlagen. Natürlich gibt es auch in anderen deutschen Hafenstädten Unternehmen, die in der Containerfahrt eine Rolle spielen. Zu nennen wären beispielsweise die Bremer Schlüssel Reederei, die zu Beginn der neunziger Jahre in die Bereederung von Containerschiffen einstieg, und die Reederei Hartmann im ostfriesischen Leer. Ein so enges maritimes Netzwerk mit starker Fokussierung auf die Containerbranche wie in Hamburg findet sich allerdings nicht einmal ansatzweise in Niedersachsen oder Bremen. In dieser Hinsicht nimmt die Stadt an der Elbe eine Ausnahmestellung ein, die selbst im internationalen Vergleich einmalig ist.

Wer die Entwicklung der Hafenwirtschaft seit der deutschen Einheit und der Öffnung Osteuropas betrachtet, kann in Bezug auf Hamburg eigentlich nur zufrieden sein. Jahrzehntelang, bis Mitte der neunziger Jahre, ließ die Auslastung des Hafens zu wünschen übrig. Aber nun, wo infolge der Osterweiterung der Europäischen Union die baltischen Staaten als Märkte für den Containertransport hinzukommen, erscheint die Lage sehr aussichtsreich. Der Hamburger Hafen wächst kontinuierlich, was den Containerumschlag angeht. Bis 2015 wird eine Steigerung des Volumens auf 18 Millionen TEU erwartet. Das schafft Attraktivität, denn die Einnahmen durch Hafenentgelte summieren sich beträchtlich. Als etwa die profitable Hamburger Hafen und Logistik AG (HHLA), der größte Umschlagbetrieb des Hafens, im November 2007 knapp ein Drittel ihrer Anteile an die Börse brachte, erlöste sie dabei über eine Milliarde Euro. Hamburg ist eine bedeutende und zugleich boomende Drehscheibe im Transportnetz, denn von hier aus steuern kleinere Schiffe zahlreiche Häfen mit Containerfracht an. Durch den Nord-Ostsee-Kanal ist das Baltikum für den Zubringerverkehr zügig erreichbar. Daneben gelangen die Container per Lkw und Bahn ins Landesinnere, in die Schweiz, nach Österreich, Tschechien oder weiter nach Mitteleuropa.

Jeder Transport, jede Umschlagbewegung bringt Geld. In der Summe ist der Containerverkehr längst ein Geschäft mit Milliardenumsätzen. Transportvolumen, Tempo der Schiffe, Charterraten, Treibstoffkosten, Liegegebühren, all das wird kalkuliert, bewertet und teilweise öffentlich transparent gemacht. Kaum bekannt sind dagegen die Hauptakteure, die deutschen Containerschiffsreeder. An der Spitze stehen, gemessen an der TEU-Kapazität, die Unternehmen von Claus-Peter Offen, Erck Rickmers, Jochen Döhle, Bernd Kortüm, Bertram Rickmers und Frank Leonhardt. Woher stammen diese Kaufleute, die den großen Linienreedereien wie Mærsk, MSC, CMA CGM, Evergreen und Hapag-Lloyd einen wichtigen Teil der auf festen Routen eingesetzten Tonnage per Charter zur Verfügung stellen? Es ist ein kleiner Kreis an der Elbe ansässiger Reeder, der internationale Bedeutung erlangt hat. Ohne das Potenzial dieser deutschen Mitspieler wären die stetig wachsenden globalen Transportströme nicht zu bewältigen. Doch wer sind die Herren der Container? Was treibt sie an? Und wie finanzieren sie ihre Frachter?

An sich ist ein Reeder ein Transportunternehmer, dem das Schiff »zum Erwerb durch die Seefahrt« dient, wie das Handelsgesetzbuch nüchtern formuliert. In den Hansestädten freilich ist der Reeder mehr als ein Spediteur zur See. Traditionell gehört er zum vornehmsten Kreis der Kaufmannschaft. Seinem Image haftet eine geradezu elitäre Aura an. Während der Bankier scheinbar nur mit Zahlen operiert, setzt der Reeder Schiffe ein, die unter oftmals riskanten Bedingungen für ihn arbeiten. Schließlich sind sie den Unwägbarkeiten der See ausgesetzt und wiederholt Leidtragende politischer Entwicklungen gewesen. Stürme, Konjunkturzyklen und Kriege haben den Handel übers Meer immer wieder beeinträchtigt. Zum Beruf des Reeders gehört daher, alle sich ihm bietenden Geschäftsvorteile zu nutzen, Risiken zu kalkulieren und Krisen zu meistern. Wohl daher rührt das hohe Ansehen der Berufsgruppe, das eigentlich nur dadurch getrübt wird, dass das Gros ihrer Schiffe nicht unter deutscher Flagge fährt.

In jüngster Zeit haben die Reeder von eher unerwarteter Seite Zuwachs bekommen: Seit über zwei Jahrzehnten gibt es überall in Deutschland Finanzdienstleister, die bei der Kapitalbeschaffung für Schiffe von großem Nutzen sind. Einige Inhaber der maßgeblichen Emissionshäuser erwirtschafteten dabei ein beträchtliches Vermögen. Als erfolgreicher Akquisiteur von Anlagekapital im Geschäft mit der Schifffahrt Einfluss auszuüben, kann einen exzellenten Ruf verschaffen. Die Krönung des Wirkens allerdings bedeutet es, als Reeder zu agieren, was schon einige der Geldbeschaffer in die Tat umsetzten: Der Westfale Dr. Bernd Kortüm ist Inhaber des im Fondsgeschäft erstrangig etablierten Emissionshauses Norddeutsche Vermögen. Er erwarb die Traditionsreederei H. Schuldt und wurde dadurch zum Reeder. Das kommt in der Hamburger Geschäftswelt einer Nobilitierung gleich. Zu den in der Gesellschaft der Stadt höchstangesehenen Patriziern wird dadurch natürlich niemand aufrücken, denn deren Familien sind seit Generationen in der Hansestadt ansässig und als Kaufleute tätig. Aber dennoch: Auch wenn der Neueinstieg ins Reedereigeschäft vorrangig geschehen mag, um die unternehmerischen Aktivitäten auszudehnen, geht damit eine öffentliche Aufwertung einher. Sich Reeder nennen zu können, ist ein attraktives Ziel, das auch die in der Schiffsfinanzierung tätigen Hermann Ebel und Erck Rickmers erreichten, indem sie eigene Reedereien gründeten. Ihr Geschäftsalltag wird dominiert von der Arbeit des Finanzdienstleisters. Darin unterscheiden sie sich aber nur wenig von den Reedern, die kein Emissionshaus betreiben. Anders als die deutschen Reeder früherer Jahrzehnte, deren Spezialität der Stückguttransport war, lebt vom eigentlichen Frachtgeschäft übers Meer keiner der in der Containerfahrt engagierten Unternehmer. Ihr Geschäftsmodell ist es, Frachter an die Betreiber von Liniendiensten zu verchartern. Daher ist die Tätigkeit des Containerschiffsreeders der Gegenwart charakterisiert durch international stark vernetztes und modernsten Entwicklungen aufgeschlossenes unternehmerisches Handeln. Dessen Rahmenbedingungen sind bestimmt durch die globale Wirtschaftsentwicklung, die Steuergesetzgebung und den Finanzmarkt.

Reeder stehen in dem Ruf, findig in geschäftlichen Dingen und konservativ in den Formen zu sein. Als der Journalist Svante Domizlaff im Jahr 2003 Hamburger Reeder in einer Zeitungsserie porträtierte, stellte er fest: »Der Hanseat trägt Grau, und wenn er Farbe trägt, dann ist es Dunkelblau.« Besitzt diese Charakterisierung heute tatsächlich noch Gültigkeit? Sind die Herren so stereotyp, wie die landläufige Einschätzung ausfällt? Außenstehenden gegenüber, so heißt es, verhalten sie sich reserviert. Schließlich müssen sie nicht in der Öffentlichkeit für ihre Interessen werben, um effizienter zu arbeiten. Ist der Containerschiffsreeder der Gegenwart ein Hanseat alten Schlags, der nur vor Insidern, in Besprechungszimmern und Chefbüros agiert und dabei nach außen ein möglichst unauffälliges Profil kultiviert?

Nein, so glatt ist das Gruppenbild nun doch nicht. Es gibt, hinter all den gediegenen Fassaden der Reedereizentralen, eine Vielfalt lebendiger Persönlichkeiten unterschiedlichster Provenienz. Was sie eint, ist das von starker Konkurrenz und vielen Unwägbarkeiten geprägte internationale Geschäft, in dem jeder von ihnen mit wenigen Schlüsselfiguren oder -unternehmen kooperieren muss. Ihnen allen bringen ihre Finanzpartner viel Vertrauen – und hohen Kredit – entgegen. Das ermöglichte die Verdoppelung oder gar Verdreifachung der Zahl der Frachter, der TEU-Kapazitäten und der Beschäftigten innerhalb weniger Jahre. Wer solche Entwicklungssprünge macht, gehört zur Reeder-Elite. Was sie voneinander unterscheidet, sind Herkunft und Temperament, der Grad der Erfahrung und die Aufspaltung der Geschäftsfelder sowie letztlich auch das Alter. Unter den maßgeblichen deutschen Reedern konkurrieren Sechzigjährige, die über Jahrzehnte Geschäftserfahrung haben, mit Newcomern, die noch nicht einmal Mitte vierzig sind. Die Flotten, die sie in Fahrt bringen und im Dienste der globalisierten Wirtschaft einsetzen, kosten in der Regel Milliarden Dollar. Die auf den Schiffen transportierten Waren sind in der Summe ein Mehrfaches davon wert. So sind diese Reeder dank der Containerschifffahrt ein essenzielles Element großer, internationaler Geschäftsabläufe und -entwicklungen. Sie im Rahmen ihrer Tätigkeit zu beschreiben und ihnen dabei ein individuelles Gesicht zu verleihen, ist das Ziel dieses Buches.

Einer der zahllosen »Lkw zur See«: die *Monte Cervantes*
vor der Einfahrt in den Hamburger Hafen bei Blankenese

Die Maßarbeit beginnt: Schlepper haben den Frachter an den Haken genommen und dirigieren ihn zum Containerterminal

Eher imposant als elegant: die *Carmen* beim Passieren
der Elblotsenstation Finkenwerder

Pläne aus der Konkursmasse

Als Bundeskanzlerin Angela Merkel Ende August 2007 Japan und China bereiste, wurde sie von Spitzenvertretern der deutschen Wirtschaft begleitet. Ein Hauptaugenmerk ihrer Gastgeber wie auch der deutschen Medien lag dabei auf Peter Löscher, dem erst seit wenigen Wochen amtierenden Siemens-Vorstandsvorsitzenden. Siemens ist einer der weltweit gewichtigsten Wirtschaftspartner, zählt das Unternehmen doch 398 000 Mitarbeiter in über 190 Ländern. Neben diesem Global Player nimmt sich die Hamburger Reederei Rickmers bescheiden aus. Ihr Chef Bertram R.C. Rickmers, der der deutschen Wirtschaftsdelegation in Japan angehörte, kokettiert mit dem Größenvergleich: Gegenüber Siemens sei er »ein kleiner Mittelständler«. Das mag stimmen, aber in Japan und China weiß man auch den Herrn aus Hamburg zu schätzen. Die Reederei seiner Familie hat in der Ostasienfahrt einen guten Namen. Schließlich ist sie dort seit 140 Jahren aktiv, allerdings mit wechselhafter Fortune.

Derlei Selbstbescheidung klingt nach hanseatischem Understatement. In der Branche aber ist Bertram Rickmers ein Mann des selbstbewussten Auftritts: Im Sommer 2007 orderte sein Unternehmen bei der südkoreanischen Werft Hyundai Heavy Industries acht Containerfrachter, die jeweils 13 100 TEU laden können. Die Daten der Kolosse: 366 Meter lang, 48 Meter breit, 24,7 Knoten Geschwindigkeit. Diese für den Frachtschiffbau neue Dimension ist mit dem größten Passagierflugzeug der Welt, dem Airbus A380, zu vergleichen. Ähnlich wie beim Flugzeug entstehen besondere infrastruktu-

Bertram R. C. Rickmers
(Reederei Rickmers)

relle Anforderungen in den Zielorten, denn es wird mittelfristig weltweit nur wenige Häfen geben, die solche ab Ende 2009 in Fahrt gehenden Schiffe überhaupt abfertigen können. Gleichzeitig bestellte Bertram Rickmers vier Schiffe mit 8500 TEU und fünf mit 7000 TEU, die sämtlich innerhalb von drei Jahren bereitstehen sollen. Und das ist längst nicht alles. Insgesamt 49 Frachter verschiedener Größenklassen stehen im Orderbuch der Werften; die Rickmers-Aufträge summieren sich auf 4,6 Milliarden Dollar. Dieses Neubauprogramm entspricht einem Quantensprung für die direkt an der Elbe gegenüber dem Containerterminal Burchardkai ansässige Hamburger Reederei. Allein die Stellplatzkapazität von Rickmers wird bei Ablieferung der Neubauten um 128 Prozent auf knapp 300 000 TEU erhöht sein. Im Vergleich zu Siemens tatsächlich ein Mittelständler. Gut, aber Bertram Rickmers hält derzeit mehr als 80 Schiffe in Fahrt mit 2700 Mann Besatzung. Tendenz: steigend, in allen Bereichen. Im Containersegment wird der 1952 in Bremerhaven geborene Reeder künftig in der ersten Reihe mitspielen.

Im Bewusstsein dieser Entwicklungen verströmt der Unternehmer die Vitalität und den Optimismus eines erfolgreichen Mannes.

Sein nach drei Seiten verglastes Büro in dem vor wenigen Jahren erbauten Bürohaus am Elbufer in Hamburg-Neumühlen hat eine eher eigenwillige Atmosphäre. Das den Raum dominierende kühle Glas und Metall wird an der Rückwand durch eine helle Holzvertäfelung mit Regalen gebrochen. Überhaupt scheinen sich hier verschiedene Schichten seines Geschäftslebens zu durchdringen: Ein Rickmers-Viermaster in Öl und weitere Gemälde erinnern wie einige Segelschiffsmodelle an die lange maritime Tradition der von Helgoland stammenden Familie. Entsprechend zeigt die Reederei-Flagge ein großes »R« auf grün-rot-weißem Grund, den Helgoländer Farben. Fundierte Fachkenntnisse suggerieren die Bände des *Nautical Magazine* im Regal. Verspielt wirkt dagegen das hölzerne Modell eines Trabers. Es erinnert an die von Bertram Rickmers gelebte Leidenschaft für den Trabrennsport. In den achtziger Jahren saß er persönlich im Sulky, wie auch sein Reederkollege Jochen Döhle. Die engen Geschäftsverbindungen nach Fernost dokumentiert ein koreanischer Glücksbringer im Regal, den Rickmers bei der Schiffstaufe auf einer Werft in Südkorea erhielt. Mitten im Raum fällt auf einem hölzernen Postament eine Buddha-Figur ins Auge. Spricht Bertram Rickmers über die Containerschifffahrt, während er lässig in einem der altgedienten Clubsessel sitzt, dann hat er im Vordergrund den kleinen Buddha im Blick, während die Köhlbrandbrücke den Horizont markiert. Unterhalb des Chefbüros liegen Hafenschlepper in Bereitschaft, und vis-à-vis ist die pausenlose Betriebsamkeit an den Kaianlagen und Containerterminals zu erkennen.

Bertram Rickmers scheint seine Reeder-Loge zu genießen: Wer hat schon einen derartigen Ausblick auf Elbe und Elbufer? Mit dem Gebäude ist er dennoch nicht zufrieden, denn für den stetig wachsenden Raum- und Mitarbeiterbedarf ist nicht genügend Platz. Die Konjunktur und das unternehmerische Glück sind Rickmers hold, so scheint es. Vor zwei Jahrzehnten dagegen war seine Familie arg gebeutelt, ja unter die Räder gekommen: Ende Februar 1985 hielt sein Onkel Claus Rickmers eine Münze in der Hand, eine Deutsche Mark. So viel Geld hatte er für die insolvente Werft der Familie bekommen, deren Wert einst auf 30 Millionen geschätzt worden war. Zu dieser Zeit grassierte im bundesdeutschen Schiffbau eine in ihrer

Tragweite ungekannte Krise. Überall an der Küste gingen Traditionswerften zugrunde, vor allem wegen der weltweiten Schifffahrtsflaute, bei der die Frachtraten verfielen und zahllose Schiffe außer Dienst gestellt wurden. Wer brauchte in dieser Situation noch teure Neubauten aus der Bundesrepublik? Hinzu kam die wesentlich preiswertere ostasiatische Konkurrenz, die die seltenen Neubauaufträge einheimste. Lediglich ein Teil der deutschen Werften überlebte. Häufig gelang dies nur dank hoher Bürgschaften der Länder wie beim Bremer Vulkan, bei der Kieler HDW oder bei Blohm + Voss in Hamburg. Drohende Massenentlassungen in strukturschwachen Regionen ziehen naturgemäß Kreise bis in die Politik, so auch in der emotionsbeladenen Schiffbauindustrie. Einigen Werften halfen die jeweiligen Landesregierungen mit starkem Einsatz, aber andere konnten oder wollten sie nicht effektiv stützen.

Den Crash des Familienbetriebs erlebte Bertram Rickmers als Dreiunddreißigjähriger aus nächster Nähe mit. In seinen Augen hatten die Angehörigen der älteren Generation oftmals ungeschickt agiert und waren dann, auch aufgrund überholter Methoden, in den Konkurs geschlittert. Noch heute erinnert sich der Reeder lebhaft daran, wie er Anfang der achtziger Jahre, ohne Gehör zu finden, gegen das Rechnungswesen der Werft wetterte, das ihm so antiquiert erschien, als habe es der Firmengründer persönlich 1834 von Helgoland nach Bremerhaven mitgebracht. Die bittere Erfahrung, die die Familie mit der Werftschließung machen musste, setzte auch Bertram zu, aber er erwies sich in dieser Situation als kluger Kopf. Einer der letzten bei Rickmers an der Weser entstehenden Neubauten war ein moderner Containerfrachter, ausgelegt für 1146 TEU. Bertram Rickmers, der in Freiburg im Breisgau Jura und Volkswirtschaft studiert hatte, betrieb seit 1982 in Bremerhaven die Firma Marine Consulting & Contracting, die unter anderem als Makler beim An- und Verkauf von Schiffen agierte. Trotz der krisenhaften Verhältnisse drängte der Angehörige der fünften Rickmers-Generation in die Schifffahrt. Nach eigenen Worten ist er »auf der Werft geboren und aufgewachsen«, weswegen ihm Schiffbau und Schifffahrt seit früher Kindheit als das Höchste galten. Daher lieh er sich von seiner Mutter 20 000 Mark und arbeitete fieberhaft an der für die Fertigstellung des

Frachters nötigen Finanzierung, sogar gegen den Widerstand des Konkursverwalters. Während die Werft unweigerlich dem Ende entgegenging, warb Bertram Rickmers in ganz Deutschland um Kapital für das Schiff. Anfang September 1985 meldete die Hamburg-Ausgabe von *Bild* lapidar: »Suchen für 16 Millionen Mark noch Anleger, die mit der *Patricia Rickmers* Steuern sparen wollen.« Neben dem Initiator Rickmers wurden Hasso Prasuhn und Gerd Baer von der Hanseatischen Anlage Treuhand genannt, einem auf Immobilienfonds spezialisierten Unternehmen. Die gemeinschaftlich betriebene Akquise hatte Erfolg, sodass der 163 Meter lange Frachter unter dem Namen *Ville de Lumière* Mitte 1985 in Dienst gestellt und mit einem Zweijahresvertrag an CMA verchartert wurde.

Mittels der von ihm gegründeten B.Rickmers GmbH war Bertram Rickmers ins Geschäft als Trampreeder eingetreten. Die Anfänge gestalteten sich allerdings wegen der allgemeinen Rezession auf den Meeren als schwierig. Zudem war in dieser Zeit die Welt noch aufgeteilt, wie es der Schiffsmakler Peter Gast bezeichnet. Traditionell hatten die deutschen Linienreedereien ihre Fahrtgebiete separiert. Niemand ging in den Markt des anderen. Solch eine Festlegung, die einem Gebietskartell entsprach, hatte der Hamburger Tankschiffreeder John T. Essberger 1935 als Vorsitzender des Verbands Deutscher Reeder im Auftrag der Reichsregierung herbeigeführt. Eigenartigerweise existierte diese Zuweisung von Operationsgebieten auch fünfzig Jahre später noch in geradezu klassischer Weise: Hamburg Süd steuerte Südamerika an, die Deutschen Afrika-Linien übernahmen die Afrikafahrt, Hapag-Lloyd bediente Australien, Asien sowie die USA, und die Rickmers-Linie beschränkte sich mit einigen Mehrzweckfrachtern auf China und Nordkorea. Seit 1974 gehörte diese kleinere Reederei mehrheitlich zu Hapag-Lloyd, zur Abrundung ihrer Asien-Dienste. Daher war es Bertram Rickmers auch nicht möglich, sein Unternehmen unter dem Namen der Familie zu betreiben. Er persönlich setzte ihn aber wie ein veritables Kapital von Anfang an in der Branche ein. »Rickmers«, das klang wie ein markig-verheißungsvoller Ruf, selbst wenn dahinter in den ersten Jahren noch nicht viel mehr stand als ein paar Frachter, woran sich ein Branchenkenner noch heute mit Schmunzeln erinnert.

Bertram Rickmers verlegte seine geschäftlichen Aktivitäten schon 1984 nach Hamburg-Altona, in die Klopstockstraße oberhalb der Elbe. In rastloser Betriebsamkeit suchte der junge Reeder bei Charterern in aller Welt nach Beschäftigung für seine Handvoll Schiffe. Bald fasste er Tritt und gewann weitere Erfahrungen im Feld der Finanzierung und Bereederung, woraufhin er sein Geschäft unter anderem durch Chemikalientanker und Massengutfrachter (Bulker) ausweitete. Seine Familie konnte ihm kaum finanzielles Kapital mit auf den Weg geben, wohl aber technisches Know-how. Die Werft war wirtschaftlich gescheitert, doch die Konstruktionsleistungen besaßen einen hohen Standard. Schließlich waren auf den Helgen an der Weser innerhalb weniger Jahre über zwei Dutzend Containerfrachter gebaut worden. Aus der Konkursmasse hatte Bertram Rickmers die Baupläne des 1984 erstmals auf Kiel gelegten Containerschiffstyps RW49 übernommen. Mit diesen Zeichnungen in der Hand ging er 1988 zur Stettiner Werft Stocznia Szczecinska und bestellte einen Neubau. Vier Jahre später wurde der erste einer ganzen Serie von RW49-Frachtern in charakteristischem Rickmers-Grün ausgeliefert. Das einst in Bremerhaven entwickelte Schiff aus polnischer Serienproduktion, das in verlängerter Version bis zu 1146 TEU fassen konnte, wurde in seiner Größenklasse international erfolgreich.

Der ab Mitte der achtziger Jahre weltweit durchbrechende Trend zur Containerisierung des Transports beflügelte die Schifffahrt. Und parallel zur Erholung der deutschen Handelsflotte gewannen deutsche Reeder an Profil, die auf Schiffe für die Stahlboxen setzten, nicht zuletzt Bertram Rickmers. Der Bedarf am seegestützten Containertransport wurde ständig größer. Daher suchten die etablierten Linienreedereien aus Deutschland und dem Ausland nach Schiffen, die sie hinzuchartern konnten. Üblicherweise setzen Reedereien wie die dänische Mærsk, MSC aus der Schweiz oder die Hamburger Hapag-Lloyd nur zu dreißig bis siebzig Prozent eigene Schiffe ein. Den anderen Teil chartern sie befristet hinzu, um im Falle eines Konjunkturabschwungs das eigene wirtschaftliche Risiko zu mindern. In der Schifffahrt stellt die Tonnage – das Schiff – die kostspieligste Investition der Reedereien dar. Daher wuchs bei der Expansion des Containergeschäfts denjenigen Eignern eine zentrale Stellung zu, die den Linienreedereien ergänzende Tonnage per Charter bereitstellten.

In Hamburg und anderswo gingen zahlreiche Reedereien mit Entschiedenheit in dieses Geschäftsfeld des »Tonnage-Supplyers« und beschafften immer größere Schiffe. Aber nicht die erfahrensten und traditionsreichsten Häuser an der Elbe – etwa Sloman (die älteste deutsche Reederei), Russ, F. Laeisz oder Deutsche Afrika-Linien – sprangen als Erste auf den mittlerweile an Dynamik gewinnenden Zug der Containerisierung auf. Andere, weniger alteingesessene Reedereien übernahmen die Initiative. Offen, Döhle, Rickmers, Schulte, Leonhardt & Blumberg – das waren nunmehr die Innovationsfreudigsten. Sie gehören heute zum Kreis der hinsichtlich der Tonnage größten deutschen Trampreeder im Containermarkt. Hinzu kommt eine ganze Reihe mittlerer Unternehmen wie Bernhard Schulte, Hansa Treuhand, H. Schuldt, Christian F. Ahrenkiel, Thomas Schulte und Alnwick Harmstorf.

Es passiert viel in Hamburg, aber auch ein paar Kilometer elbabwärts hat die Containerkonjunktur immenses Wachstum beflügelt: Erst 1982 ging die Niederelbe Schiffahrtsgesellschaft in Buxtehude an den Start. Heute stellt die von Emissionshausreedereien im Rheinland, in München und in Hamburg getragene NSB dem Chartermarkt bereits 106 Containerschiffe mit einer Kapazität von über 425 000 TEU zur Verfügung. Eine ganze Zeitlang war NSB im Containersegment der weltgrößte Vercharterer, bis Claus-Peter Offen infolge eines immensen Neubauprogramms vorbeizog. Die Positionierungen der führenden Reedereien sind allerdings nur eine Momentaufnahme. Ein länger geltendes Kapazitäten-Ranking kann nicht aufgestellt werden, denn mit nahezu jedem in Fahrt gehenden Neubauprogramm gibt es starke Verschiebungen. Gerade jetzt steht die Containerschiffsbranche vor einem Strukturwandel, da ab Ende 2009 eine neue Generation von Mega-Carriern in Dienst gestellt werden soll. Sie wird die Rangordnung deutlich verändern.

Wie verschieden die Geschäftsmodelle und persönlichen Hintergründe auch sein mögen, eines haben die heutigen Reedereien gemeinsam: Das Finanzmanagement ist die Basis des Geschäfts, nicht die maritime Tradition der Inhaber. Die Verlässlichkeit und das Vertrauen mögen größer erscheinen, wenn ein in der Schifffahrt seit über hundert Jahren klingender Name fällt, doch das eigentliche Ranking der Containerreeder wird vorwiegend an wirtschaftlichen Faktoren festgemacht. Das hat handfeste finanzielle Gründe, denn im Chartermarkt sind heute so viele Anleger wie nie zuvor engagiert. Ihnen geht es um die Rendite ihrer Investments, nicht um den Grad maritimer Tradition. Gegenwärtig fließen jährlich an die drei Milliarden Euro in deutsche Schiffsbeteiligungen. Zahlreiche Reeder und Emissionshäuser möchten sich von diesem großen Kuchen möglichst große Stücke einverleiben. Worauf aber legt der Anleger am ehesten Wert? Etwa darauf, dass Bertram Rickmers auf seine Flotte von achtzig Frachtern *und* die familiären Erfahrungen im Geschäft mit der Schifffahrt hinweisen kann, die bis 1834 zurückreichen? Oder ist es für die vermögenden Anleger und die Schiffsbanken attraktiver, Geld in die Projekte einer deutlich größeren Reederei fließen zu lassen, wie die von Claus-Peter Offen, die jedoch erst 1971 gegründet wurde? Worauf kommt es an? Auf die geschäftliche Performance, die bei den eigentümergeführten Reedereien im Gegensatz zu Aktiengesellschaften nicht transparent ist, weshalb der Zuwachs an Schiffen und vercharterter Tonnage analysiert wird? Oder vielleicht gar auf das Selbstdarstellungstalent, das einige der Top-Reeder seit neuestem zeigen?

Der distinguierte Herr im blauen Zweireiher mit Goldknöpfen, die Diskretion in Person – diesen traditionellen Typ Reeder gibt es nach wie vor, ein Novum stellen jedoch jene Reeder dar, die zur Förderung der Anlegerakquise offensive PR über ihre Pressestelle und die mehrsprachige Homepage betreiben und sich dabei selbst inszenieren. Es scheint, als habe das Geschäft mit den Containern nicht nur den Seetransport revolutioniert, sondern auch die Evolution deutscher Reeder beschleunigt. Ihr geschäftlicher Habitus hat an Vielfältigkeit gewonnen. So steckt der vorsichtig wägende hanseatische Kaufmann weiterhin in ihnen, doch gleichzeitig auch der gewiefte Analyst moderner Prägung, ja sogar der quecksilbrige Finanzjongleur. Die heutigen Reeder hängen nicht allein von Schiffspreisen und Charterraten, sondern gerade auch von Schifffahrts- und Großbanken ab, deren Entscheidungen nur noch zum Teil vor Ort in den

Hafenstädten gefällt werden. Schließlich internationalisiert sich das Bankwesen ebenso wie das Geschäft mit den Containern. Die Terminkalender und Reiserouten der Reeder sind ein Spiegelbild dieser tempofordernden Entwicklung: Gespräche in Kopenhagen, London, Marseille, Genf, Dubai, Singapur, Busan, Taipeh, Shanghai, Tokio und anderen für die maritime Industrie relevanten Städten stehen auf der Tagesordnung wie auch Besuche der Bankzentralen in Frankfurt, London und Mailand. Ihr Feld ist die Welt, gemäß dem Leitspruch Albert Ballins, des Gründers der zu Kaisers Zeiten größten existierenden Reederei.

Die wichtigsten Geschäftspartner der Containerbranche sind über den Globus verteilt, doch seit einigen Jahren blicken alle nach Norddeutschland. Das hat gute Gründe: In Hamburg sind fünfzig in der Containerfahrt tätige Trampreedereien und große in der Schiffsfinanzierung aktive Emissionshäuser sowie zahlreiche Schiffsmakler, Agenturen und Dienstleister ansässig. Ein derartiges maritimes Soziotop, das Tonnage hervorbringt, bereedert und attraktive Renditen einfährt, ist einmalig. Claus-Peter Offen bringt es auf den Punkt: »Es gibt weltweit keinen anderen Ort, der solch einen hohen Anteil eines Wirtschaftssegments aufweist wie Hamburg mit der Containerschifffahrt.« Erstaunlich ist aber nicht allein das, sondern auch die kontinuierliche Verdichtung dieser Konzentration. Auch wenn in jüngster Zeit Singapur Anstrengungen unternimmt, einen Teil der lukrativen Geschäfte außerhalb der Kaikanten und Terminals an sich zu ziehen, bleibt Hamburgs Rang als Gravitationszentrum der gegenwärtigen Containerbranche unangefochten.

Mitte der achtziger Jahre war davon noch nichts zu ahnen, aber Bertram Rickmers tat gut daran, den Schritt von Bremerhaven nach Hamburg zu gehen. Heute kann er mit seinen Containerschiffen Transportkapazitäten anbieten, die von den Linienreedereien eingesetzt werden, um Fertigprodukte und Produktkomponenten verschiedenster Hersteller zuverlässig um den Globus zu transportieren. Weltweit sind die deutschen Charter-Containerreeder an der Spitze, und Bertram Rickmers hat dabei innerhalb von zwei Jahrzehnten einen Platz in der ersten Reihe erkämpft. Die Zeichen geschäftlich erfolgreicher Entwicklung sind erkennbar bei dem Unternehmer, der sich gelegentlich wundert, was ihm alles in den Schoß fiel. So etwa die Rickmers-Flagge, die Hapag-Lloyd seit der Übernahme der Rickmers-Linie führte. Das Großunternehmen vom Ballindamm versäumte es, beim Deutschen Patentamt das Benutzungsrecht für die grün-rot-weiße Flagge zu verlängern. Nachdem der Schutz für Hapag-Lloyd ausgelaufen war, griff Bertram Rickmers beherzt zu und ließ die Flagge für sich eintragen. Als unerklärlich empfindet Rickmers, dass die Konzernreederei nie dagegen protestierte. Jahre später gelang ihm sogar der Rückkauf der Rickmers-Linie von Hapag-Lloyd. Die Kosten der Übernahme stellten für ihn vor allem im Geschäftsjahr 2003 eine starke Belastung dar, doch heute ist die Linie eine besonders geschätzte Perle in seiner Hand. Ihre Stückgut- und Schwergutfrachter sowie Autotransporter verkehren im Persischen Golf, in indischen Gewässern, an der asiatischen Pazifikküste und durch den Panama-Kanal sogar bis an die Ostküste der USA. Der Ruf der Linie ist hervorragend. Ihr Inhaber erkennt das beispielsweise daran, dass eines seiner Schiffe das sechzehn Tonnen schwere japanische Modul für die internationale Raumstation ISS von Yokohama nach Port Canaveral transportierte. Dass Bertram Rickmers Spezialfrachter für Stückgutladungen im Liniendienst betreibt, verleiht ihm eine Sonderstellung unter den deutschen Reedern, die ausschließlich Tonnage verchartern, seien es Containerfrachter, Autotransporter oder Produktentanker. Demgegenüber ist der aus Bremerhaven stammende Hamburger ein seltener Allrounder.

Nicht nur Vielseitigkeit zeichnet Bertram Rickmers aus, sondern auch die gute Nase für lohnende Geschäfte. Er meint, das Geld werde »immer in schlechten Märkten verdient«. Das bewahrheitete sich am Beispiel eines 30 000-Tonnen-Frachters, den er für 26 Millionen Dollar erwarb, als die Schiffspreise niedrig waren. Mittlerweile verlangen die Werften den doppelten Preis. Eine Reederei, die heute solch ein Schiff bezahle und in Fahrt setze, müsse eine Tagescharter von etwa 30 000 Dollar erzielen, um wirtschaftlich zu arbeiten. Bertram Rickmers dagegen kommt wegen des preiswerteren Ankaufs mit 17 000 Dollar zurecht. Dennoch weiß er, dass seine Firmengruppe ständig Risiken eingehen muss, um überhaupt erfolgreich sein zu können. Das erfordert modernes Management, in allen Bereichen.

Aufgrund ihres Wachstums wurden sie vor einigen Jahren von einer Unternehmensberatung unter die Lupe genommen. Organisations- und Strukturentwicklung ist das Gebot der Stunde. Auf die bald 175-jährige Tradition seiner Familie will der Reeder verständlicherweise nicht setzen. Schon allein wegen der Brüche der Entwicklungslinien und des »sehr unglücklichen« Agierens der vierten Generation, das zur Veräußerung der einst in der Ostasienfahrt reüssierenden Rickmers-Linie und zur Schließung der Werft geführt habe. Die Familie Rickmers hat ohne Zweifel in der Vergangenheit, trotz aller unbestreitbarer Leistungen, immer wieder viel verloren. Davon unbeschadet blieb jedoch bei mehr als einem von ihnen ein immenses unternehmerisches Gespür erhalten. Bertram Rickmers zeigt es gern und voller Temperament. Sein jüngerer Bruder Erck dagegen tritt zurückhaltender auf, ist aber, wenn auch größtenteils auf anderen Tätigkeitsfeldern, nicht weniger effizient. Ein solches ungleiches wie erfolgreiches Brüderpaar gibt es in der deutschen Reederszene kein zweites Mal.

Von alters her lautet der Leitspruch der protestantischen Helgoländer Familie »Fürchte Gott, thue recht, scheue niemand«. Für Bertram Rickmers besitzt das freilich nur noch symbolische Bedeutung. In seiner Frühzeit hatte er mehr als ein Mal schlaflose Nächte, weil er kurz nach dem Start direkt in die große Schifffahrtskrise von 1986/87 geriet. Als bedeutend für sein damaliges Bestehen betrachtet er den Umstand, dass er niemals die Fäden aus der Hand gegeben hat, sondern alle wesentlichen Entscheidungen persönlich fällte. Kapitalgeber und Banken standen ihm in der kritischen Phase zur Seite und vertrauten auf seine Leitungskompetenz. Heute genießt der am Alsterlauf wohnende Reeder Vertrauen auf vielen Ebenen, in aller Welt. Dazu sind zahllose Fernreisen erforderlich, vor allem nach Südkorea, Japan, China, Singapur und Amerika. Dort sind viele der bedeutenden Containerschiffscharterer ansässig und, wie beispielsweise General Electric in den USA, wichtige Frachtkunden der Rickmers-Linie. Hinzu kommen Besuche bei Unternehmen, die bei der Firmenneugründung Rickmers Maritime in Singapur investieren. Die geschäftlichen Reisen des Vielfliegers aus Hamburg summieren sich mittlerweile auf etwa drei Monate im Jahr. Rickmers sieht sich dadurch nicht belastet, denn er ist ein Freund Ostasiens, womit er eine Familientradition weiterspinnt. Die ostasiatischen Metropolen schätzt er beruflich wie privat.

Was 1985 mit der *Patricia Rickmers* und den Plänen aus der Konkursmasse der Familienwerft begann, hat mittlerweile beträchtliche Dimensionen angenommen. Wenn alle Neubauten in Fahrt sind, disponiert der Reeder eine Flotte von 132 Schiffen. In diesen Zahlen spiegelt sich der gegenwärtige Erfolg eines Rastlosen, eines energischen Unternehmertyps. Ein Antrieb ist dabei nicht zu übersehen: Bertram Rickmers wollte es jenen Verwandten zeigen, die ihm in der Zeit ihrer hausgemachten Krise die Verwendung des Geschäftsnamens Rickmers aufgrund der sonderlichen Vermutung verwehrten, dieser könne Schaden nehmen. Aber er brachte seinen Familiennamen trotzdem in respektabler Weise ins maritime Geschäftsleben ein. Durch die Eintragung der traditionsreichen Flagge für sein Unternehmen und durch den Rückkauf der Rickmers-Linie aus den Händen von Hapag-Lloyd hat er vieles von dem zurückgewonnen, was einst von der älteren Generation abgegeben worden war. Der darin liegende familieninterne Triumph kann kaum überschätzt werden. Leichtfertig wurde Bertram Rickmers bei alldem allerdings nicht. Eine Wiederaufnahme der Schiffbautradition seiner Familie hat er nie ins Auge gefasst. Als Hamburger Reeder ist er durch das internationale Geschäft zu einem wichtigen Arbeitgeber geworden. Wie ein Treppenwitz mutet vor dem Hintergrund an, dass auf dem Gelände der ehemaligen Bremerhavener Rickmers-Werft heute eines der größten Arbeitsämter Norddeutschlands residiert.

Häuser müssen aus dem Städtebau entwickelt werden und der Corporate Identity der Stadt und des Unternehmens, das dort einziehen wird, entsprechen.

HADI TEHERANI

Architektur und Identität

Vor einem Jahrhundert war die Hamburg-Amerikanische Packetfahrt AG – die Hapag – die größte Linienreederei der Welt. Diesen Rang verdankte sie vor allem ihrem langjährigen Chef Albert Ballin. Nach ihm ist seit 1947 die Straße benannt, an der die Unternehmenszentrale ihren Sitz hat: der Ballindamm an der Binnenalster, vis-à-vis zum Hotel *Vier Jahreszeiten*. Attraktiv ist das von vielen Betrachtern als zu wuchtig empfundene Gebäude wahrlich nicht, aber es ist ein zeitgenössisches Zeugnis des Wilhelminismus. Mit dem Bau hatte die Reederei den damals renommiertesten Hamburger Architekten beauftragt: Martin Haller, der auch das Rathaus und zahlreiche herrschaftliche Villen gestaltete. Wer heute die Hauptverwaltung von Hapag-Lloyd betrachtet, sieht nichts mehr von Hallers im Renaissancestil gehaltenen Bauwerk von 1903, sondern die im Zuge der Gebäudeerweiterung von Fritz Höger vor dem Ersten Weltkrieg entworfene und erst 1921 vollendete langgestreckte Fassade. Sie verkörperte, mit ihrem auch bei anderen deutschen Konzernzentralen der Epoche angestrebten Gestus der Machtarchitektur, den Geltungsdrang des wilhelminischen Kaiserreichs. Zu Beginn des 20. Jahrhunderts forderte Deutschland, im Konzert der Kolonialmächte mitspielend, noch einen »Platz an der Sonne«. Einen solchen hatten die Schiffe der Hapag inne, denn sie fuhren überall auf dem Globus mit wirtschaftlichem Erfolg und technischem Prestige. Großen Respekt brachte man in maritim orientierten Staaten, vor allem in England, Albert Ballin als dem Kopf der Reederei entgegen. Wilhelm II. gelang es weniger gut, sich –

politisch wie militärisch – einen solchen Ruf im Ausland zu erwerben. Das Kaiserreich und sein wichtigster Reeder gingen Ende 1918 unter. Der Reederei-Chef, der ein hervorragender Geschäftsmann und gleichzeitig ein Diplomat zur See war, nahm sich bei der Abdankung des Hohenzollern das Leben, wohl weil die Hapag und seine Weltordnung verloren waren.

Der Stil der von Ballin und anderen großen Reedern geprägten Zeit ist lange vergangen, aber sein Name klingt heute noch in Hamburger Schifffahrtskreisen. Der Ballindamm ist eine gute Adresse für Makler und Agenturen rund ums Geschäft mit Schiffen, Fracht und Passagieren. 1970 fusionierten der Norddeutsche Lloyd aus Bremen und sein Hamburger Erzrivale zu Hapag-Lloyd. Notwendig war dieser Schritt, um im jetzt auch in den europäischen Häfen vehement einsetzenden Containergeschäft eine Rolle zu spielen. Die anstehenden Investitionen in neue Schiffstypen hätte keiner der beiden Traditionsreedereien allein stemmen können. Selbst ihre bereits 1968 mittels einer gemeinsamen Containerlinie gestartete Kooperation reichte nicht aus. An der Weser gingen deshalb die Lichter beim Norddeutschen Lloyd für immer aus; im Kolossalbau an der Binnenalster war genügend Platz für den fusionsbedingten Raumbedarf.

Keine der in Deutschland tätigen Reedereien verfügt über einen derart groß dimensionierten Unternehmenssitz wie Hapag-Lloyd. Und keine besitzt einen so denkmalsartigen Charakter wie die Reederei F. Laeisz am Nikolaifleet. Das sechsstöckige Bauwerk aus dem Jahr 1897 ist ein Relikt einer Epoche, in der demonstrativer Patriotismus zum guten Ton gehörte. Das Kontorhaus mutet an wie eine Wasserburg, deren Fassade in gebührender Höhe von vier grünlich patinierten Skulpturen geschmückt ist: Die Monarchen Wilhelm I. und sein Enkel Wilhelm II. sowie Reichskanzler Bismarck und Feldmarschall Moltke verleihen dem Bauwerk der einst mit ihren Seglern groß gewordenen Reederei F. Laeisz einen unvergleichlichen Charakter. So etwas fällt aus der Reihe, gerade in den während des Krieges stark zerbombten Hafenstädten Norddeutschlands.

Die Verhältnisse in den Zentralen der Reedereien sind im Regelfall überschaubar. Viele von ihnen kommen mit einigen Dutzend Mitarbeitern aus. Wer zweihundert Personen beschäftigt, dreht schon das große Rad. Daher können die heutigen Firmensitze spielend in angemieteten Büroetagen untergebracht werden. Manche der Inhaber reizt es aber, in Räumlichkeiten zu arbeiten, die nach eigenen ästhetischen Vorstellungen oder von eigens beauftragten Gestaltern realisiert werden und signalhaft wirken. Kommt hier das gegenwärtig wieder stärker entwickelte Selbstverständnis der neuen Generation deutscher Schifffahrtsunternehmer zum Ausdruck? Die Namen der Architekten, die diese Firmensitze entwerfen, lassen diesen Schluss durchaus zu.

Ein Filetgrundstück an der Außenalster, direkt neben dem amerikanischen Konsulat, erwarb Bertram Rickmers Ende der neunziger Jahre. Der Harvestehuder Weg ist eine sehr respektable Adresse. Hier befinden sich zahlreiche Häuser residenzartigen Charakters, wie die kaiserzeitliche Villa der Witwe des großen Reeders Carl Laeisz. Deshalb war es der Stadt Hamburg auch nicht egal, was Rickmers hier zu errichten gedachte, galt es doch, etwaige Bausünden zu vermeiden. Ein unschönes Beispiel ist das treppenartige Bürogebäude aus den Siebzigern neben dem Konsulat, das despektierlich »Affenfelsen« genannt wird und ehemals das Verlagshaus Gruner + Jahr beherbergte. Rickmers entwickelte ganz eigene Vorstellungen für sein Projekt, und er machte der Stadt geradezu ein Geschenk, indem er den amerikanischen Star-Architekten Richard Meier gewann. Ein gelungener Coup: Der Senat war so begeistert von der Effizienz der persönlichen Beziehungen des Reeders, dass er den Bauherrn im Gegenzug von einem Architektenwettbewerb befreite.

Richard Meiers Entwurf verschachtelter Gebäudesegmente, die, in charakteristischem Weiß gehalten und von großen Glasflächen umsäumt, einen schiffsähnlichen Baukörper ergaben, wurde als spektakulär empfunden, aber er hatte mehr als ein Manko: Das eine war die Lage, direkt neben dem US-Konsulat. Seit dem 11. September 2001 gab es auch für die Reederei Rickmers keinen freien Zugang mehr. Die Durchfahrt am Harvestehuder Weg wurde durch Betonklötze versperrt und von mit Maschinenpistolen bewaffneten Polizisten gesichert. Eine Zeitlang stand sogar ein Panzerwagen der Polizei am Konsulat und damit genau vor dem Eingang der Reederei-Zentrale. Die fortgesetzten Kontrollen von Mitarbeitern und Gästen waren lästig. Und – das wesentliche Manko – der elegante Meier-Bau erwies sich schnell als zu klein für die wachsende Reederei. Das Unternehmen expandierte und benötigte weiteren Platz. Daher trennte sich Bertram Rickmers von dem repräsentablen Alster-Bau und zog an die Elbe, nach Neumühlen. Gerade zu dieser Zeit ging der Trend bei vielen Unternehmen ans Wasser, etwa an die gerade entstehende Hafencity neben der aus der Gründerzeit stammenden Speicherstadt, oder elbabwärts unterhalb des Fischmarkts. Dort entstand innerhalb weniger Jahre die sogenannte Perlenkette am Hafenrand: eine ganze Reihe transparent gehaltener schachtelartiger Bürogebäude, die wegen des immer möglichen Elbhochwassers auf stelzenartige Park- und Sockelgeschosse gesetzt wurden. Einer der vier U-förmigen Blöcke heißt Hanse-Gate. Entworfen hat ihn das Architektenbüro Grüntuch Ernst im Auftrag von Hermann Ebel, dem Chef und Inhaber des Emissionshauses Hansa Treuhand. Im obersten Geschoss bezog seine Holding ihr Domizil.

Die Karriere von Hermann Ebel ist ein hervorragendes Beispiel für die mit dem Boom der Schiffsfinanzierung verbundene Entwicklung eines Schifffahrtskaufmanns zum Reeder: Die treibenden Kräfte in den Emissionshäusern stammen überwiegend nicht aus der Schifffahrt. Ihre Chefs sind Diplombetriebswirte oder Immobilienkaufleute, die über die Vielzahl der von ihnen aufgelegten Fonds Einfluss und Reputation gewinnen. Diese Finanzdienstleister kooperieren mit Hamburger Reedereien, die die Schiffe bereedern und den Linienbetreibern per Charter zur Verfügung stellen. Mitunter wird das Emissionshaus zur dominanten Größe. Hermann Ebel, der in den siebziger Jahren beim in Flensburg ansässigen Harmstorf-Werftkonzern als Schifffahrtskaufmann begonnen hatte, nutzte als einer der Ersten die Vorteile steuerlicher Abschreibungen für die Schiffsfinanzierung, was bis dahin vorwiegend bei Immobilien üblich gewesen war. 1977 trat er in die Geschäftsleitung von Harmstorf ein und schuf das Emissionshaus Flensburger Treuhand.

Für Schiffbauer und Reeder wie den 1912 in Blankenese geborenen Alnwick F. Harmstorf war es anfangs gewöhnungsbedürftig, dass auf einmal öffentlich Kapital für Schiffsprojekte akquiriert wurde.

Einst Sitz der größten Reederei der Welt:
der Hapag-Lloyd-Komplex an der Binnenalster

Ambiente stiftende Wasserburg:
Gebäude der Hamburg-Rostocker Reederei F. Laeisz am Nikolaifleet

Die ältere Generation hatte da einen ganz anderen Stil gepflegt und im Stillen nach Schiffshypothekendarlehen oder einzelnen privaten Investoren gesucht. Jetzt sollten auf einmal Hunderte, ja Tausende Einzelanleger beteiligt sein? Der Vorstellungswelt klassischer Reeder entsprach das nicht. Hermann Ebel ging bald eigene Wege. Anfang der achtziger Jahre machte er sich mit seinem Partner Harald Block durch die Gründung des Hamburger Emissionshauses Hansa Treuhand selbständig. Heute finanziert Ebels Hansa Treuhand Holding nicht nur Schiffe aller Art, sondern bereedert sie auch. Über siebzig Containerfrachter, Kühlschiffe und Tanker sind verchartert an große Linienreedereien. Das ansehnliche Sahnehäubchen der Kollektion bilden allerdings zwei Segler: die betagte *Sea Cloud* und die nach der Jahrtausendwende fertiggestellte *Sea Cloud II*. Auf den luxuriösen Kreuzfahrtschiffen verbringen jährlich über 3500 betuchte Kunden ihren Urlaub. Hermann Ebel verfügt somit über ein interessantes Potenzial an Frachtern und eleganten Passagierschiffen. Passend zu letzterem unterhält er auch ein Büro am Ballindamm mit Blick auf die Binnenalster.

Zu den Geschäftsfeldern der Hansa Treuhand gehört eine 25-prozentige Beteiligung an einer der beiden Betriebsgesellschaften von Leonhardt & Blumberg. 2003, im Jahr ihres hundertjährigen Jubiläums, siedelte diese Reederei vom innerstädtischen Rödingsmarkt ins Hanse-Gate an der Elbe um. Die eine Hälfte des Bürobaus gehört Frank Leonhardt, die andere Hermann Ebel. Damit konnte Leonhardt einer ganzen Reihe seiner achtzig Mitarbeiter einen exzellenten Blick auf den Fluss und die Containerterminals verschaffen. Die Arbeit am schmutziggrauen Elbwasser kam bei Schifffahrtsunternehmen in Mode, denn auch die Reederei Rickmers verlegte wenig später ihren Sitz von der Außenalster hierher.

Ein paar hundert Meter elbaufwärts, am ehemaligen Fischereihafen, entstand 2005 ein im Vergleich zu den profanen Schaukästen der »Perlenkette« wirklich spektakuläres Bauwerk: Der Hamburger Architekten-Star Hadi Teherani realisierte ein schräges Bürohaus, das in seiner auffälligen Erscheinung am Elbufer kaum zu toppen sein dürfte. Meist weht ein böiger Wind um das exponierte Gebäude, das wegen des neugeschaffenen Hafenfährenanlegers und der Nach-

Roberto Echevarria (Reederei NSC)

barschaft zu den trendigen Sommer-Beachclubs vielen Hamburgern und Besuchern der Stadt ins Auge fällt. Ein Clou ist die öffentlich zugängliche Freitreppe an der landseitigen Schräge des Sechsgeschossers, über die das Flachdach zu erreichen ist. So stehen Angestellte und Passanten in 29 Meter Höhe wie auf einer grandiosen Plattform am Fahrwasser und haben eine formidable Aussicht auf den Köhlbrand und die Containerterminals. Der Internationalität halber erhielt das Areal den Namen »Dockland«. Teherani sieht eine Entsprechung des Bauwerks mit der Corporate Identity der Stadt – und der Unternehmen, die darin tätig sind: Wie ein Schiffsbug ragt das aus Stahl und Glas geformte Parallelogramm des Baukörpers aufs Wasser hinaus. Kein Wunder, dass hiervon als erster Mieter eine Reederei angezogen wurde.

Eine Etage des imageträchtigen Gebäudes beherbergt seit Anfang 2006 die erst einige Jahre zuvor ins Rennen gegangene Reederei NSC. Ihr Chef, der 1960 geborene Roberto Echevarria, ist mit der Wahl des Firmensitzes im wahrsten Sinne des Wortes in den Strom vorgerückt. Der Hafenrand hat mit Dockland einen attraktiven Fixpunkt hinzugewonnen und die im Containergeschäft tätigen Reedereien einen weiteren ambitionierten Konkurrenten. Echevarria war bei einer Tochtergesellschaft der chilenischen Reederei CCNI in leitender Position tätig, bis er den Weg in die Selbständigkeit wählte und Ende 2002 mit seinem Partner Dirk Rößler die NSC Schifffahrtsgesellschaft mbH & Cie. KG gründete. Bei der Kapitalakquise wird vor allem mit dem auch im Immobilienbereich tätigen Emissionshaus Lloyd Fonds und den maßgeblichen Schiffsbanken kooperiert. Damit lassen sich zahlreiche Schiffe finanzieren: Fünfeinhalb Jahre nach dem Start bereedert NSC bereits 27 kleinere und mittelgroße Schiffe, davon allein 20 Containerfrachter. In diesem Geschäftsbereich kann ein junges Unternehmen zwar derzeit am ehesten prosperieren, aber dennoch setzt NSC mit Massengut- und Vielzweckfrachtern sowie Autotransportern auf einen Flottenmix. Rund 40 weitere Einheiten unterschiedlicher Typen sind mittlerweile bei Werften in Polen, Kroatien, China und Korea geordert.

Der größte Sprung steht Ende 2010 an, wenn die ersten der acht bestellten 12 825-TEU-Giganten von der neuen Hanjin-Werft auf den Philippinen ausgeliefert werden. Die 24,6 Knoten schnellen Frachter werden die Containerkapazität von NSC um ein Vielfaches steigern. Ungewöhnlich ist, dass die Schiffe, obwohl zum Teil bereits im Bau, anfangs noch ohne Chartervertrag sind. Echevarria strebt eine Tagesrate von 60 000 Dollar an, die für die Kalkulation und die Rendite der Investition von entscheidender Bedeutung ist. An die zehn Linienreedereien kommen als Befrachter der Giganten in Frage. Sie würden Verträge mit einer Laufzeit zwischen zehn und fünfzehn Jahren abschließen, und im besten Fall wäre das Schiff nach siebzehn Jahren bezahlt. Echevarria zufolge lohnt es sich, eine möglichst hohe Charterrate zu erzielen. Er macht sich dabei keine Sorgen, denn die großen Linienreedereien werden voraussichtlich innerhalb von fünf bis sechs Jahren ihre Kapazität verdoppeln, um damit ihre Marktanteile zu behaupten.

Wenn das Wachstum der Containerisierung weiterläuft wie bisher, besteht eine konstante Nachfrage nach Großfrachtern. Das steht außer Frage. Allerdings gingen die Reedereien Döhle, Offen und Rickmers, genau wie die internationale Konkurrenz, auf Nummer sicher und schlossen zur Fundierung ihrer Kalkulation Charterverträge ab. Nur wenige der bis 2011 auszuliefernden Mega-Carrier der 13 000-TEU-Klasse sind dem Chef der Buxtehuder Reederei NSB, Helmut Ponath, zufolge noch nicht unter Vertrag. Im Juni 2008 hat Roberto Echevarria für zwei der Frachter zwölfjährige Charterverträge mit einer französischen Reederei unter Dach und Fach. Zudem kauft CMA CGM zwei weitere ab, obwohl sie erst auf dem Papier existieren. Auch solch ein Geschäft ist lohnenswert für die Partner NSC, Lloyd Fonds und für institutionelle Anleger, die einen guten Teil der Finanzierung tragen, denn die starke Nachfrage nach neuer Tonnage können die ausgebuchten Großwerften bei weitem nicht erfüllen. So gleicht jeder Vertrag zum Bau eines Frachters einer begehrten Pretiose. Wegen der übrigen vier Frachter wird Roberto Echevarria wohl noch öfter nach Singapur oder zu den anderen Sitzen der Linienreedereien fliegen, um seine Wunschkonditionen auszuhandeln. Ein Drittel seiner Arbeitszeit ist er ohnehin nicht im Dockland an der Elbe, sondern auf Reisen. Und da seine Riesenfrachter als Letzte der 160 bestellten ausgeliefert werden, will er nichts überstürzen. Das erfordert Nervenstärke, denn in der Summe geht es um mehrere hundert Millionen Dollar an Schiffsinvestitionen, deren wirtschaftliche Existenzberechtigung erst mit dem Abschluss eines Chartervertrags unter Beweis gestellt wird.

Roberto Echevarria ist seit zwei Jahrzehnten in Hamburg tätig. Der agile Geschäftsmann bezeichnet sich selbst nicht als Reeder, sondern als Fondsmanager. Ursprünglich war sein Traumberuf Pilot, doch sein Vater drängte ihn in die Schifffahrt. Nun spielt er über das Fondsgeschäft in beiden Bereichen mit, denn der Deutsch-Chilene akquiriert Kapital für die 1999 gegründete Charterfluglinie Hamburg international. 20 Airbus A319 sind zur Erneuerung der Flotte von Hamburg international bestellt; der erste 150-sitzige Urlauberjet ist bereits ausgeliefert. Schiffe und Flugzeuge – das ist Echevarrias Element. Das Auftreten des Newcomers, der vehement nach vorn drängt – so orderte er 2007 gleich acht der weltgrößten Frachter –, stößt manchem der arrivierten Reeder sauer auf. Dass er anfangs bei Döhle und dann bei Rickmers das Geschäft erlernte und jetzt in eigener Regie das gängige Modell der Finanzierung über Emissionshäuser und Schiffsbanken verfolgt, wird wenig geschätzt. An solch einen Einstieg ins umkämpfte Hafenbecken sind die Konkurrenten nicht gewöhnt. Aber die Entwicklung des Containertransports setzte bereits so viele Traditionen außer Kraft, da hatten nicht nur eine Reihe angestammter Reedereien das Nachsehen. Bislang nutzt NSC eine

Exponierter Akzent im Elbstrom: Im »Dockland«-Gebäude
liegt die Zentrale von NSC

Etage des Dockland-Gebäudes. Da bereitet das Wachstum der Reederei schon jetzt Kopfzerbrechen, denn die achtzig in Hamburg tätigen Mitarbeiter können dort nicht alle untergebracht werden. Eine zweite Etage soll in Kürze hinzukommen, um die notgedrungen praktizierte Verteilung der Büros auf verschiedene Häuser am ehemaligen Fischereihafen zu beenden. Die Rechnung ist einfach: Jedes neue Schiff auf See macht weitere Arbeitskräfte an Land notwendig, die das Management des Frachters übernehmen. Innerhalb der nächsten drei Jahre müssten daher Roberto Echevarria und sein Partner Dirk Rößler die Mitarbeiterzahl in der Zentrale verdoppeln. Somit profitiert auch die Hamburger Immobilienbranche vom maritimen Aufschwung.

Mehrere Unternehmen, die heute in der Hamburger Schifffahrt einen Namen haben, suchten in den vergangenen Jahren ihren Sitz mitten im Stadtkern: Die Reederei Claus-Peter Offen befindet sich im alten Kaufmannshaus an der Bleichenbrücke. An der Rolandsbrücke hat sich Kortüms Norddeutsche Vermögen Holding ein nach eigenen Worten avantgardistisches Domizil bauen lassen, das mit seinen stürzenden Linien an von Lyonel Feininger gemalte Gebäude erinnert. Demgegenüber unauffällig sind die Bürobauten, in die im Jahr 2007 die Reederei Thomas Schulte vis-à-vis zu Kortüms Firmengruppe und E. R. Schiffahrt an den Hohen Bleichen zog. Diese Zentralen sind äußerlich schlicht und heben sich nicht von ihrer Umgebung ab. Das ist an der Elbe anders.

Der 1955 geborene Jochen Döhle gibt sich weitaus zurückhaltender als manche seiner Kollegen. Er tritt nicht an die Öffentlichkeit, da scheint er ganz vom alten Schlag. Sehr reduziert sind auch die Informationen auf der ausschließlich in englischer Sprache gehaltenen Firmen-Homepage. Details über die von der Peter Döhle Schiffahrts-KG gemanagten sowie im Bau befindlichen Frachter und Produktentanker gibt es dort sehr wohl zu lesen. Allerdings werden nur dürre Zeilen zur Genese und Gegenwart der Firmengruppe angeboten. Kundenorientierung sieht gewöhnlich anders aus – bei Unternehmen, die ihre Kunden nach Zehntausenden oder Millionen zählen. Jochen Döhle hat aber, wie die anderen Reeder auch, einen sehr überschaubaren Kundenkreis. Man kennt sich so gut, dass reduzierte PR kaum zum Nachteil gereichen dürfte. Demgegenüber ist der vor wenigen Jahren bezogene neue Firmensitz an der Elbchaussee, nahe Teufelsbrück, ein aus dem Rahmen fallendes unübersehbares Statement: Hier ist, in geradezu idyllisch-exklusiver Wohnumgebung, ein topmodernes und überaus leistungsfähiges Unternehmen zu Hause.

Für seine Reederei ließ Döhle das leerstehende Mälzereigebäude der ehemaligen Elbschloss-Brauerei komplett umbauen. Schon sie störte die bauliche Harmonie der noblen Straße. Dass das Bauwerk jetzt ein noch stärkerer Blickfang ist, verdankt es Hadi Teherani, der mit dem Umbau betraut worden war. Das von ihm gestaltete Innenleben bietet Arbeitsräume mit der neuesten Büro- und Konferenztechnik. Darüber hinaus wurde für Entspannungsmöglichkeiten mit edel gestaltetem Spa- und Indoor-Fitness-Bereich gesorgt. Döhles Mitarbeitern, die überwiegend in unauffälligen Flachbauten neben dem Hauptgebäude tätig sind, soll es offenbar nicht an Ablenkung fehlen. Billardtische, Squashcourts und ein Restaurantkoch, der alles andere als Kantinenkost anbietet, gehören zur Unternehmenskultur. Dort, wo einst das Dach des backsteinernen Industriedenkmals gewesen war, platzierte Teherani ein komplett neues Geschoss aus silbergrauem Metall und getöntem Glas. Futuristisch wirkt dieses auf die Backsteinfassade des ausgehenden 19. Jahrhunderts aufgesetzte bauliche Element, das wie ein überdimensioniertes Penthouse erscheint. Ist die Symbolik beabsichtigt, dass sich Moderne und Vergangenheit in dieser architektonischen Konfrontation nicht verbinden, genau wie der gegenwärtige Status einer der erfolgreichsten Trampreedereien nicht mit der maritimen Tradition der Familie Döhle und der des Standorts Hamburg erklärt werden kann?

Jochen Döhles Vater Peter, nach dem das 1956 gegründete Unternehmen benannt ist, betätigte sich ursprünglich in der Bereederung und Befrachtung kleinerer Schiffe, deren Kapitäne zugleich die Eigner waren. Für die beim Wiederaufbau der deutschen Handelsschifffahrt in der Nachkriegszeit typischen Küstenmotorschiffe, »Kümos« genannt, sorgte Schiffsmakler Peter Döhle für Fracht. Neben diesem Geschäftszweig entdeckte er als einer der ersten Norddeutschen bereits in den sechziger Jahren die in der Containerschifffahrt stecken-

Industrierelikt mit raumschiffartigem Aufsatz:
Sitz der Reederei Peter Döhle in Teufelsbrück

den Möglichkeiten. Als Firmensitz ließ Döhle senior an der Altonaer Prachtstraße Palmaille einst einen schiefergrauen kubischen Bau errichten. Der Elbblick und die Adresse klingen auch heute noch adäquat, aber die Räumlichkeiten reichen bei weitem nicht mehr aus für die Entwicklungssprünge der jüngsten Zeit. Abzulesen sind sie beispielsweise an den Schiffsgrößen: Während 1978 die je 517 TEU fassenden Frachter *Carolina* und *Charlotta* die Flaggschiffe der Reederei waren, bewegt man sich alsbald in der Größenklasse der 13 000er. Diese Masse will bewegt und gemanagt sein. Heute leiten Jochen und Christoph Döhle die Geschäfte der Peter Döhle Group. Sie ist unter anderem als einer der vier großen Vercharterer an der Elbe und als der größte europäische Befrachtungsmakler für Containerschiffe anzusehen. Wenn die jüngst bestellten Neubauten in Fahrt sind, werden an die 250 Containerschiffe und 100 andere Schiffe durch Döhle befrachtet.

Im Herbst 2003 kam mit der Gründung der Hammonia Reederei eine Tochterfirma hinzu, die je zur Hälfte Döhle und dem Emissionshaus Hanseatische Capitalberatungsgesellschaft (HCI) gehört. Über das Joint Venture werden die zahlreichen durch HCI-Fonds finanzierten Schiffe bereedert. Zur Realisierung der projektierten Schiffe wird auch mit anderen führenden Hamburger Emissionshäusern wie MPC Capital kooperiert. Die Geschäfte laufen gut, sodass im Sommer 2007 für Döhle 68 Neubauten bei den Werften geordert waren. In der Hauptsache sind dies Containerschiffe sowie neuerdings einige Produktentanker. Neben den in Südkorea entstehenden acht Mega-Carriern ging ein großer Teil der Aufträge nach China, aber auch bei HDW-Gaarden an der Kieler Förde und bei Sietas an der Elbe wird für Döhle gebaut. Nicht allein dieses Auftragsvolumen spiegelt eine überaus bemerkenswerte Entwicklung wieder. Neben 5000 Mann auf See sind an Land – vor allem in Hamburg und auf der Isle of Man – mehr als 700 Mitarbeiter in den verschiedenen Unternehmensbereichen und Tochterfirmen tätig. Die dabei abgedeckte Angebotspalette ist vielfältiger als bei der Konkurrenz: Die Peter Döhle Group sorgt für die Bemannung von Schiffen oder die Lieferung von Schweröl, sie agiert als Versicherungsmakler und Linienagentur, sie kümmert sich um die Entwicklung anwenderorientierter Software sowie um das generelle Schiffs-management.

Die fortgesetzte Expansion seines Familienunternehmens müsste Jochen Döhle nicht schweigsam machen, vielleicht aber der damit einhergehende Reichtum. So sah ihn das *Manager Magazin* Ende 2007 im Ranking der vermögendsten Deutschen 35 Plätze vor dem Reederverbandsvorsitzenden Frank Leonhardt. Döhle, der Zurück-haltendste unter den großen Hamburger Reedern, arbeitet nicht nur an der Elbchaussee, er wohnt auch dort, gegenüber dem Bubendey-Ufer. Dahinter befindet sich derzeit noch der Petroleumhafen. In na-her Zukunft steht dort ein Containerterminal von Eurogate, mit dem nicht nur Abgase der zur Stromversorgung ständig laufenden Schiffs-diesel verbunden sind, sondern auch Lärmemissionen. An der be-troffenen Partie der Elbchaussee ist nicht jeder Besitzer oder Bewoh-ner der teuren Immobilien mit dem künftigen Terminal einverstanden. Aufhalten aber lässt sich dieser Ausbau nicht. Schließlich benötigt der Hamburger Hafen dringend weitere Flächen für das Löschen, Laden und Stapeln von Containern, eben auch aufgrund des ge-schäftlichen Erfolgs eines Reeders wie Jochen Döhle. Bis 2015 wird die Verdoppelung des Containerumschlags an der Elbe erwartet. Das sind lukrative Aussichten für die Schifffahrt und Hafenwirt-schaft, gleichzeitig bahnen sich jedoch unruhigere Zeiten für die Anwohner an der Elbchaussee an.

Was die Größe seiner Flotte angeht, nimmt Jochen Döhle der-zeit weltweit den vierten Rang unter den im Container-Charter-geschäft tätigen Reedern ein. Der repräsentable Charakter seiner Firmenzentrale allerdings kommt einer Hamburger Spitzenposition gleich. Doch hinsichtlich der Immobilie könnte ihn in einigen Jahren Bertram Rickmers überrunden. Bereits jetzt benötigt dessen Firmen-gruppe mehr Platz, als ihr in der »Perlenkette am Hafenrand« zur Verfügung steht. Am liebsten wäre dem ambitionierten Reeder ein Gebäude, das allen Entwicklungen und auch zukünftig denkbaren Firmenübernahmen genügend Raum böte. Zur Erreichung dieses Ziels hat sich Rickmers gemeinsam mit der Reederei Orion Bul-kers die ehemalige Seefahrtsschule in Altona gesichert. Der ober-halb von Neumühlen mit Elbblick attraktiv gelegene Gebäudekom-

Teil der »Perlenkette am Hafenrand«:
Sitz der Reederei Rickmers in Neumühlen

plex an der Rainvilleterrasse soll durch zwei Firmenzentralen ersetzt werden.

Wie schon vor einem Jahrzehnt bei der Gestaltung des Unternehmenssitzes an der Außenalster, wo Richard Meier vom Bauherrn persönlich akquiriert wurde, geht Bertram Rickmers selbstbewusst vor: Da die prämierten Entwürfe des von der Stadt initiierten Realisierungswettbewerbs bei ihm keine Begeisterung weckten, rief er weitere renommierte Architektenbüros zur Einreichung von Vorschlägen auf. Es soll schon etwas Außergewöhnliches mit einer qualitativ hochwertigen architektonischen Prägung werden; das Geld dafür ist vorhanden. Rickmers zielt auf 8000 Quadratmeter Nutzfläche ab; Johann-Stephan Reith von Orion Bulkers, der gigantische Massengutfrachter sein Eigen nennt, möchte mit der Hälfte davon auskommen. Derzeit lässt die Hansestadt mit der »Elbphilharmonie« an der Hafencity einen Akzent in städtebaulich herausragender Dimension setzen. Gegenüber dieser Belebung der hafenseitigen Silhouette der Stadt erscheinen die architektonischen Projekte der Reedereien Döhle und Rickmers eher bescheiden. Sie sind aber ein deutlicher Ausdruck der in Hamburg liegenden Wirtschafts- und Innovationskraft. Mit ihren eng verzahnten Geschäftszweigen im Geflecht von Linien- und Trampreedereien sowie der Finanzierung, Bereederung und Befrachtung von Schiffen haben die Reeder gegenwärtig eine wahrhaft erfolgreiche Bilanz vorzuweisen.

Um das hervorzuheben, entstehen Firmensitze, deren Architektur mitunter wie eine demonstrative Geste wirkt. In der spektakulärsten Weise vollzieht sich das allerdings nicht in der City, sondern am Fluss, getreu dem Hamburger Sprichwort, dass das Geld an der Elbe verdient und an der Alster ausgegeben werde. In diesen Gebäuden treten erstmals seit Jahrzehnten Reedereien wieder in den Vordergrund. Sie tun dies sicherlich zurückhaltender als seinerzeit Hapag-Lloyd an der Binnenalster oder die Reederei Sloman, die Anfang der zwanziger Jahre das fulminante Chile-Haus vom Hamburger »Backsteinbaumeister« Fritz Höger errichten ließ, aber dennoch ist ein Hang zur individuellen Profilierung nicht zu übersehen. Hier besteht eine Traditionslinie: Erfolgreiche Hamburger Reeder suchen nach Distinktion. Was auf See durch die in den Farben der Charterer lackierten Schiffe an Individualität verlorengeht, hebt an Land die Kunst der Architekten hervor. Die Art der Umsetzung ist in Hamburg gesellschaftsfähig, im doppelten Sinne des Wortes. Sie verweist auf die Stellung und das gewachsene Selbstverständnis der Reeder- und Schifffahrtselite der Hansestadt.

Ein Reeder, der seine Schiffe nicht liebt,
hat keine Vision und seinen Beruf verfehlt.

THOMAS HARMSTORF

Picassos Geliebte

Die Novembersonne steht niedrig.
Sie taucht den Containerterminal Burchardkai in diffuses, milchiges
Licht. Das Büro von Reeder Thomas Harmstorf eignet sich perfekt
dazu, gegenüber auf dem südlichen Elbufer das rastlose Geschehen
zwischen Kränen, Hubwagen und Schiffen zu beobachten, denn das
Harmstorf-Haus liegt am »Altonaer Balkon«, wo die Elbchaussee endet und die respektabel anzuschauende Palmaille beginnt. Traditionell haben hier eine ganze Reihe von Reedereien ihren Sitz. Der
Stammplatz scheint angemessen, wenn man in der Schifffahrt tätig
ist. Einen Steinwurf tiefer unter dem Elbhang fließt die Elbe. Und
nur 1200 Meter entfernt am gegenüberliegenden Ufer, an der Stromseite des Burchardkais, hat die *Cap Vilano* festgemacht, eines der
fünfzehn Containerschiffe der Reederei Alnwick Harmstorf & Co.,
die von Thomas Meier-Hedde und Thomas Harmstorf geleitet wird.
Letzterer will die Gelegenheit nutzen, um seinem Frachter einen
nachmittäglichen Besuch abzustatten. Direkt über den Fluss würde
das mit einem Boot ein paar Minuten dauern, aber Harmstorf muss
das Auto nehmen.

Durch den alten Elbtunnel an den Landungsbrücken geht die
Fahrt aufs südliche Elbufer nach Steinwerder, vorbei am Werftge-
lände von Blohm + Voss, über Kopfsteinpflasterstraßen zur Auffahrt
der Köhlbrandbrücke. Hier ist unwichtig, welche der beiden Spuren
Harmstorf nimmt. Beide sind verstopft. Es geht stop-and-go die Brücke hinauf. Pkw und Lastwagen ziehen nach oben, wobei sich zur Linken und zur Rechten der Blick auf das weitläufige Hafenareal öffnet.

Thomas Meier-Hedde und Thomas Harmstorf
(Reederei Alnwick Harmstorf)

Mit aller Deutlichkeit wird sichtbar, was hier dominiert: die Containerschifffahrt. Rechter Hand liegen die großen Flächen der Terminals Tollerort, Waltershof und Burchardkai, links ist Altenwerder. Der beschaulich klingende Name täuscht: Hier ist nichts mehr alt und dörflich, sondern höchst modern. CTA wird der 2003 in Betrieb gegangene Containerterminal Altenwerder abgekürzt, den die staatliche Hamburger Hafen und Logistik AG (HHLA) und die zu 25,1 Prozent daran beteiligte, zum TUI-Konzern gehörende Linienreederei Hapag-Lloyd gemeinschaftlich betreiben. CTA verfügt an der Elbe über die größten Containerbrücken und die modernste Terminallogistik. Faszinierend und gespenstisch zugleich bewegen 74 fahrerlose Transportwagen die schweren Lasten auf dem Areal. Mit hoher Geschwindigkeit, wendig, exakt platziert und immer unfallfrei – dank computergesteuerter Transpondertechnik.

Im Vergleich zu den klassischen Terminals werden bei CTA weitaus weniger Hafenarbeiter beschäftigt. Sieht so der »Hafen von morgen« aus? Computerisiert, containerisiert, menschenleer? Nicht allen gefällt das so wie der Betreibergesellschaft HHLA. Sie konnte im

Feeder am Terminal Tollerort: Unentwegt verteilen
die Zubringerschiffe die Container in Nord- und Ostseehäfen
oder liefern sie an

Lärmende Umtriebigkeit: Anwohner wie Flaneure in Övelgönne
leben mit dem Getöse, das die Ladevorgänge am Elbufer
gegenüber Tag und Nacht verursachen

Die Keimzelle des Containerumschlags in Hamburg: Am Burchardkai
machte im Mai 1968 erstmals ein Vollcontainerschiff fest

November 2007 einen Teil ihrer Aktien an der Börse platzieren, was Hamburg über 1,17 Milliarden Euro in die Kasse spülte. Geld, das wiederum in den Hafenausbau gesteckt werden soll. Gern hätte der Stadtstaat bis zu 49,9 Prozent der HHLA an einen strategischen Investor verkauft, aber dagegen protestierten die gut organisierten Hafenarbeiter vehement. Zweitausend von ihnen unternahmen sogar einen lautstarken Marsch zum Hamburger Rathaus. Sie fürchteten, der Investor würde die Automatisierung noch stärker forcieren – zu ihren Lasten. Die Drohung der Hafenarbeiter, Dienst nach Vorschrift zu machen, wirkte, sodass es lediglich zu einem abgespeckten Teil-börsengang kam. Die Entscheider wissen, dass auch der Hafen der Zukunft nicht ohne spezialisierte und leistungsfähige Arbeitskräfte rund um die Uhr betrieben werden kann.

CTA ist ein Zentrum der Containerlogistik des Hamburger Ha-fens, dessen massive Erweiterung schon in den sechziger Jahren per Gesetz betrieben worden war. Das am westlichen Ufer des Elbarms gelegene Dorf Altenwerder musste weichen. Allerdings blieb die Kirche St. Gertrud vom Abriss verschont. Daher liegt zwischen der Autobahn und dem 100 Hektar großen Containerterminal ein ver-loren wirkendes backsteinernes Gotteshaus mitsamt des weiterhin genutzten Dorffriedhofs. Daneben brummt der Betrieb auf dem weit-gehend automatisierten und mit 14 Containerbrücken ausgestatteten Terminal pausenlos. Das enorme Verladepotenzial ermöglicht Spit-zenleistungen: So wurden am 27. Juni 2006 in einer Stunde an einem Schiff 143 Container umgeschlagen – Weltrekord! Das hanseatische Tempo macht im internationalen hafenwirtschaftlichen Wettbewerb durchaus etwas her, denn anderswo, etwa in Rotterdam und South-ampton, kommt es des Öfteren zu schleppenden Lösch- und Lade-vorgängen. CTA leistet viel, allein im Jahr 2006 wurden 2,1 Millio-nen TEU umgeschlagen, und das infolge der Automatisierung sogar mit reduzierter Belegschaft. Die HHLA ist auf fortgesetztes Wachs-tum aus und erwartet zu Recht die Steigerung des Umschlags, denn

Das stählerne Logistik-Ensemble an der Kaikante: Frachter, Portalkrane und Van Carrier im nächtlichen Einsatz hier könnten sogar die derzeit im Bau befindlichen Mega-Schiffe anlegen, da das Wasser an der Kaikante 16,7 Meter tief ist.

Jedoch: Die 1974 eröffnete Köhlbrandbrücke ist zu niedrig für die künftigen Generationen der Containerschiffe, deren Ladung auf CTA umgeschlagen werden soll. Gut 53 Meter liegen zwischen dem mittleren Wasserstand der Elbe und der Brücke. Das reicht nicht mehr aus für die in Südkorea auch im Auftrag von Hamburger Reedern gebauten Riesenfrachter, wenn sie bei Hochwasser und mit wenig Ladung an Bord unter der Brücke hindurchfahren müssen. Diese ab Ende 2009 zur Auslieferung kommenden, etwa 380 Meter langen Schiffe werden Hamburg ansteuern. Voll abgeladen, mit theoretisch 13 100 Containern zu je 14 Tonnen Gewicht an Bord, benötigen sie eine Wassertiefe von 15,5 Metern. Da müsste die Elbe an einigen Stellen kräftiger ausgebaggert werden als bislang geplant, oder aber die Beladung fiele nicht maximal aus. Die Breite der Schiffe könnten die Kräne von CTA bewältigen, denn ihre Ausleger ragen mehr als 50 Meter über die Kaikante hinaus. Burchardkai, Tollerort und Waltershof haben Vorrichtungen dieser Dimension bislang nicht. Aber das ließe sich in vergleichsweise kurzer Zeit nachrüsten. Weitaus langwieriger ist die Sache mit der Brücke: Ein größerer Bruder der heutigen Köhlbrandbrücke, mit drei Fahrspuren je Seite und 72 Metern Durchfahrthöhe, könnte frühestens um das Jahr 2014 realisiert werden. Ersatz muss ohnehin her, denn das von täglich bis zu 30 000 Fahrzeugen passierte Bauwerk wird etwa 2030 abgenutzt sein. Erfahrungsgemäß sind solche Infrastrukturprojekte eine Mammutaufgabe für die Planer in den zuständigen Behörden und für die ausführenden Firmen. Von der Klärung der Kostenübernahme durch die öffentliche Hand oder durch einen Investor einmal ganz abgesehen. Dies wird mindestens so lange in der Diskussion bleiben wie ein anderes kostspieliges Hamburger Straßen- und Brückenbauprojekt, die sogenannte Hafenquerspange.

Das aber interessiert Thomas Harmstorf im Moment weniger. Er fährt die Köhlbrandbrücke hinab, an deren Ende der Verkehr sich zusehends auffächert und flüssiger wird. Der Reeder folgt eiligen Trailern zur Einfahrt des Burchardkais, wo der Wagen vor dem Zaun abzustellen ist. Sicherheit wird in Hafenanlagen nach den

Anschlägen vom 11. September großgeschrieben. Vor allem die U.S.-Behörden haben mit dem Ende 2002 verabschiedeten internationalen ISPS-Sicherheitscode darauf gedrängt, denn sie fürchten, mit den Schiffen und den Massen von Containern könnten auch Gefahren in die Vereinigten Staaten importiert werden. Im Check-in des Kontrollgebäudes erhält Harmstorf nach der Ausweiskontrolle einen Passierschein zur *Cap Vilano*. Der nächste Shuttle-Bus nimmt ihn auf und kurvt über das Gelände. Hier gilt wie im normalen Straßenverkehr rechts vor links, doch der Fahrer des Kleinbusses bremst energisch, als von links zwischen den Containerstapeln ein zehn Meter hoher Transportwagen mit Containerlast heranrast. Der achträdrige Van Carrier wird durchgelassen, schließlich hat er dank der Masse von vier zwischen seinen »Beinen« hängenden Containern und der Geschwindigkeit schlagende Argumente auf seiner Seite. Die ganze Aktivität auf dem 1,5 Quadratkilometer großen Terminalgelände, wo gleichzeitig 22 Containerbrücken an der Entladung der Frachter arbeiten können und auf dem sich jetzt, nur vier Tage nach dem Ende des letzten Lokführerstreiks, noch einige tausend Container zu viel befinden, scheint unter enormem Zeitdruck zu stehen. Tempo, Tempo! Da wird auf Kleinbusse oder Lieferwagen kaum geachtet, die zur Versorgung der Schiffe mit Lebensmitteln und Ersatzteilen dienen.

Mittlerweile ist es dunkel. Harmstorf hat von seinem Büro bis zu dem 2006 von der Aker MTW Werft in Wismar abgelieferten und damit jüngsten seiner Schiffe eine ganze Stunde benötigt. In orangefarbenes Licht getaucht, liegt die *Cap Vilano* zwischen zwei anderen Frachtern am Kai. Sie ist 221 Meter lang, 30 Meter breit und nur halb so hoch, wie die Köhlbrandbrücke zuließe. Bis zu 3000 TEU passen an Bord. In der Nacht zuvor ist der Frachter um 22 Uhr eingelaufen. Heute soll er zur gleichen Zeit wieder ablegen. Das bedeutet für die Mannschaft harte Arbeit. Schließlich müssen 578 Container zügig abgeladen werden, um sogleich Platz für die 497 Container umfassende neue Ladung zu schaffen. Hinzu kommen zwei für das chilenische Valparaíso bestimmte Rolls-Royce-Dieselgeneratoren, die als übergroße Stückgutladungen auf Transportplattformen an Bord gehoben werden. Jeder Ladevorgang des im Bedarfsfall zwei Container auf einmal greifenden Gantry-Krans wird mit 250 Euro berechnet,

November 2007: Die Container-Lkw stauen sich
auf der Köhlbrandbrücke mehr als üblich, da die Bahn streikt

zu Lasten des Auftraggebers Hamburg Süd. Wie der Name erkennen lässt, steuert der Charterer des Schiffes traditionsgemäß den amerikanischen Subkontinent an: Hamburg Süd unterhält einen regelmäßigen Verkehr zwischen der Elbmetropole und Valparaíso. 28 Tage pro Richtung sind dafür vorgesehen.

Kapitän Oleg Maranichev, Ende vierzig, begrüßt Thomas Harmstorf an Bord. Der Reeder legt Wert auf die Gelegenheit, das Schiff in Augenschein zu nehmen und vor allem den Austausch mit den Offizieren zu pflegen. Mit dem Kapitän und dem Chief Engineer Petras Galatiltis spricht er über die Wetterlage im Atlantik sowie über die Maschine und deren Treibstoffverbrauch. Der aus Litauen stammende Ingenieur ist nicht nur auf der *Cap Vilano* im Einsatz, sondern gelegentlich auch vertretungsweise auf einem Schwesterschiff. Daher kann er störende Vibrationen der Maschine, die bei der Höchstgeschwindigkeit von 22 Knoten auftreten, miteinander vergleichen. Fährt das Schiff nur einen Knoten langsamer, bleiben die Vibrationen aus. Der Tagesverbrauch an Bunker genanntem Schweröl sinkt dabei deutlich von 82 auf 73 Tonnen. Das rechnet sich, denn der hohe Preis von über 400 Dollar pro Tonne Bunker-C-Öl schlägt beim Charterer empfindlich zu Buche. Hamburg Süd muss abwägen: Ein Knoten weniger Fahrt bedeutet pro Tag 24 Seemeilen weniger Streckenleistung. Bei 20 Tagen auf See ist somit ein weiterer Tag einzuplanen, und die gegenüber der Reederei Harmstorf fällige Tagescharter beträgt 20 000 Dollar.

Infolge der hohen Energiepreise drosseln mittlerweile zahlreiche Reedereien das Tempo ihrer Flotten. »Slow steaming« lautet das Schlüsselwort am Ende des Jahres 2007. Seit langem schon sind die auf den Schnellstrecken eingesetzten Großfrachter, sogar die über 360 Meter langen Mega-Carrier, für Höchstgeschwindigkeiten von mehr als 25 Knoten konzipiert. Die damit einhergehenden Betriebskosten sind derzeit aber unrentabel. Daher wurde eine Einigung in der Branche gefunden: Wenn alle Linien das Tempo fahrplanmäßig

Stapelkünstler über den Dingen: Der Van-Carrier-Fahrer arbeitet in zehn Metern Höhe und befördert bis zu vier Container gleichzeitig über die Terminalflächen um einige Knoten reduzieren, sinken die Schwerölkosten spürbar, und keiner der Konkurrenten hat einen Nachteil. Gleichzeitig verringert sich der Schadstoffausstoß der gewaltigen Maschinen. Aber nicht etwa ökologischem Bewusstsein folgt dieses Handeln, sondern ökonomischem Kalkül.

Während Maranichev und Harmstorf von der Brücke über die Laderäume blicken, die unablässig von den Fahrern der Containerbrücken mit neuen Boxen gefüllt werden, hat an der Steuerbordseite ein Bunkerschiff festgemacht, um das Altöl der *Cap Vilano* aufzunehmen. Die Schiffsbesatzung, neben einigen Osteuropäern zum Großteil Filipinos, hat daher alle Hände voll zu tun. Auf Deck gestapelte Container müssen mit Metallstangen gelascht werden, um deren Standsicherheit beim Schwanken des Schiffes zu gewährleisten. Das Sichern der Boxen mit metallenen Verbindungsstücken an den Ecken, den Twist-Locks, und das Laschen sind zeitaufwändige Arbeiten. Bei aller Routine ist hohe Sorgfalt gefordert. Dies entspricht einem zentralen Prinzip des Reeders: Ihm geht es darum, dass keine vermeidbaren Fehler gemacht werden. Die Naturgewalten auf See lassen sich nicht steuern. Da kann die Mannschaft nur reagieren. Schäden und Unfälle aber, die durch Nachlässigkeit oder Leichtsinn entstehen, gehen Harmstorf gegen den Strich, denn dafür sind letztlich der Kapitän und die Reederei verantwortlich.

Eine umfassende Aus- und Weiterbildung mag vieles verhüten. Dennoch kann es nicht schaden, ein prüfendes Auge auf die Einhaltung von Sicherheitsstandards zu werfen. Daher dient Harmstorfs Besuch nicht nur dem direkten Gespräch mit den Offizieren oder der Pflege des Kontakts zur Crew, sondern auch dem Ziel, einen Überblick zu gewinnen. Wie sieht es auf der Brücke, im Maschinenraum, auf Deck und nicht zuletzt in der Kombüse aus? Sind die mitreisenden Passagiere – zwei Mittfünfziger aus der Schweiz – gut untergebracht? Harmstorf wirft wie beiläufig ein prüfendes Auge auf alles Mögliche und versichert dem Kapitän, dem Ersten Offizier und auch den Schweizern, dass die Reederei ein offenes Ohr für die jeweiligen Bedürfnisse habe. Zwei Stunden bevor die *Cap Vilano* die vom Lotsen gesteuerte Revierfahrt elbabwärts antreten wird, geht Harmstorf von Bord. Für fünf Jahre wurde sein Schiff bei Indienststellung verchartert, zu einer Tagesrate von 20 000 Dollar. Dieses Jahr fallen die Charter deutlich höher aus, sodass Hamburg Süd heute 7000 Dollar mehr zahlen müsste. Aber so liegen die Dinge eben: Für den Reeder und die hinter ihm stehenden Emissionshäuser sind mehrjährige fixe Charterverträge von existenzieller Bedeutung, denn damit kann kalkuliert werden. Und es wird vermieden, beim Verfall der Charterraten empfindliche Verluste zu erleiden, was bei den kurzfristigen Chartern auf dem sogenannten Spot-Markt durchaus möglich ist.

Am Burchardkai läuft alles wie am Schnürchen: Die Fahrer der Gantry-Krane beherrschen ihr Geschäft und laden eine Box nach der anderen, ohne die Führungsschienen der Laderäume zu demolieren, wie es in anderen Häfen der Welt schon einmal passieren kann. Ersatzteile und Proviant werden termingerecht geliefert, das Schiff ist in hervorragendem Zustand. So kann es wieder über den Atlantik gehen, durch den bislang für Schiffe bis 32,3 Meter Breite – das ist die sogenannte Panmax-Klasse – passierbaren Panama-Kanal und mit insgesamt sieben Zwischenstopps bis nach »Valpo«, wie man in der Reederei das auf Höhe der Hauptstadt Santiago de Chile liegende Valparaíso nennt. Dort erst möchte Chief Engineer Galatiltis von Bord gehen und eine Bar ansteuern. In Hamburg hat er dafür ebenso wenig Zeit wie die gesamte Mannschaft. Die Bar in Valparaíso heißt *Hamburg*. Sie sei, so schwärmt der Litauer, wunderschön ausgestattet, mit Bildern der Hansestadt und maritimen Dekorationsstücken. Vier Monate dauert sein Törn auf der *Cap Vilano*, bei dem er die MAN-Hauptmaschine sowie die Hilfsdiesel und die übrige Technik des Schiffes am Laufen hält. Dann folgen zwei Monate Urlaub, die er in seiner Heimat an der litauischen Küste verbringen will. Die Frachtschifffahrt verlangt solche Arbeitszeiten. Manche Besatzungsmitglieder toppen sie sogar noch, indem sie sechs Monate am Stück arbeiten und erst dann nach Hause fahren.

Zusammen mit zwei Filipinos von einem anderen Schiff wird Harmstorf vom Shuttle-Bus zum Check-in zurückgebracht. Die Matrosen brechen zu Fuß vom Terminal Burchardkai zum nicht gerade nahe gelegenen *Duckdalben* auf. Diese Seemannskneipe ist eine Institution für die Frachter-Mannschaften aus aller Herren Länder. Allerdings befindet sie sich in unwirtlicher Umgebung von Containerstapelplätzen, Bahngleisen und der Autobahnauffahrt Waltershof. Wohin aber sonst sollten die Matrosen hier gehen? Der Kiez von St. Pauli ist zu weit entfernt, und dort trifft man vorwiegend auf lautstark feiernde junge Leute aus Wedel, Pinneberg und Hamburg sowie auf Touristengruppen. Unter sich bleiben die Seeleute im von der Seemannsmission betriebenen *Duckdalben*. Das, und die gegenüber den Kiezkneipen moderaten Preise, wissen viele von ihnen zu schätzen.

Für Harmstorf sind die Straßen nunmehr frei. Zügig erreicht der Reeder durch den neuen Elbtunnel das nördliche Ufer des Flusses, wo er an der für ihn passenden Seite der Elbchaussee wohnt: Sein Haus bietet den Blick auf die hell erleuchteten Terminals, von denen ständig das dumpfe Dröhnen der in die Laderäume gehievten Container herüberschallt. In Harmstorfs Ohren klingt das wie Musik, die untrennbar mit seinem Beruf verbunden ist. Ihn freut besonders an diesem Geschäft, dass er mit seinen Mitarbeitern in der Reederei, mit dem kleinen Kreis von Investoren, den Emissionshäusern und Schiffsbanken sowie mit den Charterern etwas so Komplexes wie ein Frachtschiff in Bewegung bringen kann. Wenn alles funktioniert, ist er zufrieden, ja glücklich. Und Geld verdienen lässt sich derzeit wieder mehr als etwa im Jahr 2003, der letzten Delle in der eigentlich dauerhaft nach oben zeigenden Konjunkturkurve der Containerschifffahrt.

Bei 15 Harmstorf-Schiffen in Fahrt könnte jederzeit etwas schiefgehen. Beispielsweise gibt es trotz aller Sorgfalt gelegentlich kostspielige Verzögerungen durch Probleme mit der Maschine, die zu Lasten des Reeders, nicht des Charterers gehen. Auch wenn die Schifffahrt naturgemäß zahlreiche Unwägbarkeiten beinhaltet, bleibt Thomas Harmstorf in der Regel unaufgeregt im Ton und verbindlich in der Sache, ganz Geschäftsmann. Schließlich werden die Nerven geschult in diesem Metier, das Boomphasen, Einbrüche und auch anhaltende »Schweinezyklen« kennt. Reeder sind dies gewohnt; sie werden auf unterschiedliche Weise damit fertig. Harmstorf lässt keinen Zweifel, dass er am rechten Platz ist, wenn er entschieden sagt: »Jeder muss sehen, wie er sein Leben mit Qualität füllt.« Dass er dies seit über zwei Jahrzehnten in der Schifffahrt versucht, liegt nicht zuletzt an seinem Vater Alnwick F. Harmstorf.

Der Reeder und Schiffbauunternehmer aus Blankenese ließ seine Frachter auf eigenen Werften in Flensburg, Büsum und Travemünde bauen. Aus Kosten- und Steuergründen hatte er 1971 auf Zypern eine Firma zum Management seiner Kühlschiffsaktivitäten gegründet. Ab Ende der siebziger Jahre wurde das Spektrum der bislang auf Tanker, Bulker und Kühlschiffe konzentrierten Harmstorf-Reederei auf Containerschiffe erweitert. Die wenig später einsetzende allgemeine Branchen- und Werftenkrise traf das Familienunternehmen mit voller Wucht. In dieser bedrängten Situation war Thomas Harmstorf, der in Frankfurt für die Werbeagentur Saatchi & Saatchi arbeitete, von seinem Vater in den Norden gerufen worden. Doch auch der Sohn konnte nicht verhindern, dass der schwer schlingernde Werftkonzern im Juni 1986 Vergleich anmelden musste, wie so viele Schiffbaubetriebe im Norden. Die vom Land Schleswig-Holstein geleistete Bankbürgschaft über 25 Millionen Mark war zu gering gewesen. Dagegen hatte der weitaus größere Kieler Werftbetrieb HDW das Zehnfache erhalten, was ihm half, die Krise zu überstehen.

Thomas Harmstorf hatte an der Freien Universität Berlin Soziologie, Psychologie und Wirtschaftswissenschaften studiert. Seine bisherige Arbeit an Werbekampagnen, etwa für Automarken, sowie für die Volkswagen-Stiftung und Corporate-Identity-Projekte hatte so gut wie nichts mit der See zu tun gehabt. Doch wie Bertram Rickmers verbanden auch ihn Kindheit und Jugend mit der Werft seiner Familie. Er kannte das Geschäft mit Schiffen; es lag ihm am Herzen. Die Werften aber waren 1986 am Ende. Zahllose Arbeitsplätze gingen verloren, was wie in Büsum und Travemünde bei den Betroffenen Fassungslosigkeit hervorrief. Dem umtriebigen Unternehmer Alnwick Harmstorf selbst gelang es, Teile seiner Firmengruppe zu bewahren. Die zypriotische Kühlschiffreederei konnte Thomas Harmstorf in den auf die turbulente Krise folgenden Jahren retten. Und sein Vater unternahm noch im Alter von 78 Jahren einen neuen Anlauf. Der Senior gründete die Alnwick Harmstorf Schiffahrtsgesellschaft, in die er unter anderem seine beiden Söhne Thomas und Andreas aufnahm. Allerdings standen die Geschäfte nicht mehr unter einem glücklichen Stern. Als der Prinzipal 1996 starb, waren sämtliche Schiffe verkauft.

Trotz dieses offenkundigen Misserfolgs wollte Thomas Harmstorf die Reedereitradition fortführen. Er hatte seit längerem die Schiffsfinanzierung zu seinem zentralen Betätigungsfeld entwickelt und sah die Chancen des Marktes, vor allem in der Containerfahrt. Daher baute er eine eigene Reederei unter dem Traditionsnamen Harmstorf auf. Schon wenige Monate nach dem Tod des Vaters erwarb er gemeinsam mit einem Partnerunternehmen einen ersten Mehrzweckfrachter, der 270 Containerstellplätze bot. Die technische und personelle Betreuung des Schiffes übernahm die in Limassol auf Zypern ansässige Schiffsmanagement-Gesellschaft von Harmstorf. Zypern blieb eine wichtige geschäftliche Ebene als Sitz der Reederei-Holding, bis die Einführung der Tonnagesteuer die wirtschaftlichen Rahmenbedingungen in der Bundesrepublik wesentlich attraktiver machte.

Daher erfolgte im Jahr 2000 die Neugründung der Reederei Alnwick F. Harmstorf & Co. durch Thomas Harmstorf und seinen Partner Thomas Meier-Hedde. Letzterer ist Schifffahrtskaufmann und Mitgesellschafter der Bremer Schlüssel Reederei, in der seine Familie seit den fünfziger Jahren leitend tätig ist. Den gleichberechtigten Geschäftspartnern gelang es im engen Zusammenspiel, die neue Reederei an der Elbe fest zu etablieren. Heute ist das an der Altonaer Klopstockstraße gelegene Unternehmen einer der soliden Mitspieler im Charter-Containerschiffsmarkt. Die Talsohle in der maritimen Laufbahn der Familie Harmstorf, die der Niedergang der Werftengruppe Mitte der achtziger Jahre markiert, scheint vergessen. Demgegenüber sieht die gegenwärtige Entwicklung sehr vielversprechend aus: Innerhalb weniger Jahre konnte die Zahl der bereederten Schiffe verdreifacht werden. Da man durchweg größere Frachter erwarb, hat sich die Tonnage mit 230 000 tdw (tons dead weight = Tragfähigkeit) noch deutlicher gesteigert als die Anzahl der Schiffe. Hinter der Finanzierung der Expansion stand eine Zeitlang das Emissionshaus König & Cie., an dessen Gründung Thomas Harmstorf beteiligt gewesen war. Mittlerweile aber ist der wichtigste Kooperationspartner beim Initiieren neuer Schiffsprojekte das Hamburger Emissionshaus PCE.

Alnwick Harmstorf & Co. betreibt allerdings nicht nur Frachter, sie verkauft sie auch, mit zum Teil beträchtlichem Gewinn. Der Markt guter Secondhand-Containerschiffe ist umkämpft, da die Werften weltweit nicht genug Neubauten produzieren können. Das treibt die Preise nach oben. Bei manchen dieser Geschäfte sind über Private Placements nur wenige Investoren involviert, was die Reederei schätzt, denn es werden keine Provisionen gezahlt. Im Jahr 2006 kam es zu einem besonderen Erfolg für die Anleger und Kommanditisten: Harmstorf verkaufte drei Schiffe weiter und erzielte Renditen von 120, 185 und sogar 210 Prozent. Derartig gute Ergebnisse werden unter Investoren schnell publik. Das ist die beste Werbung. Aber auch in anderer Hinsicht fällt das Unternehmen auf. Mancher Branchenkenner hält Thomas Harmstorf angesichts seiner Vita und seiner persönlichen Interessen für einen in Reederkreisen untypischen »Schöngeist«. Sie sehen sich dadurch bestätigt, dass die Harmstorf-Frachter bei der Taufe Namen von Lebensgefährtinnen Pablo Picassos erhalten: *Florence, Jacqueline, Suzanne, Irène, Inès, Sara ...* – deshalb wird die Flotte gern auch »die Picasso-Schiffe« genannt. Das komme bei den Anlegern durchaus an, meint der Reeder, denn schließlich seien unter diesen Investoren auch zahlreiche Kunstliebhaber. Sie schätzen, davon ist man bei Harmstorf überzeugt, dass sich die von ihnen mitfinanzierten Schiffe durch diese Namenswahl ein wenig von der Masse abheben.

In Thomas Harmstorfs Büro stehen einige Bücher über den Maler und sein Werk. Anfang der neunziger Jahre, nach einem Besuch des Picasso-Museums in Antibes, war er auf die Idee gekommen, die Schiffe künftig nach den Frauen zu benennen, mit denen der Künstler liiert gewesen war. Picasso liebte und malte diese in seinem Leben wichtigen Frauen. Hier zieht Harmstorf eine emotionale Linie zu seinem Geschäftsfeld: »Ein Reeder, der seine Schiffe nicht liebt, hat keine Vision und seinen Beruf verfehlt.« Von den Konkurrenzunternehmen ist nicht bekannt, dass sie eine ähnliche Namenspolitik betreiben wie der ehemalige Werber von Saatchi & Saatchi. Die von ihnen verwendeten weiblichen Namen scheinen auf den ersten Blick eher willkürlich gewählt, so wie die genauso gern bei anderen Reedereien Verwendung findenden Städtenamen oder phantasievolle Wortkreationen. Alnwick Harmstorf & Co. gehört mit ihren derzeit

15 Containerschiffen zur eher kleineren Kategorie der in Hamburg ansässigen Reedereien. Aber auch ihr Entwicklungstempo verläuft in den letzten Jahren sprunghaft. Wenn Thomas Harmstorf und Thomas Meier-Hedde bei weiterhin erfolgreicher Geschäftsentwicklung neue Schiffe in Dienst stellen sollten, möchten sie das Namensreservoir der weiblichen Modelle Pablo Picassos auch künftig nutzen. Dabei wäre einem deutlichen Flottenwachstum erst einmal keine Grenze gesetzt. Einziger Wermutstropfen bei der Benennung der Schiffe ist die Tatsache, dass der Charterer die von ihm angemieteten Schiffe im Regelfall umbenennt. So heißt die für Hamburg Süd fahrende *Cap Vilano* eigentlich *Fernande*. Im nüchternen Aufenthaltsraum der Mannschaft hängt ein Druck des Gemäldes an der Wand. Es zeigt die schemenhaft von Picasso gemalte Frauengestalt und bringt damit einen Hauch von Inspiration in die arbeitsame Männerwelt an Bord.

Aufstieg ohne Luftschiffe

Es gebe Familien in Deutschland, in denen man sich seinen Namen erst einmal »verdienen« müsse. Diese Feststellung des Historikers Wolfgang J. Mommsen, dessen Vater und Großvater ebenfalls berühmte Geschichtswissenschaftler waren, trifft auch auf deutsche Reeder zu. Das beste Beispiel dafür liefert die Familie Rickmers, die seit 1834 im Seehandel aktiv ist. Im Segelschiffbau waren der Gründer Rickmer Clasen Rickmers und seine Söhne überaus erfolgreich. Auch als Reeder konnten sich die Bremerhavener sehen lassen. Doch immer wieder gab es starke wirtschaftliche Schwierigkeiten bis hin zum Scheitern. Eigentlich musste jede neue Generation von vorn anfangen oder etwas ganz anderes beginnen: Der Übergang von der hölzernen Bark zum Segler mit eisernem Rumpf und dann zum Dampfer bedeutete gravierende Umbrüche. Und auch zweimalige Kriegsverluste und Schließungen der Werft unterbrachen in den letzten hundert Jahren die Kontinuität. Mit dem Know-how des jungen Schifffahrtskaufmanns und mit Bauplänen aus der im Jahr 1986 in die Insolvenz gegangenen Werft hatte der damals 34-jährige Bertram Rickmers den Weg zum Reeder eingeschlagen. Sein Bruder Erck war während des letzten Tiefpunkts der Firmengeschichte 22 Jahre alt. Auch er hatte von Kindesbeinen an die familieneigenen Schiffbaubetriebe an der Geeste und an der Weser kennengelernt. Auf dem Internat Louisenlund im Norden Schleswig-Holsteins war er zur Schule gegangen, aber in den Ferien hatte er auf der Werft mitgearbeitet und dort das Geld für sein erstes Auto verdient: einen gebrauchten VW Käfer. Zur

Zeit der Krise der Werft absolvierte er gerade eine Lehre zum Schiff-fahrtskaufmann bei der Hamburger Traditionsreederei Ernst Russ.

Die Schließung der Werft bedeutete einen Schock für Erck Rick-mers, denn seine Familie hatte bis dahin über 150 Jahre Schiffbau betrieben. Das war nun unwiederbringlich vorbei. Der maritime Lorbeer war verwelkt und konnte nicht an seine Generation weiter-gereicht werden. Ein Betrieb in der Schwerindustrie kann nur bei steten Innovationen bestehen. Das hatte die ältere Rickmers-Genera-tion augenscheinlich nicht geschafft. Angesichts dessen fand Erck Rickmers, es sei das Beste, die berufliche Entwicklung auf eigenen Anstrengungen in einem neuen Tätigkeitsfeld aufzubauen. Im An-schluss an die Lehre ging er nach London zum Schiffsmakler Harper Petersen; danach arbeitete er in Süddeutschland in der Industrie. Die endgültige Hinwendung zum Geschäft in der Schifffahrt führte sein Bruder Bertram herbei, der ihn 1992 einlud, als Partner neue Schifffahrtsaktivitäten zu entfalten. In Hamburg stellte Erck Rick-mers schnell seine Befähigung im Finanzierungsgeschäft unter Be-weis, aber an der Seite seines älteren Bruders wurde es ihm nach ei-nigen Jahren zu eng. Ein Grund dafür war, dass sich die Brüder in Naturell und Temperament deutlich unterscheiden. Beobachter der Entwicklung sprechen von »Hund und Katze«, oder sie formulieren es etwas prosaischer: Die beiden »liebten sich auseinander«. Seit zehn Jahren gehen sie geschäftlich getrennte Wege. Zur gütlichen Trennung gehörte, dass Erck das 1992 gemeinsam gegründete Emis-sionshaus Nordcapital übernahm. Dies bildete den Grundstein sei-ner Selbständigkeit.

Angesichts des Scheiterns der Familienwerft, so bekundet Erck Rickmers, lernte er die Lektion, dass es besser ist, auf sich selbst zu vertrauen und etwas Eigenes aufzubauen. Diese Botschaft klingt wie die eines arrivierten Mannes, doch als der Chef sie im *ship & shore* betitelten Mitarbeitermagazin seiner Reederei mitteilt, ist er erst 43 Jahre alt. Das Unternehmen heißt E. R. Schifffahrt, was innerfami-liär-geschäftliche Gründe hat. Schließlich führt der ältere Bruder die Rickmers-Linie fort und hat damit den Namen nicht etwa nur für sich gepachtet, sondern auf Dauer in der Hand. Ercks junge Reede-rei, seit 1998 ist sie im Geschäft, managt in der Hauptsache Contai-

Erck Rickmers (Reederei E. R. Schiffahrt)

nerschiffe. 68 sind derzeit in Fahrt, 14 weitere geordert. Das darin gebundene Investitionsvolumen beträgt 5,1 Milliarden Dollar. Hinzu kommen Tanker, Bulker und Offshore-Schiffe, die in der Summe noch einmal 2,4 Milliarden Dollar umfassen. Die Finanzierung läuft vor allem über das zur E.R. Holding gehörende Emissionshaus Nordcapital. 2600 Beschäftigte, 130 Schiffe in Fahrt oder im Bau, eine Stellplatzkapazität von 337 818 TEU zu Beginn des Jahres 2008 und damit Rang drei hinter Offen und NSB, acht der weltgrößten Containerfrachter mit weiteren 100 000 TEU in Korea bestellt – eine Momentaufnahme von der Spitze der deutschen Schifffahrtswelt. Hinter ihr stehen große Leistungen einer etablierten Unternehmensgruppe. Doch für all diese Verantwortung wirkt der Chef geradezu jugendlich.

Es ist noch nicht lange her, da hatte Erck Rickmers den Ruf eines »jungen Wilden«. Etwas aggressiver und risikobereiter in der Ansprache von Kunden und Geschäftspartnern sei er vorgegangen, erklärt der dynamisch wirkende Unternehmer, dessen Firmensitz unweit der Zentrale von Claus-Peter Offen beim Hamburger Hanseviertel liegt. Das Foyer des architektonisch eher schlichten Neubaus beinhaltet neben den obligaten Schiffsmodellvitrinen einen hübschen Blickfang hinter dem langgezogenen Empfangstresen: Sieben breite Flachbildschirme zeigen unterschiedlich blaues Wasser, Wellenbewegungen und Schaumkronen. Die sieben Weltmeere in der Endlosschleife – sie sollen ins Bewusstsein rücken, dass die hier Arbeitenden ihre Umsätze auf dem Wasser machen. Oben im achten Stock arbeitet Erck Rickmers in einem transparenten Büro. Drei Seiten Glas, eine Seite Schrankwand, da fehlt die Fläche für maritime Stücke oder schmückende Elemente. Ein Ölgemälde, das Frachter verschiedener Epochen zeigt, lehnt dennoch auf dem Sideboard, hinter einem Schiffsmodell. Wie sollte es auch anders sein. Der schlanke, ruhig und gewählt sprechende Firmenchef trägt ein dunkelblaues Jackett mit goldenen Knöpfen, aber sein Habitus wirkt mehr am Bankwesen als maritim orientiert. Das mag damit zusammenhängen, dass Erck Rickmers über die Schiffsfinanzierung zum Reedergeschäft kam. Das Management der Reederei liegt seit neuestem in den Händen des Dänen Knud Stubkjær, der dreißig Jahre lang für das Containergeschäft des Marktführers Mærsk wirkte, zuletzt als Vorstandsmitglied.

Mit der Frage konfrontiert, ob er sich eher als Geschäftsmann oder mehr als Reeder sehe, findet Erck Rickmers eine salomonische Antwort: Der Reeder sei auch immer ein Kaufmann, der zwingend tiefgehende Kenntnisse des Finanzgeschäfts mitbringen müsse. Von daher lasse sich das eine nicht vom anderen trennen. Aber es gebe natürlich eine ganze Anzahl Reeder, die im Gegensatz zu ihm selbst als Kapitäne zur See gefahren seien. Rickmers nennt Kapitän Heinrich Schoeller, der die im zypriotischen Limassol ansässige große Reederei Columbia betreibt. Schoeller gilt vielen als Hamburger Reeder, doch er ist wohl den größten Teil des Jahres auf Zypern tätig. Das hat seinen Grund, denn die dort gewährten Steuervorteile müssen durch örtliche Präsenz verdient sein. Mit dem Standort verbindet Erck Rickmers eine vielsagende Positionierung: Er betont, dass er einem internationalen Unternehmen vorsteht, das seinen Sitz in Deutschland hat. Die Perspektive, es handele sich um ein deutsches Unternehmen, das auf weltweiten Märkten agiere, spiegelt nicht seine Philosophie wider. Dieser Äußerung folgend könnte die Firmenholding auch anderswo als in Hamburg liegen, doch der Standort ist wegen der hier vorhandenen Dichte des maritimen Netzwerks ideal.

Erck Rickmers beschäftigt weltweit Menschen und Schiffe, um anlegerorientiert Geld zu verdienen. Sein unternehmerisches Motto lautet ganz einfach und modern: »Create value!« Er will Werte schaffen und gute Ergebnisse erzielen für sein Unternehmen und seine Geschäftspartner. Annähernd 41 000 Anleger sind es mittlerweile, die in Fonds von Nordcapital investiert haben. Allein 1,6 Milliarden Euro flossen durch sie in 90 Schiffsfonds. Wenn Anleger und ihre Berater den Shareholder-Value als oberste Priorität sehen, entspricht dies der Wertmaxime des Unternehmers. Werte schaffen ist die bestimmende Konstante in den Geschäften des Finanzdienstleisters und Reeders.

Dass er in die Lage versetzt wurde, derartige Ziele anzugehen und sie zu realisieren, hat in erster Linie mit dem Vertrauenskredit zu tun, der ihm seitens der Schiffsbanken entgegengebracht wurde. Hinzu kam die Unterstützung der Routiniers Klaus Oldendorff von der Reederei Nord und Dr. Heinrich Schulte von der Schulte Group, die dem Youngster einige Schiffe zur Verfügung stellten. Im Anschluss musste er sein Können unter Beweis stellen und seinen Ruf aufbauen. Dies ist ihm in einem bemerkenswerten Tempo gelungen; den Namen hat er sich redlich erarbeitet. Im Rückblick meint der Unternehmer, in seiner Familie müsse jeder neu beginnen und dabei auch sein Lehrgeld zahlen. Unter anderem ist damit das wirtschaftliche Scheitern der älteren Generation in zurückhaltender Form umschrieben. Sowohl Erck als auch Bertram haben Firmengruppen auf die Beine gestellt, die für sich allein betrachtet größer sind als alles, wofür der Name Rickmers stand. Damit haben die Brüder nicht nur in der Branche, sondern auch gegenüber ihrer Familie gezeigt, wie viel in ihnen steckt. Somit schwingt im selbstbewussten Auftritt und im Habitus der beiden Unternehmer eine gute Portion Stolz mit, die auch auf ihrer innerfamiliären Abgrenzung zu basieren scheint.

Dass andere Schifffahrtsunternehmen aus dem Norden ihn hinsichtlich der Tonnage überflügeln, lässt Erck Rickmers kalt. Vor einigen Monaten ist Claus-Peter Offen an ihm und allen anderen vorbeigezogen. Dessen Ehrgeiz, mittels massiver Schiffsbestellungen die Position des weltgrößten Tonnage-Suppliers als Krönung seiner Lebensleistung zu festigen, beeindruckt den jungen Unternehmer nicht. Bei den deutschen Reedern im Containergeschäft will er noch nicht einmal eine wirkliche Konkurrenzsituation erkennen. Warum? Im heterogenen Schifffahrtsmarkt sind weltweit Tausende Reedereien aktiv. Selbst wenn man die Schiffe der vier größten Trampreedereien zusammenzähle, hätten diese nur einen Anteil von etwa einem Zehntel der verfügbaren TEU-Kapazitäten. Auch wenn Offen die Nummer eins ist, macht seine Tonnage nur ein paar Prozent der Weltcontainerflotte aus. Unruhe angesichts der Entwicklung der Konkurrenz? Nein! Erck Rickmers möchte noch nicht einmal im firmentypischen Jargon von »Mitbewerbern« sprechen. Für ihn sind andere Reeder »Kollegen«, die gemeinsame Interessen in einem riesigen Markt verfolgen. Dabei zögen sie vielfach an einem Strang.

Eitel Freude und Solidarität unter fein gewandeten Herren also? Im Großen und Ganzen ist dies so, wie etwa die ausgeglichene Stimmung beim alljährlichen »Schmaus« des Verbands Deutscher Reeder im Hamburger Hotel *Atlantic* suggeriert. Ganz so harmonisch geht es allerdings nicht immer zu. Zwangsläufig machen einige Beteiligte weniger gute Geschäfte, wofür es Verantwortliche auch in den eigenen Kreisen gibt, oder man bietet gegeneinander beim Kauf eines Schiffes. Das Temperament des Einzelnen ist entscheidend dafür, wie die dabei entstehenden Enttäuschungen verarbeitet werden. Zwei der großen an der Elbe ansässigen Schifffahrtsunternehmer gerieten einmal in der Öffentlichkeit eines Restaurants heftig, ja sogar handgreiflich aneinander. Diese peinliche Szene stellt eine Ausnahme dar, sicherlich. Aber ganz spannungsfrei geht es auch im überschaubaren Kreis der Reeder nicht zu. Schließlich verhandeln sie alle mit den gleichen Linienreedereien und Schiffsbanken, und sie kontaktieren Christian und Walter Hinneberg als die maßgeblichen Schiffsmakler, die über den kürzesten Draht zu den koreanischen Werftmanagern verfügen. Wer imstande ist, in diesem Geflecht enge persönliche Kontakte zu knüpfen und auszubauen, ist deutlich im Vorteil. Wer aber mehrfach das Nachsehen hat, entwickelt mit Sicherheit Animositäten.

Gern spricht Erck Rickmers davon, dass die weltweite Schifffahrtsbranche von fünfhundert Entscheidern gesteuert wird. Seiner Ansicht nach kommt es darauf an, die je nach Geschäft wichtigsten Partner anzusprechen und mit ihnen handelseinig zu werden. Er schätzt hierbei die eigentümergeführten Linienreedereien wegen ihrer Fähigkeit, schnell Beschlüsse zu fassen. Mit Jacques Saadé beispielsweise, dem aus dem Libanon stammenden Chef der Marseiller CMA CGM, konnte der Norddeutsche schon mehrfach bei einem Mittagessen per Handschlag Vereinbarungen über weitere zu charternde Schiffe abschließen. Diese Zusagen sind zentral, denn im Idealfall wird erst, nachdem Werftplätze gesichert sind und Charterer feststehen, die nötige Finanzierung über Schiffshypothekendarlehen sowie ergänzendes Eigenkapital aus geschlossenen Fonds beschafft. So vermeiden es Erck Rickmers und seine Mitstreiter, stählerne »Luftschiffe« zu bauen, die keine rentablen Charterer finden. So etwas würde die Reputation der Beteiligten schwer beschädigen und die Wirtschaftlichkeit ihrer Unternehmen gefährden.

Die geschäftliche Entwicklung seiner Branche schätzt Erck Rickmers positiv ein. Er erwartet angesichts des unverminderten Wachstums der Weltbevölkerung einen konstanten Anstieg des globalen Handelsvolumens. Die Schifffahrt stehe daher vor großen Aufgaben, und nicht etwa vor mangelnder Frachtauslastung infolge von Überkapazitäten. Was ihm eher Sorgen bereitet, ist der spürbare Mangel an Personalnachwuchs. Schon seit Jahren ist es schwierig, die neuen Schiffe mit gut qualifiziertem Personal zu bemannen. Wenn aber das Niveau der Berufserfahrung der Besatzungen sinkt, kann sich kein Reeder zurücklehnen, denn die Verkehrsdichte auf den Seewegen nimmt ständig zu. Hier wird Knud Stubkjær aktiv. Der neue Vorstandsvorsitzende von E. R. Schiffahrt ist ein alter Hase. Er weiß, dass Bezahlung nicht alles ist. Loyalität und Motivation könne das Unternehmen nicht einfach kaufen, man müsse sie erarbeiten und kultivieren. Dass dies bei der steten Expansion der Flotte und Seeleuten aus aller Welt an Bord keine leichte Aufgabe ist, lässt sich unschwer erahnen. Die Mitarbeiterzeitschrift *ship & shore* ist ein Medium, mit dem Erck Rickmers von Hamburg aus seine Besatzungen in englischer Sprache zu erreichen sucht. Darin wird der Teamgeist betont und die Entwicklung von E. R. Schiffahrt skizziert. Dass der Inhaber richtigliegt, wenn er seine Firma als »internationales Unternehmen mit Sitz in Deutschland« bezeichnet, offenbart sich am deutlichsten an der Namensliste der neu hinzugekommenen Crew-Mitglieder. Rumänen, Ukrainer, Polen, Esten, Letten, Bosnier, Kroaten und Deutsche stehen darauf. Insgesamt sind Seeleute aus 30 Nationen auf den Schiffen der Reederei beschäftigt. Diese personelle Internationalität ähnelt der anderer flottenstarker Trampreedereien. Von der Zuverlässigkeit der Offiziere und Mannschaften hängt in starkem Maße ab, wie effizient die über Erck Rickmers finanzierte und durch Knud Stubkjær gemanagte Flotte ist. Schließlich rechnet der Charterer die Fracht auf eigene Rechnung ab, während das wirtschaftliche Ergebnis der das Schiff verchartenden Reederei von seinem reibungslosen Betrieb abhängt. »Value« wird somit nicht nur bei Vertragsverhandlungen an Land, sondern ganz besonders an Bord erwirtschaftet.

Man soll nicht alle Eier in einen Korb legen.
RUDOLF-AUGUST OETKER

Vom Bauherrenmodell zur Tonnagesteuer

Die Schifffahrt war zu jeder Zeit eine äußerst kapitalintensive Branche. Heute bestehen rund 95 Prozent der Anlagewerte von Reedereien aus Seeschiffsvermögen. Woher stammt das dafür benötigte
Geld? Schon die Hanse kannte das Modell, dass eine Gruppe vermö-
gender Bürger das Kapital für ein Schiff aufbrachte, um dann gemeinschaftlich am Gewinn zu partizipieren. Im Stil dieser Parten-
reederei kann bei der Finanzierung von Containerschiffen, die heute
zwischen 50 Millionen (3000 TEU) und 150 Millionen Dollar
(13 000 TEU) kosten, nicht mehr gearbeitet werden, aber bei den
Abläufen finden sich doch Parallelen: Die Reederei kalkuliert bei einem Projekt, wie viel Kapital benötigt wird, um das Schiff oder eine
ganze Serie zu realisieren. Dem Eigenkapital kommt dabei die
Schlüsselfunktion zu: Etwa 40 Prozent der Projektkosten müssen
unabhängig von den Banken bereitgestellt werden, entweder von der
Reederei selbst, über einen Kreis von Anlegern oder – bei den größten Schiffen – über institutionelle Finanzinvestoren aus dem internationalen Kapitalmarkt. Die auf langfristige Schiffshypothekendarlehen spezialisierten Bankhäuser finanzieren den Löwenanteil der
benötigten Summe. Gegenwärtig trägt die Reederei im Regelfall nur
einen kleinen Teilbetrag des Eigenkapitals, oder es ist komplett fremd-
finanziert. Nur wenige Tonnage-Supplier sind tatsächlich Eigner einiger der von ihnen betriebenen Containerschiffe. Hier ist etwa die
Reederei Bernhard Schulte eine Ausnahme, die die Hälfte ihrer
Flotte besitzt. Das Einwerben der von deutschen Schifffahrtsunter-
nehmern benötigten Anlagesummen betreiben darauf spezialisierte

Emissionshäuser in ganz Deutschland und mittlerweile sogar in der Schweiz und Österreich oder darüber hinaus.

Die eigentliche Initialzündung für den Boom der öffentlich angebotenen Schiffsbeteiligung war Anfang der siebziger Jahre vom Gesetzgeber ausgegangen. Staatlicherseits wurden zwei Ziele verfolgt: der weitere Ausbau der deutschen Handelsflotte und die Beschäftigung deutscher Werften. Um dies zu erreichen, wurde die Möglichkeit der zeitweise unbegrenzten, dann 250-prozentigen Verlustzuweisung über Steuerabschreibungen gewährt. Dies lenkte umfassendes Kapital von vermögenden und kleineren privaten Anlegern in den Neubau von Frachtschiffen. Das Interesse dieser Anleger lag nicht darin, ein Schiff mit Gewinn in Fahrt zu halten, sondern lief darauf hinaus, von den Verlusten steuerlich zu profitieren. Schließlich senkte sich die individuelle Einkommensteuerlast des Anlegers, wenn der von ihm mitfinanzierte Frachter hohe Verluste zugewiesen bekam. Das Modell trieb sonderliche Blüten: Da im ersten Jahr die Anfangsverluste bei der Steuerveranlagung geltend gemacht werden durften, konnte sich für Top-Verdiener der reizvolle Umstand ergeben, dass das Finanzamt mehr Geld überwies, als die Höhe der Einlage in das Schiffsprojekt überhaupt betrug! Über seine Kommanditeinlage genoss der Anleger hier dank der Bestimmungen der GmbH & Co. KG Steuerprivilegien, die sonst nur dem Mitreeder zugestanden wurden. Dadurch wurden Schiffsfonds in der Rechtsform von Kommanditgesellschaften überaus attraktiv.

Einigen Reedern war dieses neue Geschäftsgebaren fremd, denn es entsprach nicht ihrem traditionellen Denken, das unternehmerische Risiko in weite, geradezu anonyme Kreise zu streuen, die nicht einmal am gewinnorientierten Schiffsbetrieb interessiert waren. Die Reederei Bernhard Schulte kämpfte ihrem Chef zufolge im Verband Deutscher Reeder (VDR) »über Dezennien« gegen diese Abschreibungsgesellschaften. Dr. Heinrich Schulte störte vor allem, dass infolge dieses Geschäftsmodells Schiffe gebaut wurden, ohne die Nachfrage zu berücksichtigen. Wegen des dabei entstandenen Überangebots an Tonnage machten sich die Reeder ihre eigenen Märkte kaputt. Die klassische Idee, dass eine Reederei eigenständig Gewinne erwirtschaftet, geriet ins Hintertreffen. Die Kritik des Juristen

Schulte – »Ich habe mich wie Cato aufgeführt!« – wurde in den Sitzungen des VDR verlacht, aber er bestand auf der Protokollierung seiner Warnungen an die Branchenkollegen. Die jedoch reüssierten im ausgeweiteten maritimen Geschäftsfeld, das der Staat mit seiner Steuergesetzgebung bereitet hatte.

Die Finanzdienstleister entwickelten sich zu zentralen Promotern, die über das sogenannte KG-Modell die benötigten Eigenkapitalsummen akquirierten. Für die bis dahin auf Immobilien spezialisierten Emissionshäuser war es dank der in Bezug auf die Anlagesumme etwa zehnprozentigen Provision sehr verlockend, Anleger mit der Aussicht auf bemerkenswert hohe Verlustzuweisungen zu ködern. Sie förderten mit massivem Vertriebsaufwand die Bekanntheit des KG-Modells als attraktives Steuersparprodukt. Den Reedern verschafften die Emissionshäuser mittels des von ihnen eingeworbenen Kapitals die Möglichkeit, immer mehr Schiffe zu ordern und zu betreiben. Damit gerieten die Finanzdienstleister in eine gleichermaßen lukrative wie einflussreiche Position in der Schifffahrtsbranche. Dies ist umso bemerkenswerter, als es solch eine Zwischeninstanz vor den siebziger Jahren nicht gegeben hatte.

Die Absicht des Staates, den Schiffbau in Deutschland zu fördern, lief zum Teil ins Leere, denn ein immer größerer Teil der Frachter wurde auf ausländischen Werften gebaut – mit Geld von Anlegern und Banken aus Deutschland. Zusätzlich ließen die Reeder die Masse der Neubauten aus wirtschaftlichen Gründen unter ausländischer Flagge fahren. Dabei konnten sie durch Personaleinsparungen, geringere Heuern für ausländische Seeleute und niedrigere Managementkosten die Ausgaben für den Betrieb eines Schiffes um mehr als 15 Prozent senken. Dass die »Billigflaggen« das Gros der Reeder anlockten, war kein deutsches Phänomen, sondern ein allgemeiner, der Wettbewerbsdynamik internationaler Seeverkehrsmärkte folgender Trend. Da unter Billigflagge immer weniger deutsche Seeleute in Lohn und Brot blieben, wurden die Reeder und das staatlicherseits ermöglichte »Bauherrenmodell zur See« teilweise vehement kritisiert. Vor allem in den achtziger Jahren litt das Image der Schiffsunternehmer im Norden empfindlich. Als diese argumentierten, im internationalen Konkurrenzkampf nur dank der Einflaggung in

Liberia, Panama und anderen Staaten überhaupt noch wirtschaftlich arbeiten zu können, glaubten ihnen das die Wenigsten.

Auch wenn gelegentlich Spott über die »Zahnarztschiffe« laut wurde, da ihre Anteilseigner mit der Seefahrt gar nichts zu tun hatten und nur auf ihre Abschreibungen achteten, eröffnete sich dadurch ein wirtschaftlich hochrelevantes Potenzial: Nach und nach wurde bislang branchenfremdes Kapital in Deutschland »schiffsaffin«. Private Geldanleger jedweder Herkunft erwarben über Schiffsfonds Beteiligungen an Frachtern, deren Mitunternehmer sie waren. Auf einmal gewannen weite Kreise ein wirtschaftliches Interesse an Handelsschiffen. Letztlich ermöglichten die Abschreibungsmodelle die kontinuierliche Vergrößerung der Handelsflotte deutscher Eigner, was vor allem dem Aufbau der Containerschiffskapazitäten zugute kam. Finanzdienstleister wie Norddeutsche Vermögen oder Hansa Treuhand initiierten geschlossene Schiffsfonds und warben über freie Finanzmakler, Anlageberater und Banken Kapital von Anlegern in ganz Deutschland ein. Attraktiv waren nicht allein die Steuervorteile für die Investoren, sondern auch das Geschäft mit den Fonds an sich. Da der Markt ein großes Potenzial hatte, entstanden parallel zum Zuwachs an Tonnage immer mehr in der Schiffsfinanzierung engagierte Emissionshäuser. Mittlerweile legen über 50 Institute Schiffsfonds auf. Die maßgeblichen von ihnen haben ihren Sitz in Hamburg. Aber auch fern der Küste, wie etwa bei CONTI in München und Dr. Peters in Dortmund, wird in dem Geschäftsfeld seit langer Zeit gutes Geld verdient. Schließlich verschaffte der Erfolg des maritimen Fondsmodells auch den »Kapitalsammelstellen« stattliche Provisionserträge und zum Teil sehr nachhaltige Bindungen mit der Anlegerklientel.

Den Gesetzgeber störte mit der Zeit die Höhe der steuerlichen Verlustzuweisungen. Ab 1984 wurden sie auf 150 Prozent begrenzt, dann elf Jahre später um weitere 25 Prozent beschnitten, um zur Jahrtausendwende bei lediglich 100 Prozent zu landen. Das Abschreibungsmodell geriet ins Abseits und wurde von einer neuen Form staatlicher Förderpolitik abgelöst. Den entscheidenden Schritt in eine neue Ära der Schiffsfinanzierung bewirkte die Umleitung des Anlegerinteresses von der Verlustzuweisung auf die Rendite-Orientierung. Den Hebel dazu bot eine steuerrechtliche Reform, die unter dem Schlüsselwort »Tonnagesteuer« Furore machte. Sie wurde bereits in den Niederlanden angewandt und löste Sogwirkungen auf Anleger und Banken aus, als der Verband Deutscher Reeder und der Hamburger Senat unter dem SPD-Bürgermeister Ortwin Runde Ende der neunziger Jahre mit den politischen Entscheidern darüber verhandelte. Sie warben mit Erfolg gegenüber dem Kanzleramt für eine konzertierte maritime Politik. Der Bundesrat stimmte dem Seeschifffahrtsanpassungsgesetz zu, was weitreichende Änderungen ermöglichte: Die steuerliche Verlustzuweisung wurde abgeschafft. Im Gegenzug offerierte der Gesetzgeber die Option, eine pauschale Besteuerung gemäß der Tonnagegröße auf Dauer von zehn Jahren zu wählen, unabhängig von der Profitabilität eines Schiffes. Gleichzeitig wurde den Reedereien ein 40-prozentiger Lohnsteuernachlass für die Besatzungen gewährt, um Anreize zur Rückflaggung ihrer Schiffe zu schaffen.

Alle Beteiligten erhofften sich davon eine Umkehrung des Ausflaggungstrends, denn schließlich entstanden dadurch niedrigere Schiffsbetriebskosten auch unter Schwarz-Rot-Gold. Den Reedern ist seit Jahresbeginn 1999 freigestellt, die Gewinnermittlung ihrer Schiffe auf Basis der Tonnage zu beantragen. Einige Bedingungen müssen dafür allerdings erfüllt sein: So hat unter anderem die Geschäftsleitung der Reederei und die Bereederung in Deutschland stattzufinden und nicht etwa auf Zypern, wohin zahlreiche deutsche Unternehmen ihre Schiffsmanagement-Agenturen verlagert hatten. Zudem muss das Schiff im inländischen Schiffsregister eingetragen sein. In einem wesentlichen Punkt allerdings machte der Gesetzgeber eine Konzession: Das Führen der deutschen Flagge ist nicht notwendig, um die Tonnagesteuer anzuwenden. Daher können auch in ausländische Zweitregister ausgeflaggte Schiffe diese Besteuerungsform in Anspruch nehmen. Das Gesetz über das Zweite Schiffsregister von 1988 erlaubt es einer Reederei, ihr im deutschen Register eingetragenes Schiff aus zwingenden wirtschaftlichen Gründen befristet in einem ausländischen Register anzumelden und damit die günstigere ausländische Flagge zu führen. Dies ist seitdem die gängige Praxis beim Großteil der Schiffe deutscher Eigner. Ein wesentlicher

Vorteil bei der Eintragung ins Zweitregister liegt vor allem darin, dass die Kosten der Besatzung durch entfallende Lohnnebenkosten und die Beschäftigung von nichtdeutschen Offizieren deutlich sinken. Unabhängig von der Ausflaggung ins Zweitregister bleibt bei der Anwendung der Tonnagesteuer der Gewinn für den oder die Eigentümer steuerfrei. Neben diesem hochattraktiven Vorteil ist auch ein Risiko enthalten, denn selbst wenn das Schiff keine Gewinne erwirtschaftet, ist die Steuer entsprechend der Tonnage zu zahlen.

Die Tonnagesteuer war im letzten Gesetz enthalten, das von der Bundesregierung unter Helmut Kohl beschlossen wurde. Das anschließende immense Wachstum der Handelsflotte, mit dem auch zahlreiche neue Arbeitsplätze verbunden waren, setzte unter der Regierung Gerhard Schröders ein. Zur Fortführung der konzertierten Schifffahrtspolitik finden seit 2000 jährliche Maritime Konferenzen statt, auf denen hochrangige Vertreter des Bundes und der Länder mit denen der Seewirtschaft zusammentreffen. Dies ist die institutionalisierte Basis, auf der bis heute erfolgreich agiert wird. Für die Investoren bedeutete die Einführung der Tonnagesteuer, dass nunmehr eine renditeorientierte Anlageform im Fokus stand. Da die Marktentwicklung vor allem in der Containerschifffahrt nach oben zeigte, hatte der Staat mit der Tonnagesteuer-Option einen massiven Investitionsanreiz für private Anleger geschaffen. In Fortsetzung ihrer zum Teil bereits langjährigen Kooperation warben Reeder und Emissionshäuser für das durch die Tonnagesteuer umgestaltete, aber weiterhin attraktive KG-Modell: Renditen von bis zu zwölf Prozent seien zu erzielen! Damit konnte ein Schiff nach dem anderen finanziert werden.

Die dadurch ausgelöste Dynamik ist beträchtlich: Seit Sommer 2000 akquirieren die Emissionshäuser über ihre geschlossenen Fonds jedes Jahr Milliardenbeträge für maritime Projekte. Gegenüber der Zeit vor der Tonnagesteuer haben sich die privat platzierten Schiffsbeteiligungen massiv gesteigert. 2007 wurden, wohl auch infolge der Unsicherheit der Aktienmärkte, 3,58 Milliarden Euro in Schiffsfonds investiert. Dank dieses Eigenkapitals und einer fast doppelt so hohen Darlehensleistung seitens der Schiffsbanken lassen sich – wie schon seit Jahren – an die 300 Frachter kaufen oder neu bauen. Erst dieser

Investitionsboom machte die weltweite Vorrangstellung deutscher Reeder bei der Charter-Containertonnage möglich. Heute sind Deutsche die Nummer eins unter den Eignern von Containerfrachtern, mit weitem Abstand vor Japan. In internationalen Schifffahrtskreisen kursiert voller Anerkennung das Wort vom »German KG system«, das den Aufschwung mitfinanzierte. Ohne das Engagement und das Kreditpotenzial der Banken ginge es aber nicht. Hier greift wieder ein wesentliches Element der maritimen Verbundwirtschaft an der Elbe: Bei der HSH Nordbank, also den 2003 zusammengeführten Landesbanken von Hamburg und Schleswig-Holstein, stehen derzeit langfristige Schiffskredite mit einem Volumen von über 40 Milliarden Euro in den Bilanzen. Ob Hypo Vereinsbank, die großen in Frankfurt ansässigen Institute, die Deutsche Schiffsbank oder aber Privatbanken, sie alle haben einen wichtigen Anteil am Wachstum der Handelsflotte. Da ist naheliegend, dass die von den USA im Sommer 2007 ausgehende Immobilienkrise, die das internationale Bankwesen erschüttert hat, auch das Schiffsfinanzierungsgeschäft berührte. Wegen Problemen bei der Refinanzierung der hohen Kredite in dem durch die Wellen der Immobilienkrise angespannten Kapitalmarkt stoppte die HSH Nordbank im vierten Quartal des Jahres 2007 die Vergabe neuer Schiffsdarlehen. Bei den Reedern allerdings gibt es eine fortdauernde Nachfrage danach, um ihre Optionen im Orderbuch der Werften zu realisieren.

Deutschland hat bei der weltweiten Schiffsfinanzierung die Nase vorn; die HSH-Nordbank ist der größte Schiffsfinanzierer der Welt. Fast die Hälfte ihrer Kredite werden für die Finanzierung von Containerfrachtern vergeben. Von solch einer exklusiven Position will kein Institut selbst nur geringe Abstriche machen. Wenn in der ersten Hälfte des Jahres 2008 von einer »Kreditklemme« die Rede war, die zu Lasten der mittelständischen Investitionstätigkeit gehe, so betrifft sie das maritime Geschäft nur am Rande. Konkurrenten der im Schifffahrtsgeschäft tätigen Banken aus Skandinavien und Singapur würden es ausnutzen, wenn sich die deutschen Schiffsbanken eine Blöße gäben. Daher kündigte die HSH Nordbank als Branchenprimus an, auch im Jahr der globalen Finanzkrise mindestens 12 Milliarden Dollar zur Schiffsfinanzierung zu vergeben, wenn nicht gar 20 Milliarden. Die steigenden Kosten der Kreditfinanzierung reichen die Banken in Form von Aufschlägen an die Reeder weiter, die wiederum die Kalkulation ihres renditeorientierten Produkts Frachtschiff anpassen.

Bei alldem spielt natürlich auch die Gesetzgebung der Europäischen Union eine Rolle: Ursprünglich hatte Brüssel das Ausflaggen in Billigflaggenstaaten befürwortet. Man war der Ansicht, Europa profitiere vom dadurch ermöglichten preiswerteren Import/Export. Hunderte Reedereien nutzten europaweit die ihnen gebotene Möglichkeit, die Gewinnspanne durch die jeweils günstigen Bestimmungen einzelner Flaggenstaaten zu erhöhen. Als dann aber die unter EU-Flagge fahrenden Schiffe zahlenmäßig zu gering geworden waren, schwenkte die Europäische Kommission um. Schließlich hatten die in der Handelsschifffahrt früher starken Staaten Westeuropas bei internationalen Verhandlungen so gut wie kein Gewicht mehr. Außerdem wurde befürchtet, dass das maritime Know-how in Europa verlorenginge.

Um die Abwanderung von Schiffen und Reedereien ins Ausland umzukehren, schuf Brüssel finanzielle Anreize. Die zuerst in den Niederlanden eingeführte Besteuerung der Tonnage sowie die Reduzierung der Lohnnebenkosten für Seeleute aus EU-Staaten sollten die Umkehr bewirken. Eine Bedingung stellte die EU-Politik von 1997 allerdings: Die Flagge des Schiffes musste europäisch sein. Hier übersahen die Brüsseler Politiker, dass für deutsche Reeder die Möglichkeit der ausnahmsweisen Ausflaggung ins Zweitregister bestand. Als dann 1999 auch in Deutschland die Tonnagesteuer eingeführt wurde, hatten die Reeder in der Bundesrepublik gegenüber denen anderer EU-Staaten einen Wettbewerbsvorteil: Sie profitierten von Tonnagesteuer *und* niedrigeren Besatzungskosten, wegen der ihnen freistehenden Wahl des Zweitregisters. Das gab es nirgendwo sonst. Vor einigen Jahren wollte die Europäische Kommission nachbessern und verlangte, die Schiffe müssten »grundsätzlich unter europäischer Flagge« fahren. Das gestattet aber weiterhin Ausnahmen wie die von deutschen Reedern bevorzugten ausländischen Register.

Die Folge davon ist einerseits ein starkes Interesse an deutscher Tonnage. Ob Linienreedereien aus Dänemark, der Schweiz, Japan,

Taiwan, Chile oder anderen Staaten, sie alle chartern gern moderne Schiffe aus Deutschland. Andererseits können die Emissionshäuser erfolgreich für Schiffsfonds werben, wenn sie dem Anleger satte Renditen in Aussicht stellen, die auch aufgrund der Kostenvorteile durch Ausflaggung entstehen. Die Tonnagesteuer ist das Schlüsselelement der maritimen Politik Deutschlands. Von ihr hängt die Attraktivität des KG-Modells ab, und darauf beruht der fortgesetzte Kapitalzufluss in die Schifffahrtsbranche. Entsprechend hellhörig werden Reeder und Manager der Emissionshäuser, wenn sich eine Debatte um das Für und Wider der Steuer abzeichnet. Anlässe dafür und Konfliktpotenziale sind immer vorhanden. Beispielsweise ist man seitens der Regierung unzufrieden, dass die deutschen Reeder trotz der mittlerweile für sie vorteilhaften Bedingungen nur einen kleinen Teil ihrer Schiffe unter deutsche Flagge gebracht haben.

Im Dezember 2006 besuchte Bundeskanzlerin Merkel die Maritime Konferenz im Hamburger Kongresszentrum CCH, um über die Haltung der Regierung zu sprechen. Im Auditorium saß Dr. Klaus Meves, der Chef der Linienreederei Hamburg Süd, neben dem Seeleute-Gewerkschafter Dieter Benze. Als Angela Merkel den Satz »die Tonnagesteuer bleibt« aussprach, war Meves, der auch dem Präsidium des Reederverbands angehört, sichtlich zufrieden. Zu Benze gewandt, sagte er nach dem Bekenntnis der Kanzlerin: »Jetzt kann ich eigentlich gehen.« In der Tat war dies das zentrale Statement für die Reeder. Sie erwarten von der Politik die Beibehaltung der ihrer Ansicht nach existenziellen Steuersubvention. Wenn sie entfiele, würde unter Garantie der erneute Exodus ihrer Unternehmen ins Ausland erfolgen, etwa so wie früher nach Zypern. Reeder, Vermögensberater und Anleger sehen ihre Interessen durch die Tonnagesteuer ideal gewahrt. Bleibt diese Rahmenbedingung bestehen, boomt die Handelsschifffahrt am deutschen Standort weiterhin.

Als einer der ersten Finanzdienstleister im Feld der Schiffsfinanzierung war die schon 1975 gegründete Norddeutsche Vermögen tätig. Dann folgten in den achtziger Jahren Hermann Ebel und Harald Block mit Hansa Treuhand sowie Thomas Völkers mit der HCI genannten Hanseatische Capitalberatungsgesellschaft. Nach der deutschen Einheit ging es munter weiter mit Neugründungen von

Emissionshäusern. Zu ihnen zählte auch Nordcapital von Bertram und Erck Rickmers. 1994 trat MPC Capital als Tochterfirma des Hamburger Handelshauses Münchmeyer Petersen auf den Plan. Anfangs waren es nur der 29-jährige Sohn des Inhabers, Dr. Axel Schroeder, sein Cousin Michael Schroeder und der 27-jährige Vertriebsstratege Ulrich Oldehaver. Das Trio bemühte sich um Anlegerkapital für zwei 3200-TEU-Frachter, die Offen auf der Lübecker Flender-Werft bauen wollte. Die Kosten der *St. Anna* und *St. Elena* beliefen sich auf 102 Millionen Mark. Für die Platzierung des Fonds hatte MPC ein Jahr eingeplant, aber bereits nach acht Wochen war die gewünschte Summe gezeichnet. So viel Zuspruch überraschte und ließ ahnen, dass hier ein weitaus größerer Kapitalmarkt bestand.

Dies war nach Axel Schroeders Erinnerung die Initialzündung für den weiteren Ausbau des Geschäftsfelds Schiffsfinanzierung bei MPC. Das Emissionshaus machte in der Folgezeit eine geradezu stürmische Entwicklung durch und gehört heute mit 350 Mitarbeitern zu den bestimmenden Faktoren im Fondsgeschäft. Jährlich werden mittlerweile über eine Milliarde Euro Eigenkapital platziert, allerdings nicht nur für Schiffe, sondern auch für Immobilien, Flugzeuge und andere Investitionsprojekte. Das geradezu jugendliche Alter von Schroeder und Oldehaver klingt so, als würde es hier Parallelen zu den zahlreichen Start-up-Unternehmen der Dotcom-Zeit Ende der neunziger Jahre geben. Anders aber als bei den oftmals überbewerteten Firmengründern im Zuge der schnell geplatzten Internet-Euphorie gelang es den MPC-Initiatoren, den in sie gesetzten Vertrauensvorschuss vonseiten der Anleger, Banken und Reedereien dauerhaft einzulösen. Mittlerweile ist MPC Capital ein börsennotiertes, weiter expandierendes Unternehmen. Aber auch bei ihm wächst nicht zwangsläufig jeder Baum in den Himmel. Die Finanzpresse monierte Anfang 2008 die zurückgegangenen Gewinne von MPC, die ein Drittel unter denen des vorherigen Geschäftsjahres lagen. Sinkende Anlagebereitschaft erlebten viele deutsche Emissionshäuser infolge der Immobilien-Bankenkrise, allerdings mit verschiedener Ausprägung. Dass es bei MPC geringere Umsätze bei höheren Ausgaben für Marketing und Vertrieb sowie korrigierte Gewinnprognosen gab, trübte das Bild des schnell aufgestiegenen Unternehmens an der einstigen Altonaer Prachtstraße Palmaille.

Letztlich zählt aber, dass MPC profitabel operiert und einer der wichtigsten Faktoren in der Schiffsfinanzierung in Deutschland ist. Gegenwärtig strebt MPC die Übernahme des gleichermaßen börsennotierten Rivalen HCI Capital an, von dem man bereits ein Drittel der Aktien erworben hat. HCI allerdings machte hinsichtlich der geschäftlichen Performance eine bessere Figur. Im Geschäftsjahr 2007 wurden allein bei den geschlossenen Schiffsfonds 600 Millionen Euro Eigenkapital bei privaten und institutionellen Investoren platziert. In Anerkennung dessen zeichnete der Finanzen Verlag HCI als »Fondsinitiator des Jahres 2008« mit dem Goldenen Bullen aus. Die Hälfte der HCI-Aktien ist breit gestreut. Hier kommt der Reederei Peter Döhle eine Schlüsselposition zu, denn sie hält mehr als 15 Prozent der Anteile. Jochen Döhle zeigte aber keine Neigung, das Aktienpaket MPC Capital anzudienen. So versuchte das von Dr. Axel Schroeder geleitete Emissionshaus, die gewünschte Mehrheit durch Offerten an HCI-Kleinaktionäre zu erwerben. Naheliegend, dass dieser Aktienkurs sogleich stieg, während MPC Kursverluste verzeichnete. Wenn die Übernahme gelingt, sollen beide Gesellschaften als voneinander unabhängige Marken weiterbestehen und ihre Geschäfte fortführen. 260 000 Kunden, 730 geschlossene Fonds und offene Kapitalanlagen sowie ein Investitionsvolumen von rund 30 Milliarden Euro – das wäre die Summe von MPC und HCI. Die beiden Emissionshäuser, die bislang nicht einmal 600 Mitarbeiter beschäftigen, drehen das große Rad und verschaffen der deutschen Reeder-Elite die nötige maritime Schwungmasse. Sie sind ein veritabler Teil des Geschäfts mit den Containern, das auf hohem Vertrauen in die andauernde wirtschaftliche Prosperität basiert.

Einen Vertrauensvorschuss einlösen musste auch Erck Rickmers, der ab 1992 mit Nordcapital in die Selbständigkeit gegangen war. Der in der Schifffahrtsbranche klingende Name der Familie kann von Vorteil sein, ist es aber nur eingeschränkt, da die ältere Generation unternehmerisch gescheitert war. Der jüngere der Rickmers-Brüder musste mit Nordcapital den Beweis antreten, dass er das Zeug hatte zum geschäftlichen Erfolg, genau wie MPC und die übrigen neuen Emissionshäuser. Reedereien können mit diesen Instituten eng kooperieren, oder sie betreiben selbst eines, denn das Geschäft mit der Kapitaleinwerbung ist lukrativ und praktisch, wenn man eigene Schiffe finanzieren will. Auch Bertram Rickmers wählte den letzteren Weg, indem er 1998 mit Atlantic einen neuen Finanzakquisiteur eröffnete, da er Nordcapital zu dieser Zeit komplett an seinen jüngeren Bruder verkauft hatte. »Weiter denken« heißt das Atlantic-Motto. Klappern gehört eben bei Bertram Rickmers zum Geschäft. Mehrere Dutzend in der Schiffsfinanzierung tätige Emissionshäuser gibt es mittlerweile in Hamburg, von denen sich auch die jüngeren wie seit 1999 König & Cie. gut ins Marktgeschehen einpassen.

Das Besondere an den Tanker, Massengutschiffe und Containerfrachter mitfinanzierenden Fonds ist, dass sie ihre Ergebnisse unabhängig von den Entwicklungen an den Aktien- oder Rentenmärkten erzielen. Analysten schätzen die Schifffahrt, weil die dortigen Abläufe im Vergleich zum Börsengeschehen rationaler vonstatten gehen. Die Emissionshäuser versprechen ihren Anlegern attraktive, da »fast steuerfreie« Ausschüttungen, die anfangs, wenn das Schiff seine Arbeit aufnimmt, beispielsweise bei acht Prozent liegen. Innerhalb der im Regelfall zehn- bis fünfzehnjährigen Laufzeit könnten sie bis auf mehr als das Doppelte steigen. Dabei wird – in werblicher Absicht – der Eindruck vermittelt, Schiffsbeteiligungen seien »hochprofitable Steueroptimierer«.

Es kommt auf eine sehr präzise Betrachtung der Details an, um die Verlässlichkeit der Prognosen zu erkennen. So moniert der Schiffsfondsanalyst Jürgen Dobert, dass »gepflegte Missverständnisse« verbreitet würden, die dem Laien suggerierten, die jährlichen Ausschüttungen einer Schiffs-KG entsprächen dem Gewinn und damit der Rendite. Diese fälschliche Annahme käme zustande, wenn die Rückzahlung des Kapitals nicht mitkalkuliert würde. Unter dem Strich blieben eher fünf bis sieben Prozent Rendite als die oftmals prospektierten acht bis zwölf Prozent.

Was aber, wenn dann noch der Geschäftsverlauf nicht immer in idealer Weise vonstatten geht, etwa aus betriebstechnischen Gründen? Ein Schiff müsse am besten 365 Tage im Jahr 24 Stunden einsatzfähig sein, wünscht sich Thomas Harmstorf. Dieser Wunschvorstellung kann die Realität nicht entsprechen, allein weil regelmäßige Dockinspektionen Pflicht sind, um das »Klasse« genannte Sicherheitszertifikat von Prüfern wie dem Germanischen Lloyd oder De Norske Veritas zu erhalten. Falls Maschinenschäden oder andere Reparaturen hinzukommen und zu Off-Hire-Tagen führen, fließen dem Reeder und damit den Anteilseignern keine Charterraten für diese Tage zu. Das ist die technische Seite, die den einen Frachter mehr betreffen kann, den anderen weniger. Eine globalere Gefahr droht dagegen, wenn es zu einem Verfall der Charterraten kommt. Dr. Bernd Kortüm konstatiert aufgrund langjähriger Erfahrungen, dass Schiffsbeteiligungen »in einem sehr volatilen Markt« arbeiten. Schwankende Werte, schwankend wie die Decks der Frachter selbst? Es ist ein ständiges Auf und Ab, mit empfindlichen Talsohlen und Boom-Phasen. Bei den Konjunktureinbrüchen auf See, in den Jahren 1998/99 sowie 2001/02, war dies besonders zu spüren. Im Containergeschäft zeigt die Kurve seit längerem nach oben. Das beflügelt die Phantasie der Anleger und ihrer Berater, aber selbst ein Reeder wie Bertram Rickmers, der vom Boom ungemein profitiert, erklärt mit einem Anflug von Skepsis, es sei »zu viel Euphorie im Markt«. In solchen Phasen rät Kortüm, alles daranzusetzen, ein Schiff schnell zu entschulden, um nicht beim nächsten Abschwung auf dem Trockenen zu sitzen. Das überblicken aber die meisten Anleger nicht. Sie müssen auf ihren Finanzdienstleister vertrauen oder das Rating ihrer Fondsanbieter genau studieren. Wie hoch ist deren Verlässlichkeit bei der Erreichung der avisierten Renditeziele? Wenn die Kosten eines Schiffes nicht wieder eingespielt werden und die vierteljährliche Tilgung der Schiffshypothekendarlehen problematisch wird, sind die Anleger als Mitreeder verpflichtet, weiteres Kapital nachzuschießen. Das KG-Modell der Schiffsfinanzierung beinhaltet eben auch ein unternehmerisches Risiko und nicht nur die Aussicht auf formidable Erträge. Nicht wenige Anlageberater empfehlen ihren Kunden daher Schiffsfonds nur als Beimischung ihres möglichst breit gefächerten Portfolios.

Die Streuung von Risiken und Chancen hat Tradition, und sie kann sich als überaus lohnenswert erweisen. Dafür gibt es ein klassisches Beispiel: »Man soll nicht alle Eier in einen Korb legen« lautete

das Geschäftsmotto von Rudolf-August Oetker, der aus dem Bielefelder Backmittelhersteller einen eigenwillig diversifizierten Misch-
konzern schuf. Seit 1955 gehört auch die Linienreederei Hamburg
Süd dazu. Dieses Investment hat sich substanziell eindeutig gelohnt,
denn in guten Jahren wie 2007 macht die Schiffssparte einen Jahres-
umsatz von über 3,6 Milliarden Euro. Damit ist sie – was vielfach
überrascht – der umsatzstärkste Geschäftsbereich des Oetker-Konzerns. Auch Anlageberater werben bei ihren Kunden, selbst wenn es
dabei »nur« um knapp sechsstellige Summen geht, für eine solche
Oetker-Strategie. Sie empfehlen, sich als Anleger nicht etwa auf eine
der drei Handelsschiffsparten Tanker, Bulker und Containerfrachter
zu versteifen oder sich gar auf einen Schiffstyp zu kaprizieren. En
vogue sind seit langem die Containerschiffe, für die über die Hälfte
der Schiffsfonds aufgelegt wird. Da aber Tanker und Bulker gegenwärtig sehr hohe Charter erzielen, wächst der Zufluss von Eigenkapital in diese Schiffstypen. Die Charterraten für Tanker und
Containerfrachter verlaufen in der Regel unabhängig voneinander.
Deckungsgleiche Gewinn- oder Verlustkurven sind somit bei den
verschiedenen Schiffsfonds nicht zu erwarten. Für die Diversifizie-
rung spricht darüber hinaus eine stärkere Absicherung, denn es ist
überaus unwahrscheinlich, dass alle drei Schiffsparten gleichzeitig
eine Talfahrt antreten würden.

Derzeit legen die Emissionshäuser trotz des weiter anhaltenden
Containerbooms verstärkt Fonds für Tankschiffe auf. Um den Blut-
druck von Anlegern zu schonen, bieten sie in jüngster Zeit sogar
Fonds an, die gleichzeitig verschiedene Schiffstypen beinhalten. Damit kann der mangelnde Gleichlauf ausgeglichen werden. Unter dem
Strich herrscht bei den sich als Investitionsmanager verstehenden
Beratern Einigkeit darüber, dass sich die Vermögensanlage in der
Schifffahrt auch künftig lohnt. Die Wertentwicklung der vergangenen fünfzehn Jahre verlief positiv, und für die Zukunft sei auch nichts
anderes zu erwarten. Das schlägt sich entsprechend bei den Emissionshäusern nieder, die über ihre Vertriebspartner durchschnittlich
etwa drei Milliarden Euro jährlich in die geschlossenen Schiffsfonds
spülen. In der Summe ist dies doppelt so viel wie ein Jahrzehnt zuvor.
Im Geschäft mit den Fonds machen die Schiffsbeteiligungen, bezo-

gen auf das Jahr 2006, mit 22 Prozent den größten Sektor aus, vor Private Equity, Deutschland-Immobilien und Immobilien in den USA. Immobilienfonds sind zwar deutlich volumenstärker, aber das Geschäft mit Frachtschiffen und Tankern bleibt von hohem Stellenwert, gerade angesichts der amerikanischen Hypothekenkrise und der zurückhaltenden Entwicklungen am Aktienmarkt. Es mag mehr Glanz auf einen Anleger fallen, wenn er bei prestigeträchtigen Immobilienfonds einsteigt. Das Luxushotel Heiligendamm ist solch ein Anlageobjekt, in das 1900 Gesellschafter investierten. Da aber die Rendite ausblieb und sogar weitere Anteile zur Stützung des defizitären Hotels platziert werden mussten, erscheinen die stählernen »Lkw zur See« wesentlich attraktiver. Container sind ein Massengeschäft in voller Fahrt. Dessen Renditechance steht wie ein Ausrufezeichen im Vordergrund, nicht die etwaige Eleganz des Anlageobjekts. Und daher haben die an den Schiffen beteiligten Anleger gegenwärtig allen Grund zur Zufriedenheit.

Der typische Anleger, wer ist das eigentlich? Ein ins Meer verliebter Norddeutscher oder einer der Betuchten von der »Goldküste« des Starnberger Sees? Es gibt heutzutage keine eindeutige Zuordnung. Er kann von überall her kommen, doch er sollte schon über ein gewisses Potenzial verfügen. An Eigenkapital unter 15 000 Euro sind die Emissionshäuser nicht interessiert. Der Anleger sollte wegen der langen Laufzeit eines geschlossenen Fonds auf das angelegte Kapital mittelfristig nicht angewiesen sein. Zudem darf er keine unmittelbaren Erträge erwarten, denn zwischen der Zeichnung von Schiffsbeteiligungen und den ersten Ausschüttungen vergehen drei bis vier Jahre. So lange dauert es schließlich meist, bis der Frachter fertiggestellt ist, in Fahrt geht und ins Frachtgeschäft integriert wird. Dann erst, nach Ablauf des ersten Betriebsjahres, kann es zu Ausschüttungen kommen. Vor dem Hintergrund bezeichnet Axel Schroeder den idealen Anleger als »mass affluent person«, als jemand also, der sehr wohlhabend ist, zwischen 40 und 60 Jahre alt, mit einem liquiden Vermögen von mehr als 150 000 Euro und hohem Steuersatz. Davon habe er im Durchschnitt über 25 000 Euro in Fondsprojekten von MPC angelegt.

Die Größe und die Vertriebskonzepte der Emissionshäuser unterscheiden sich deutlich voneinander. Manche haben es geschafft, eine charakteristische Marke zu entwickeln, die von Anlegern in ganz Deutschland wahrgenommen und geschätzt wird. Werbung ist daher ein wichtiges Betätigungsfeld der Institute, sei es durch die Präsenz auf Tagungen und Workshops wie dem »Hansa-Forum«, mittels aufwendiger Prospekte und Internetauftritte oder Annoncen in der Wirtschaftspresse. Um Anleger zur Zeichnung der Fondsanteile zu bewegen, haben die Emissionshäuser traditionell freie Finanzmakler, Vermögensberater und die in der Vermögensberatung tätigen Banken eingeschaltet. Um diese Partner bei der Stange zu halten, sind die Emissionshäuser in der Pflicht, stets eine gute Produktpalette wie etwa Vermögensstrukturfonds anzubieten und eine möglichst hohe Performance zu erwirtschaften. Da diese Leistung durch Ratingagenturen, die Fachpresse und zum Teil namhafte Analysten bewertet wird, herrschen hier weitgehende Transparenz und ein starker Wettbewerb. Die Vertriebspartner erhalten von Norddeutsche Vermögen, HCI, Nordcapital, Lloyd Fonds und den zahlreichen weiteren Initiatoren der Schiffsfonds Provisionen, die bis zu fünfzehn Prozent des gezeichneten Kapitals ausmachen. Allein darin liegt ein beträchtliches Geschäftsvolumen, was Banken und Finanzmakler beflügelt, die maritimen Projekte an den Mann zu bringen. Mittlerweile wird schon jeder zweite Schiffsfonds über die Banken vertrieben. Die großen Emissionshäuser schätzen die Kreditinstitute besonders, da sie über ihre zahlreichen Filialen im Gespräch mit breit gestreuten Kundengruppen sind. Es geht schließlich um mehrere Hunderttausend potenzielle Anleger.

Vielfach sorgen Emissionshäuser unabhängig von der Reederei für die komplette Finanzierung eines Frachters. Dieser wird als Eigentum einer eigens gebildeten Ein-Schiff-Gesellschaft dem Reeder zur Verfügung gestellt. Er soll es managen, im Schifffahrtsdeutsch »bereedern«. Ein Bereederer wie NSB ist gegenüber dem Emissionshaus für den reibungslosen Betrieb des vercharterten Frachters verantwortlich. In diesem Fall ist der Reeder nicht der Herr des Schiffes, denn sein Eigner ist die Kommanditgesellschaft. Der Gewerkschafter Dieter Benze will daher in vielen der deutschen Containerreeder, die nur noch als Vercharterer von Schiffen fungieren, nichts weiter als Marionetten erkennen. Warum? Die eigentlich Handelnden seien die Finanziers der Frachter. Mutiert hier der Reeder zu einem Fachkompetenzanbieter, der sich beim Einsatz von Schiffen und als Ansprechpartner für die beteiligten Partner einträglich vermarktet? Da ist was dran. Beispielsweise Jochen Döhle, Claus-Peter Offen und Erck Rickmers sind schlicht und einfach Dienstleister für Mærsk, MSC, CMA CGM, Evergreen oder etwa Hamburg Süd. Hier besteht ein charakteristischer Unterschied zum klassischen Schifffahrtskaufmann von einst, der ein eigenes Linien- und Frachtgeschäft betrieb, wie etwa Sloman, Ballin und Bolten. Deren Feld war die Welt, weil sie über alle Meere hinweg auf eigene Rechnung Handel betrieben oder Passagiere beförderten. Sie wurden abgelöst von Spezialisten, die das Reedereigeschäft neu definierten: Werften beauftragen, in Kooperation mit Emissionshäusern und Banken die Finanzierung besorgen, Charterer suchen und Schiffe in Fahrt bringen, ohne weiter darüber nachdenken zu müssen, was zu welchen Frachtraten transportiert wird. Die Beschaffenheit der Ladung ist ihnen egal, sofern von ihr keine Gefahr ausgeht.

Einer der erfolgreichsten von ihnen ist der aus Dortmund stammende Bernd Kortüm, der Chef des Emissionshauses Norddeutsche Vermögen. Der Finanzdienstleister hat mittlerweile 145 Fonds realisiert, darunter 95 Schiffsbeteiligungen. Aufgrund der einträglichen Geschäfte war Dr. Kortüm Anfang 2000 in der Lage, die Reederei H. Schuldt zu übernehmen und zu vergrößern. Der Finanzmann als Reeder, das ist der neueste Typus in dem Geschäft mit den Frachtern. Wie stark das Leistungspotenzial der von Kortüm geleiteten Unternehmensgruppe ist, verdeutlicht die geradezu sprunghafte Entwicklung der Hamburger Traditionsreederei: Drei Jahre nach der Übernahme ließ die Norddeutsche Reederei H. Schuldt vier große Containerfrachter bei Hyundai im südkoreanischen Ulsan bauen, die 6750 TEU laden können und mit 25,6 Knoten Höchstgeschwindigkeit wahre Sprinterqualitäten besitzen. Damit passen sie genau in das Portfolio des Charterers Hapag-Lloyd, der sie unter den firmentypischen Namen *Busan Express* oder etwa *Los Angeles Express* einsetzt. Mittlerweile managt Kortüms Reederei 30 Schiffe; bis 2010 sollen 28 weitere in Dienst gestellt werden, deren Kapazität zwischen

Dr. Bernd Kortüm
(Norddeutsche Vermögen und
Norddeutsche Reederei H. Schuldt)

3500 und 8400 TEU variiert. Im Ranking der Emissionshäuser steht Kortüms Unternehmen ganz oben, wegen des erfolgreichen Managements der Beteiligungen und des 6,57 Milliarden Euro betragenden Investitionsvolumens aus über drei Jahrzehnten Tätigkeit.

Kortüm, der in Wirtschaftswissenschaften promoviert hat, ist in der Hamburger Schifffahrtsszene längst einer der Großen, als Finanzierer und Reeder gleichermaßen. – Es gibt einen Roman mit dem Titel »Der Herr Kortüm«, den der Schriftsteller Kurt Kluge 1938 veröffentlichte. Darin skizziert der Autor ein weitgereistes Hamburger Kapitänsoriginal, das sich als tragikomischer Gastronom im Thüringer Wald niederlässt. Demgegenüber hegt der leidenschaftliche Segler Bernd Kortüm, der seinem Selbstverständnis nach mittelständischer Kaufmann und Reeder ist, andere Ambitionen: Im Dezember 2007, im Alter von 65 Jahren, startete er zu einer neunmonatigen Weltreise. Arbeit kann eben nicht alles sein, und schon als junger Absolvent hatte der Westfale mit einem Lehrauftrag an der Universität von Manila erkennen lassen, dass er über den üblichen Horizont hinausblicken wollte.

Ein großes Selbstbewusstsein legen die Emissionshäuser heute an den Tag. Nicht ohne Grund, denn ihre Leistungsbilanz als Initiator zahlloser Schiffsfonds kann sich sehen lassen. Ohne sie würde es die Investitionsschübe nicht geben, die die Reeder benötigen, um in Südkorea und China die Orderbücher der Werften zu füllen und sich gegenseitig immer wieder zu überflügeln. Zum Geschäft mit dem Anlagekapital gehört vor allem, die über Fonds finanzierten Schiffe in enger Abstimmung mit dem Bereederer langfristig wirtschaftlich zu betreiben. Dafür ist maritimes Know-how in den Emissionshäusern notwendig.

Allerdings sind hinsichtlich der Professionalität gewisse Schwankungsbreiten in der Branche zu konstatieren. Neben dem Gros der seriösen und effizient arbeitenden Institute gab und gibt es eben auch weniger erfolgreiche Beispiele. So stand beispielsweise die Hanseatische Anlage Treuhand, mit deren Hilfe Bertram Rickmers 1985 sein erstes Schiff finanzierte, unter keinem glücklichen Stern. Sie ging Ende der neunziger Jahre in Konkurs. Jürgen Dobert zufolge sind viele der in der Gründerzeit der siebziger Jahre entstandenen schifffahrtsfremden »Kapitalsammelstellen« längst verschwunden. Dass andere die Krisen rund um die Dollarkursschwankungen und die weiteren gravierenden Einbrüche in den Schifffahrtsmärkten überlebten, sei deren eigentliche Management-Leistung. Sie haben Insolvenzen abgewendet, die Steuervorteile der Anleger gegenüber dem Finanzamt verteidigt und ihnen gleichzeitig manche Kapitalerhöhung nahegelegt. Dieses auf Verlustzuweisungen basierende Geschäft ist seit 2005 Vergangenheit, denn ab diesem Jahr galt, nach Ablauf aller Übergangsregelungen, nur noch ein Vorteil: die Ermittlung von Gewinnen gemäß der Schiffstonnage. Entsprechend lobt Dobert in der Festschrift zum hundertsten Gründungsjubiläum des Verbands Deutscher Reeder, der Übergang vom Abschreibungsmodell auf das von der Tonnagesteuer beflügelte Renditemodell sei »vollauf gelungen«.

Es lohnt sich nicht, die schnelle Mark zu machen,
denn da sind fünfzig Prozent gleich wieder weg.
Der gute Ruf dagegen ist steuerfrei.

CHRISTIAN HINNEBERG

Maritime Netzwerke und Makler

Am 1. September 2007 startet in der westlichen Ostsee die 25. Schiffahrtsregatta, von Schleimünde zur dänischen Insel Ærø. Der Wind weht mit Stärke drei bis vier. Peter Gast hat diese Wettfahrt organisiert, vom ersten Mal bis zur Gegenwart. Seit langem schon ist sie sowohl ein maritimes als auch gesellschaftliches Ereignis im Norden. Bei der jüngsten Auflage kommen schließlich an die 1250 Menschen aus aller Welt zusammen. Im Zielort Ærøskøbing macht die Regattaflotte dem Hafenmeister des alten Hafens schwer zu schaffen, denn die 146 Boote benötigen jede Menge Liegeplatz. Da sich auf den Yachten auch politische Prominenz mit Begleitern befindet, allen voran Wirtschaftsminister Peer Steinbrück, Ministerpräsident Peter Harry Carstensen aus Kiel, Hamburgs Erster Bürgermeister Ole von Beust, der Bremer Wirtschaftssenator Ralf Nagel sowie der Präses der Hamburger Handelskammer Karl-Joachim Dreyer, wird es noch ein wenig enger. Das Feld der Boote aller Typen und Größenklassen, von atlantiktauglichen Rennyachten bis hin zum Lotsenschoner-Oldtimer *No.5 Elbe*, ist geradezu einmalig. Zudem sind nahezu all jene an Bord, die in der deutschen Schifffahrt eine Rolle spielen: Inhaber und Führungskräfte von Reedereien, Emissionshäusern, Banken, Versicherungen, Werften und Maklerbüros, von den Zertifizierern Germanischer Lloyd und Bureau Veritas, von Ausrüstern und Motorenherstellern und sogar Top-Leute der Treibstofflieferanten BP, Shell und Castrol.

Somit ist die Regatta ein alljährliches Klassentreffen auf See und von den Rahmenbedingungen her wesentlich feiner als das Anfang

November stattfindende legendäre »Eisbeinessen« der Vereinigung der Hamburger Schiffsmakler und Schiffsagenten. Dass es dem Caterer im Hamburger CCH gelingt, nahezu zeitgleich 4000 Eisbeine und 750 Kilogramm Kassler zu servieren, ist an sich schon eine Attraktion für die über 5000 Gäste aus fünfzig Nationen. Sie kommen aber vornehmlich zusammen, um diese immense maritime Kontaktbörse zu nutzen. Für viele Teilnehmer ist sie dennoch mehr Pflicht als Kür. Letztere findet bei der Schiffahrtsregatta auf der Ostsee statt. Der Organisator hat ein eigenes attraktives Boot: Die 39 Fuß lange *Pegasus* – benannt nach Peter Gast und Söhnen – ist der klassische Traum vieler Segler, eine schwedische Hallberg-Rassy. Die an Bord geführten Gespräche lassen Trends und auch Probleme der Schifffahrt erkennen. So schneidet ein Manager von der Deutschen Shell das die Handelsschifffahrt mittlerweile stark betreffende Thema Schweröl an. Der Treibstoff der Motoren, eigentlich ein zähflüssiges Restprodukt, das in den Raffinerien bei der Herstellung von Benzin und anderen leichten Kraftstoffen automatisch anfällt, ist ins Gerede geraten. Bei seiner Verbrennung werden große Mengen Schwefeldioxid und Feinstaub emittiert. Etwa fünfzehn Prozent der globalen Stickoxid-Emissionen entstehen infolge des Schiffsbetriebs. Das ist ein gravierender Makel, der auch nicht dadurch aufgehoben werden kann, dass der CO_2-Ausstoß pro transportierter Tonne Fracht bei Schiffen im Vergleich zu Bahn oder Lastwagen geradezu vernachlässigenswert erscheint.

Bei der Schiffahrtsregatta erreicht die Kieler Rennyacht *Uca* mit dem Ministerpräsidenten von Schleswig-Holstein an Bord als Erste das 34 Seemeilen entfernte Ziel. Und mancher Branchenprimus findet sich auf den hinteren Rängen wieder. So schafft es die *Brigadoon* des Emissionshauses MPC bei der Fahrt zur Insel Ærø in ihrer Gruppe nur auf den letzten Platz, wie schon im Vorjahr. Das ist zu verschmerzen, wenn die geschäftliche Performance im Vergleich dazu erstrangig bleibt. Auch wenn es unter Seglern heißt: »Regatta ist immer«, fällt hier bei der trubeligen Massenveranstaltung der Ehrgeiz unterschiedlich stark aus. Die wichtigen deutschen Reeder kommen nicht in jedem Fall persönlich zur Regatta, selbst wenn sie gute Segler sind. So fehlen 2007 beispielsweise Bertram und Erck

Rickmers, aber Boote ihrer Unternehmen stechen in Schleimünde in See. Auch Claus-Peter Offen ist nicht dabei. Er besitzt den derzeit größten deutschen Segler, die vom Bootsbauer Wally entwickelte *Y3K*. Die von einer Profi-Crew betreute Rennyacht liegt in Monaco und wird auf internationale Wettbewerbe vorbereitet. Mit einem Boot solcher Ausmaße macht die Teilnahme an der Schiffahrtsregatta keinen Sinn. Dagegen segelt Hansa-Treuhand-Chef Hermann Ebel persönlich mit. Sport und Spaß oder geschäftliche Kontaktpflege, all dies lässt sich hier ideal miteinander verbinden.

»Wer als Reeder heute nicht zufrieden ist, muss sehr wahrscheinlich etwas falsch gemacht haben.« Diese Beurteilung kommt aus berufenem Munde, denn der 79-jährige Schiffsmakler Peter Gast hat die Entwicklung der deutschen Handelsschifffahrt von ihren dürftigen Anfängen in der Nachkriegszeit bis zur Gegenwart aus erster Hand miterlebt. 1947, als die Reste der Handelsflotte an die Siegermächte und ihre Alliierten abgeliefert waren und nur noch einige kleinere Schiffe, meist Dampfer, die Küstenschifffahrt betrieben, begann Gast eine Lehre als Schifffahrtskaufmann, unter anderem in England. Später war er am Aufbau der zum Düsseldorfer Henkel-Konzern gehörenden Globus-Reederei beteiligt. Für den Westafrika-Verkehr entwickelte er einen Frachter, der 1969 bei Blohm + Voss gebaut wurde: Die 16 040 tdw messende *MS Oranjeland* war das erste deutsche Schiff, das Stückgut, Kühlfracht *und* 490 Container stauen konnte. Dafür waren zehn Ladebäume, zwei verfahrbare Kräne und ein Stülcken-Schwergutbaum an Deck installiert. Stattliche 42 Mann Besatzung arbeiteten auf dem 162 Meter langen, 19 Knoten schnellen Schiff. Die Ausrüstung mit aufwendigem Ladegeschirr war ein Muss, da in den angelaufenen afrikanischen Häfen entweder noch die technische Infrastruktur zum Löschen von Stückgut und Containern fehlte oder aber die wenigen landseitigen Kräne von anderen Schiffen belegt sein konnten. Flexibel zu sein war die Devise der Zeit. Doch nur fünf Jahre war die *MS Oranjeland* in Fahrt. 1974 lief sie beim südafrikanischen East London auf Grund und ging verloren.

Erst zu Beginn der siebziger Jahre begannen deutsche Reedereien damit, ausschließlich für die Containerfracht bestimmte Schiffe bauen zu lassen. Bis dahin hatten die Werften Schnellfrachter konstruiert, die Stückgut und Container aufnehmen konnten. Die Ladevorgänge dauerten gerade bei Stahlboxen wegen enger Luken und noch fehlender Zellengerüste in den Laderäumen recht lange, sodass diese Schiffstypen alsbald unpraktisch erschienen. Nun wurden sie von reinen Containerfrachtern abgelöst, für die in technischer Hinsicht vier schon 1972 für Hapag-Lloyd fertiggestellte Ostasien-Containerschiffe der *Tokyo-Express*-Klasse als Vorbild dienten. Gerade Schiffbaubetriebe in der Bundesrepublik wie die Howaldtswerke-Deutsche Werft und Sietas entwickelten hervorragende, solide Typen, die jedoch hohe Herstellungskosten aufwiesen. Schiffe aus Deutschland waren teuer. Mittel- und langfristig sichere Geschäfte garantierte auch die Containerbranche nicht, trotz ihrer stetigen Aufwärtsentwicklung, denn die generell schwankenden Konjunkturzyklen und Beeinträchtigungen der Schifffahrt machten sich auch in diesem Segment spürbar.

Noch gut vor Augen hat Peter Gast die auf den ersten Ölpreisschock folgende Tankerkrise. Die OPEC hatte nach dem arabisch-israelischen Krieg vom Oktober 1973 das Rohöl als Waffe gegen den Israel-freundlichen Westen entdeckt, indem sie die Fördermengen reduzierte und manche Staaten gar nicht erst belieferte. Daraufhin sparte man allerorten Öl und Benzin, wodurch die ehemals so erfolgreichen Supertanker beschäftigungslos wurden. Sie lagen auf, der Suez-Kanal war gesperrt, und weite Teile der internationalen Schifffahrt verfielen in Agonie, da die Treibstoffkosten geradezu in den Himmel schossen. Tempo und Motorisierung mussten den neuen Rentabilitätsrechnungen angepasst werden. Im europäischen Großschiffbau gab es massive Einbrüche, was zur Stilllegung vieler Werften führte. Währenddessen hatte sich Peter Gast selbständig gemacht und seine Tätigkeit als Schiffsmakler aufgenommen. Er suchte nach neuen Schiffbauplätzen, an denen man preisgünstiger als in Europa bauen konnte. Während Japan schon viele Aufträge an sich zog, war der Schiffbau in Korea seinerzeit erst im Entstehen. Niemand dort war auf ein internationales Geschäft vorbereitet. Bei der damals gerade im Aufbau befindlichen Hyundai-Werft im südkoreanischen Ulsan traf Peter Gast auf geeignete Partner für seine Bauprojekte. Seitdem kennt er sich auf dem ostasiatischen Werftenmarkt aus.

China folgte mit weitem Abstand. Erst Ende der siebziger Jahre begann sich das Land auch im Bereich des Schiffbaus zu öffnen, was sehr mühsam vonstatten ging. Auf Exportgeschäfte nach internationalen Gepflogenheiten waren die chinesischen Schiffbauer noch nicht eingestellt. Die Werften waren weit von der allgemeinen technischen Entwicklung entfernt, aber bereit, auf neue Anforderungen zu reagieren. Es ist erstaunlich, in welch kurzer Zeit die Chinesen die Standards ihrer Werftindustrie steigern konnten. Heute entstehen in kurzer Folge neue, hochmoderne Werften, und es gibt kaum Schiffstypen, die nicht von den Chinesen in Angriff genommen werden. In wenigen Jahren wird China die größte Schiffbaunation der Welt sein. Peter Gast fasst es in Worte, die beeindruckt wie auch ein wenig beklommen klingen:»Da kommt eine Welle auf uns zu.« Derzeit stammen noch 36 Prozent aller Neubauten aus Südkorea, aber die Chinesen sind schon knapp dahinter. China ist gegenwärtig auch in einer anderen Hinsicht von zentraler Bedeutung für die Schifffahrt: Das chinesische Wirtschaftswachstum führt global zu erhöhtem Bedarf an Tonnage, um den groß dimensionierten Import von Erzen und Chemikalien aus Südafrika und anderen rohstoffreichen Ländern ins Reich der Mitte zu bewältigen. Daher stiegen die Frachtraten der Bulker immens, was zur Folge hatte, dass in jüngster Zeit verstärkt Massengutfrachter auf Kiel gelegt werden. Wie in einer Kettenreaktion schlägt dies auf die Containerschiffsneubauten durch, denn auf den fernöstlichen Werften werden die Baukapazitäten noch begehrter.

Auch Stahl wird weltweit teurer, gerade wegen des enormen Bedarfs in Fernost. Und die gigantischen Hauptmaschinen für die großen Schiffe, die bereits in Lizenz von MAN, Wärtsilä und Sulzer in Ostasien gebaut werden, sind nur nach langen, für die Besteller lästigen Wartezeiten zu haben. Das Gleiche gilt für die Propeller, die die Riesen antreiben. Der Marktführer auf diesem Gebiet sitzt in der norddeutschen Provinz, in Waren an der Müritz. Die Mecklenburger Metallguss GmbH lieferte 2006 die bislang größten Propeller für Containerschiffe an die dänische Odense Staalskibsværft. Sie finden bei den im Pendeldienst zwischen Europa und Fernost verkehrenden E-Klasse-Frachtern von Mærsk Verwendung. Die sechsflügeligen Ungetüme haben einen Durchmesser von 9,6 Metern und ein Gewicht von 131 Tonnen. Bei knapp über einhundert Umdrehungen pro Minute beschleunigt der Propeller die 397 Meter lange *Emma Mærsk* und ihre sieben Schwesterschiffe auf 25 Knoten Dienstgeschwindigkeit. Dabei haben diese bislang größten Containerfrachter der Welt mehr als 11 000 TEU à 14 Tonnen an Bord. Das Tempo der elegant wirkenden Ungetüme schafft ein von Wärtsilä hergestellter Zweitaktmotor, der beachtliche 80 000 Kilowatt leistet. Muss es zeitweise noch zwei Knoten schneller gehen, um den Fahrplan exakt einzuhalten, kommen elektrische Zusatzantriebe zum Einsatz, die direkt an der extrem langen Welle sitzen. Solch ein Schiff kostete Mærsk um die 150 Millionen Dollar. Es stellte vor zwei Jahren noch die Grenze des technisch Machbaren dar, doch die Schiffbauer reizen diese weiter aus.

Nahezu jede ambitionierte Reederei will in Zukunft Großcontainerschiffe modernsten Typs einsetzen, nicht zuletzt wegen der Personaleinsparung: Auf Mærsks E-Klasse arbeiten nur noch dreizehn Mann Besatzung; bei den derzeit gängigen Schiffen zwischen 3000 und 8000 TEU sind es in der Regel mehr als zwanzig. Die Relation zwischen beförderten Containern und Energiebedarf beziehungsweise Besatzungsmitglied ist dadurch dramatisch verändert. Das Effizienzdenken wird hier auf die Spitze getrieben, um die Rentabilität der Schiffe zu steigern. Fraglich ist allerdings, ob die Gefahr besteht, dass Sicherheitsstandards auf der Strecke bleiben, da immer mehr Verantwortung an Bord auf immer weniger Schultern ruht. Deutsche Reeder wollen bei den Großfrachtern nicht unter zwanzig Mann Besatzung gehen, denn Stress und »Fatigue« genannte Erschöpfungszustände kommen schon derzeit häufig vor. Klar ist, dass die Risiken anwachsen, je kleiner die Besatzungsstärke ausfällt. Durch das Größenwachstum der Frachter entsteht eine enorme Wertkumulation, durch die Ladung und das Schiff an sich. Hier muss sorgsam abgewogen werden, und nicht wenige Reeder schütteln den Kopf bei der Vorstellung, dass die riesige *Emma Mærsk* und ihre Schwestern von jeweils nur einem Dutzend Leuten gefahren werden.

Die Propellerhersteller von Mecklenburger Metallguss sind völlig ausgelastet. Sie können die anhaltende Nachfrage nicht schnell ge-

nug bedienen. Zudem entwickeln sie kontinuierlich größere Propeller für die kommende Schiffsgeneration. 11,5 Meter Durchmesser und 150 Tonnen Gewicht sind in Arbeit. Chinas Wirtschaftswachstum und die weltweite Konsumfreude bescheren der Schifffahrt somit Konjunktur und provozieren zugleich gravierende Engpässe. Das treibt die Preise der Neubauten, auch der Containerschiffe, überall nach oben. Ein Nebeneffekt davon ist, dass die deutschen Werften, die im Containerschiffbau lange Zeit technisch führend, aber im internationalen Vergleich zu teuer waren, mittlerweile wieder marktfähige Preise bieten können. In Emden, Wismar, Rostock oder Stralsund werden mittelgroße Containerfrachter zusammengeschweißt und ausgestattet. Aufträge für knapp 15 Milliarden Euro standen Ende 2007 im Orderbuch deutscher Werften. 235 Schiffe sind dies, oder: Arbeit für bis zu dreieinhalb Jahre. Wer hätte solche Auftragszuwächse vor zwanzig Jahren für möglich gehalten? – Globalisierung kann eben auch bedeuten, dass der Schiffbau in Deutschland floriert. Wessen Rechnung kommt dies zugute? Beispielsweise dem norwegischen Kvaerner-Konzern. Dessen Schiffbausparte Aker Yards betreibt neben Werften im Mutterland eine Reihe von Standorten in Finnland, Rumänien, Vietnam und Brasilien sowie in Wismar und Rostock-Warnemünde. 70 Prozent der Geschäftsanteile der ehemaligen DDR-Werften verkaufte Aker Yards im Frühjahr 2008 an eine staatliche russische Investmentgesellschaft, die dort nunmehr verstärkt Tankschiffe für den Transport von Öl und Gas bauen lassen will. Für die bislang auf den Bau von kleineren und mittleren Containerschiffen spezialisierten 2300 Mitarbeiter an den beiden Standorten wird dies eine neue Herausforderung sein.

Werftkapazitäten sind heute bei Reedereien aus aller Welt heiß begehrt, denn ihr Problem ist weniger die Finanzierung und Vercharterung eines Schiffes als das Auffinden freier Bauplätze. Wenn eine Reederei nach dem Schiffbauer für eine Serie von Neubauten sucht, so wird sie im Regelfall am ehesten über Makler fündig. Auch bei der Suche nach dem Charterer können sich die Reedereien der

Gigantische Werkstücke: Propeller vom Weltmarktführer MMG
aus Mecklenburg treiben die E-Klasse-Schiffe von Mærsk voran

Instanz des Maklers bedienen. Experten zufolge werden an die 70 Prozent der weltweit operierenden Container-Chartertonnage von Schiffsmaklern in Deutschland vermittelt. Es gibt eine ganze Anzahl von ihnen in allen Schifffahrtsstandorten, denn das Geschäft bietet hohe Provisionen.

Trotz seines Alters von 78 Jahren ist Peter Gast weiterhin als Dienstleister in der Schifffahrtsbranche aktiv. Seine am Ballindamm an der Hamburger Binnenalster ansässige Maklerfirma ist auf knappe Güter spezialisiert: Peter Gast Shipping vermakelt Neubau- und Second-Hand-Schiffe sowie Reparaturmöglichkeiten. Wenn ein 300 Meter langes Containerschiff einen plötzlich auftretenden Schaden hat, fällt es schwer, es umgehend reparieren zu lassen. Bei einer Tagescharter von 30 000 Dollar sucht der Charterer händeringend nach Abhilfe, doch die passenden Docks sind rar. Welches dem Havaristen in vertretbarer Entfernung angeboten werden kann, vermitteln Agenturen wie Peter Gast Shipping. Für Reparaturzwecke unterhält die Firma vitale Kontakte zu vierzig Werften in aller Welt. Das reicht bis nach China, wo der Schifffahrtskonzern COSCO nahe Shanghai und in Dalian die größten Reparaturdocks betreibt. Aufgrund ihrer hohen technischen Expertise kann Peter Gast Shipping den Bau oder auch die Reparatur eines Schiffes fachkundig begleiten, wodurch der zeitliche Aufwand der Kunden gering gehalten wird. Diese wissen zu schätzen, dass die Leute von Peter Gast schnell zum Zuge kommen, wenn es sein muss. Das lassen sie sich etwas kosten. Infolge des Booms der Schifffahrt sind daher nicht nur die Geschäfte der Trampreeder profitabel, sondern auch die der Makler, deren Kontakte in langen Jahren gewachsen sind wie bei Peter Gast Shipping. Aber niemand ist allein auf diesem Markt: Der Branchenprimus logiert nur eine Hausnummer entfernt.

Lloyd's List zufolge, dem britischen Fachblatt der maritimen Wirtschaft, ist die Walter J. Hinneberg GmbH & Co. KG legendär. Man könnte »Hinneberg« als Synonym für Containerschiffsmakler verwenden, in Deutschland und darüber hinaus. Die Firma befindet sich im sogenannten Kirdorf-Haus am Ballindamm und ist in ihrem unscheinbaren Auftritt ausgesprochen hanseatisch. Trotz Verzicht auf eine Firmen-Homepage oder gar Werbung ist sie überall in der Branche bekannt und präsent. Wer Containerschiffe bauen lassen, kaufen oder verkaufen will, nutzt die Dienstleistung der Zwillingsbrüder Christian und Walter Hinneberg. Das Duo hat die effektivsten Verbindungen zu den in Frage kommenden Werften Südkoreas. Mancher Insider meint sogar, dass Hinneberg den Zugang zu Hyundai, Daewoo, Samsung und Hanjin kontrolliert. Ständig werden die Werften auf der Suche nach freien Bauplätzen kontaktiert. Wenn sie ausgemacht sind, erhalten die in Frage kommenden Reedereien eine Offerte. Bei der infolge des anhaltenden Frachtschiffbooms entstandenen Enge auf den Werften wird diese gern angenommen. Die Option auf eine Serie von Neubauten ist gegenwärtig die wertvollste Ressource in dem Geschäft, und sie kostet die Reeder nichts, denn die in Dollar anfallende, meist millionenschwere Maklerprovision zahlt die Werft. Ein Prozent, manchmal aber auch nur ein halbes vom Auftragsvolumen erhalten die Hinnebergs. Da sie sehr gut im Geschäft mit den in Korea gebauten Großcontainerschiffen etabliert sind, summieren sich die Einkünfte erheblich: Von den 160 derzeit georderten 13 000-TEU-Frachtern wurden an die zwei Drittel durch das Büro am Ballindamm vermittelt. Ein einziges dieser Schiffe kostet um die 150 Millionen Dollar. Kein Wunder, wenn andere Makler voller Anerkennung vor den Zwillingen, die im Segment der Containerschiffe geradezu konkurrenzlos sind, den Hut ziehen.

Der äußerlich ein wenig verhalten, aber gleichzeitig einnehmend wirkende Anwalt Christian Hinneberg hat hellwache Augen und verfügt über einen immensen Erfahrungsschatz. Seit dem Herbst 1978 unterstützte er seinen Vater im Maklerbüro, das genau genommen aus zwei Arbeitszimmern mit Blick auf die Binnenalster und einem Besprechungsraum für zehn Personen besteht. Hunderte gerahmte Schwarz-Weiß-Fotos wirken wie eine bis unter die Decke reichende Wandvertäfelung. Sie zeigen Schiffe, die der Makler vermittelt hat, manchmal nur eins oder eine ganze Serie, seien es Fischtrawler aus der DDR oder Containerfrachter. Neben der Eingangstür hängt ein Ölgemälde, das den 2004 verstorbenen Senior Walter J. Hinneberg zeigt. Darunter steht ein Foto Rudolf-August Oetkers, denn mit ihm ist der Einstieg ins Maklergeschäft verbunden. Wie schon der Vater arbeiten die Söhne per Telefon und mittels direkter Gespräche für ihre Kunden. Der Zeitunterschied nach Korea spielt keine Rolle; es werde, wenn nötig, Tag und Nacht telefoniert, auf Englisch. Dadurch erarbeiten sich die Hinnebergs den Informationsvorsprung, der ihren Ruf zum guten Teil ausmacht: Eine rasche Auffassungsgabe und die Nutzung ihrer Querverbindungen führen dazu, dass die frei werdenden Bauplätze auf den Werften kundenorientiert angeboten werden können.

Das Geschäft für Hinneberg bietet das größte Potenzial, solange die Koreaner die führende Schiffbaunation sind. In wenigen Jahren dürften die Chinesen an die erste Stelle gerückt sein, was den Neubau von Tonnage angeht. Allerdings werden sie nicht sogleich in der Lage sein, die größten Containerschiffe in Serie und in höchster Qualität zu bauen, so wie es in Südkorea an der Tagesordnung ist. Bis die chinesischen Werften auch dieses Marktsegment bedienen können, halten die Hinnebergs ihre einträgliche Position als vermittelndes Nadelöhr zwischen Werft und Reeder. Weltweit sind sie die erste Adresse, wenn es um die Vermittlung von Geschäften rund um Containerfrachter geht. Und das erledigen in der kleinen Firma gerade einmal fünf Personen. Christian Hinneberg genießt seine Arbeit, die oftmals geradezu old-fashioned abläuft: Selbst milliardenschwere Verträge über neue Schiffe werden zwischen den Geschäftspartnern ohne Anwälte geschlossen. Gegenüber den uniform gekleideten und auftretenden Bankern oder Anwälten empfindet der Makler die Reeder als wirtschaftlich wagemutige, zupackende und »farbvolle Persönlichkeiten«. Ihrem Naturell entspreche es, schnell und aus dem Bauch zu entscheiden und selbst auf internationalem Parkett erfolgreich und vertrauenswürdig zu agieren. Die Reeder seien mitunter extreme Charaktere, aber dabei authentische Typen, die keine Schauspielerei an den Tag legten oder überzogene Allüren auslebten. Als Beleg dafür führt Hinneberg die Segelyachten an, die sich einige der Herren leisten: Diese Boote dienen nicht etwa nur als Party-Plattform an der Côte d'Azur, sondern auch, wie bei Claus-Peter Offen, als Instrument sportlichen Wettstreits bei zahlreichen Regatten. Das ist die deutsche Seite des Geschäfts von Hinneberg. Auf der anderen befinden sich die koreanischen Werftmanager, mit denen seit Beginn der neunziger Jahre eng kooperiert wird. Hinneberg schätzt sie über die Maßen; er sieht in den Koreanern »die besten und zuverlässigsten Geschäftsleute«.

Zuverlässigkeit ist auch für das Maklerbüro von höchstem Wert, neben der Neutralität gegenüber den verschiedenen Kunden. Christian Hinneberg stellt entsprechend klar: »Es lohnt sich nicht, die schnelle Mark zu machen, denn da sind fünfzig Prozent gleich wieder weg. Der gute Ruf dagegen ist steuerfrei.« Der Erfolg blende manchen, auch in seiner Branche. Dabei dürfe sich niemand zu wichtig nehmen und möglicherweise die Bodenhaftung verlieren. So etwas gelte es unter allen Umständen zu vermeiden. Hinneberg illustriert das an einem Beispiel: Sobald sich ein Makler dafür zu schade sei, Geschäftspartner am Flughafen zu empfangen oder sich auf einer Werft die Hände schmutzig zu machen, laufe er Gefahr, seine essenziell wichtigen persönlichen Verbindungen nachhaltig zu schädigen. Daraus spricht so etwas wie ein berufliches Motto, denn Christian Hinneberg meint, man müsse jederzeit so arbeiten wie an dem Tag, an dem man angefangen habe. Dies korrespondiert mit dem zurückhaltenden Habitus und der verbindlichen Freundlichkeit des Maklers. Die Formen mögen gelebtes Understatement sein, aber die Leistung der Brüder entspricht einem Superlativ. Der Grad ihrer Kompetenz drückt sich nicht in Imagebroschüren oder markigem Auftritt aus, sondern in der kreativen Unruhe in ihrem Büro am Ballindamm. Wer hier anruft oder auf den betagten Stühlen im Besprechungsraum Platz nimmt, will etwas bewegen, und die Hinnebergs beschaffen es ihm, zumeist in Form von Containertonnage, neu oder secondhand.

Es gibt wohl kaum jemanden in der Welt der Frachtschifffahrt, der nicht mit Hinneberg zusammenarbeitet. Das liegt vor allem an der Effizienz, die ihren Preis hat, aber wiederum Kosten spart. Ein typischer Teil des Geschäftsablaufs ist die Übergabe eines Schiffes von einer Reederei in die Hände des Charterers. Wenn etwa Harmstorf ein gebrauchtes Schiff erwirbt und den Frachter an Hamburg Süd verchartert, darf die Abwicklung aller Formalitäten nur einen Tag dauern, denn eine Tagesrate schlägt beispielsweise bei einem 3000 TEU-Schiff mit etwa 20 000 Dollar zu Buche. Die Präzision des Maklers bei solchen Vorgängen wird geschätzt, denn er schafft es, die am Procedere beteiligten Parteien – Verkäufer, Käufer, Bank, Emissionshaus und Charterer – pünktlich einzubinden und damit zufriedenzustellen. Hinneberg, davon wird die Branche ein ums andere Mal überzeugt, hat die Projekte bestens im Griff.

Christian und Walter Hinneberg gelten als sehr engagiert und überaus gut vernetzt. Ihre Reputation rührt zum einen daher, dass sie die Top-Leute der weltweiten Schifffahrtsbranche persönlich kennen. Zum anderen besitzen sie die Fähigkeit, technische und wirtschaftliche Aspekte eines Schiffes auf Augenhöhe mit Eigner, Werft und Charterer zu erörtern. Diese Professionalität ist in jahrzehntelanger Praxis gewachsen. Außerdem schätzen die Reeder an den Hinnebergs, dass sie ein auf dem Markt angebotenes Geschäft schnell erfassen und es dank ihrer Kontakte hocheffizient realisieren können. Oder, und das ist etwas Besonderes, dass sie bei geeigneten Rahmenbedingungen ein Projekt überhaupt erst schaffen, indem sie die benötigten Partner auf die darin enthaltenen Potenziale aufmerksam machen und sie an einen Tisch holen. Hinneberg, davon ist *Lloyd's List* überzeugt, sitzt im Zentrum der Containerschiffsbranche und partizipiert massiv an der schon lange anhaltenden »Building Bonanza« auf den Werften Südkoreas. Bei dem Makler laufen alle wesentlichen Informationen über Preise und freie Bauplätze einer Schiffsklasse zusammen. Eine unschätzbare Leistung der Agentur ist, den interessierten Reedern Markttransparenz zu bieten. Zudem ist es von hoher wirtschaftlicher Bedeutung, von Hinneberg angesprochen zu werden, denn wer will schon der Letzte in der Schlange der Wartenden sein, wenn es um Bauplätze geht? Daher erscheint das kleine Büro an der Binnenalster wie ein Flaschenhals, durch den die meisten Schifffahrtsunternehmen wollen oder müssen. Nutznießer sind somit die maritimen Unternehmer und natürlich die Werften, da ihnen im Idealfall Großkunden für Serienaufträge zugeführt werden. Es gibt für große Kunden koreanischer Werften aber auch andere Möglichkeiten, zum Schiff zu kommen. Ulrich Kranich, der Vorstand der Containerschiffsparte von Hapag-Lloyd, betont, dass die Linienreederei ihre Bauorder direkt mit den Werften abschließt und die Einschaltung eines Maklers nicht nötig hat. Diese Freiheit genießen allerdings nur die wenigsten in der Branche.

Der Aufstieg der Hamburger Schiffsmaklerfamilie kann nur als ungewöhnlich bezeichnet werden: Am Anfang stand der 1919 geborene Apotheker Walter J. Hinneberg, der in der Nachkriegszeit unter anderem Selbstdestilliertes auf dem Schwarzmarkt verkaufte, um seine Familie zu ernähren. Als wegweisend erwies sich seine Freundschaft zu Rolf Kersten, der seit Mitte der fünfziger Jahre mit der Leitung von Hamburg Süd betraut war. Kersten bat Hinneberg um Unterstützung bei der Suche nach Frachtschiffen für die zum Oetker-Konzern gehörende, schnell wachsende Reederei. Obwohl der Apotheker noch nie in maritimen Geschäften tätig gewesen war, konnte er den Ankauf eines betagten Frachters vermitteln. Damit hatte er den Fuß in der Tür des Schiffsmaklerberufs, von dem er später sagen sollte, dass man ihn nicht lernen könne, sondern im Blut haben müsse. Schritt für Schritt erlangte Walter J. Hinneberg einen Namen in dem Metier. Ab den sechziger Jahren agierte er für die Kieler Howaldtswerke, indem er der Traditionswerft Aufträge aus aller Welt vermittelte, sogar für Fischereifabrikschiffe, die für die UdSSR gebaut wurden. Die im Zusammenspiel mit dem schwedischen Schiffsmakler Arne Larsson entwickelten vitalen Ost-West-Kontakte waren lukrativ, wie das Beispiel der *Astor II* zeigt, die 1987 bei HDW vom Stapel lief. Das Passagierschiff, an dessen Bau und Betrieb als DDR-Urlauberschiff Alexander Schalck-Golodkowski interessiert war, hatte die südafrikanische Reederei Safmarine in Auftrag gegeben. Kurz nach seiner Indienststellung wurde es in die UdSSR verkauft, wo es fortan unter dem Namen *Fjodor Dostojewski* fuhr. Larsson zufolge verdiente Walter J. Hinneberg bei jedem Besitzerwechsel der *Astor II*, und schon deren Vorgänger, die *Astor I*, hatte der Makler dreimal vermittelt. So etwas förderte den legendären Ruf in der Branche.

Weitaus einträglicher als derartige Einzelverkäufe war aber die Etablierung an einer essenziellen Schnittstelle der maritimen Industrie: zwischen Reedern und Schiffbau. Die Chefs der Werften und Reeder-Persönlichkeiten wie der griechische Tankerkönig Aristoteles Onassis schätzten den Hamburger Makler und sein pragmatisches Vorgehen. Lange Zeit arbeitete Walter J. Hinneberg ganz im alten Stil: Er benötigte lediglich einen kleinen Schreibtisch, ein Telefon zur Linken und sein dickes Notizbuch zur Rechten. Erstrangige

Adressen, weitreichende Kontakte und Aufgeschlossenheit gegenüber den aktuellen Entwicklungen, gepaart mit integrem Geschäftsgebaren, das war typisch für Hinneberg. Er operierte so erfolgreich, dass ihm die große Verlagerung des Schiffbaus nach Korea zugute kam wie niemandem sonst: Ursprünglich war die Bundesrepublik im modernen Tankschiffbau führend gewesen, bis die Japaner die Spitzenposition in den Siebzigern übernahmen. Dann hatten die Südkoreaner ihre Werftkapazitäten im großen Stil ausgebaut. Sie setzten zum Sprung an und suchten nach potenten Auftraggebern in Deutschland. Dass das steuersparende KG-Modell große Summen in Schiffbauprojekte spülte, hatte sich weltweit herumgesprochen. Daran wollten die Koreaner partizipieren. Hinneberg erschien ihnen als idealer Partner zur Füllung ihres Orderbuchs. Daher gingen die Manager eine geradezu exklusive Kooperation mit dem Makler von der Binnenalster ein. Seit Beginn der neunziger Jahre verfügt Hinneberg über den effektivsten Zugang zu den Werftkonzernen Südkoreas. Die immense Expansion von Hyundai Heavy Industries, Samsung, Daewoo und Hanjin zu Weltmarktführern im Containerschiffbau wurde maßgeblich durch die von Hinneberg vermittelten Neubauprojekte beflügelt. Über einen derart außerordentlichen Status verfügt sonst niemand.

Hinneberg senior, der im April 2004 im Alter von 85 Jahren verstarb, benötigte kein großes Büro und keine öffentliche Präsenz. Das hat sich auch bei seinen Nachfolgern nicht geändert. Das Unternehmen gehört konsequenterweise noch nicht einmal der Vereinigung der Hamburger Schiffsmakler an. Beim alljährlich von der Innung organisierten »Eisbeinessen« wird man Christian und Walter Hinneberg vergeblich suchen. Nicht das bierselige Miteinander oder die trubelige Schiffahrtsregatta ist ihr Feld, sondern die Chefetagen von Werften, Reedereien und Schiffsbanken. *Lloyd's List* zufolge wurden in den letzten zwei Jahrzehnten möglicherweise bis zu 80 Prozent aller der durch KG-Modelle finanzierten Schiffsbestellungen über Hinneberg abgewickelt. Genau weiß das außerhalb des Büros am Ballindamm allerdings niemand. Sicher ist nur, dass der bemerkenswerte Erfolg bei der Vermittlung von Containerschiffsneubauten und beim Verkauf gebrauchter Frachter weiter anhält.

Seitens der Reeder wird die Geschäftspraxis der Hinnebergs als äußerst seriös bezeichnet. Man könne sich auf sie vollkommen verlassen. In Jahrzehnten sei kein einziger Reeder unvorteilhaft behandelt worden. Das beschert der Maklerfirma steten Zulauf und jede Menge lukrativer Abschlüsse. Es heißt, die Walter J. Hinneberg GmbH & Co. KG sei unter dem Strich umsatzstärker als Hundertschaften von Schiffsmaklern in aller Welt. Ist das nicht vielleicht ein Mythos? Nein, mitnichten. »Vor denen gehen sogar die Londoner Broker auf die Knie«, sagt Thomas Harmstorf. In der Tat ist die Leistungsfähigkeit von Hinneberg bei der Vermittlung von Baukapazitäten für andere Makler unerreichbar. Infolgedessen sind die Chefs der Reedereien an erster Stelle dem Anwalt Christian Hinneberg überaus verbunden. Sämtliche Tonnage-Supplier wie Offen, Ponath, Schües, Schulte, Rickmers und Kortüm pflegen ihre wichtige Verbindung zu dem Makler auf der durch jahrzehntelange Netzwerkarbeit geschaffenen Spitzenposition. Als logische Folge dieser Geschäftstüchtigkeit kamen die Hinnebergs zu Vermögen. Die Familie, so ist in Hamburg zu hören, zählt zu den größten Profiteuren des weltweiten Schifffahrtsgeschäfts. Ihre Gewinne werden allerdings vorwiegend in Immobilien und Unternehmensbeteiligungen investiert. Nur dort, wo sie selbst als Makler nicht engagiert sind, fließen Investitionen auch in die Schifffahrt. Schließlich ist Neutralität das höchste Gebot.

Brancheninsider wissen um die wertvollen Dienstleistungen und die daraus erwachsende Bedeutung von Hinneberg. Über diese Kreise hinaus wird so gut wie nichts über die gleichermaßen hingebungsvoll und effektiv arbeitenden Geschwister publik. Angesichts dessen kommt es geradezu einer unüblichen Werbung gleich, wenn das Maklerunternehmen in einer Pressemitteilung wegen seines weltweit ausgezeichneten Rufs ausdrückliche Erwähnung findet. Verantwortlich dafür zeichnete die seit einigen Jahren verstärkt in die Containerfahrt eintretende Hartmann Schiffahrts GmbH aus Leer anlässlich der Taufe der *Frisia Kopenhagen* durch Anita Hinneberg, die ältere Schwester der Brüder. Im April 2005 schwang sie auf der Emdener Nordseewerft unter Begleitung eines friesischen Shanty-Chors die Champagnerflasche an den Bug des 2700-TEU-Frachters. Das Bild besitzt in vielfacher Hinsicht Seltenheitswert, handelte es sich doch um ein mit Geld aus Deutschland finanziertes Schiff, das sowohl in der Bundesrepublik gebaut wurde als auch unter deutsche Flagge kam, mit dem Heimathafen Leer. Hartmann hat die *Frisia Kopenhagen*, wie auch ein baugleiches Schwesterschiff, an die chinesische Linienreederei COSCO verchartert. In der Regel laufen die von deutschen Reedern georderten Frachter woanders vom Stapel, und sie werden in ausländische Zweitregister eingetragen. Die Entscheidung darüber liegt beim Eigner als Auftraggeber des Projekts. Maklerbüros wie das der Hinnebergs haben daran keinen Anteil, obwohl sie im maritimen Netzwerk an einer zentralen Schnittstelle sitzen.

Wer(f)tarbeit – deutsch und asiatisch

Claus-Peter Offen segelt gern, »überall wo es schön tief ist«. Seine
Yacht *Y3K* liegt in Monaco, nicht etwa aus Steuergründen, sondern
weil von dort aus verschiedene Segelreviere schnell erreicht werden
können. Das Boot ist ein Superlativ, misst es doch 100 Fuß Länge
und benötigt bei der Regatta eine Crew von 21 Mann, fast so viele
also wie ein Großcontainerschiff seiner Reederei. Stolz ist der Eigner
auf die *Y3K*, die – wie er betont – unter deutscher Flagge segelt. Die
vom monegassischen Bootsbauer Wally entwickelte avantgardisti-
sche Yacht war einige Millionen teuer. Auch die Unterhaltung kostet
nahezu ein Vermögen. Aber für den 64-jährigen Claus-Peter Offen
ist dies kein hübsches Accessoire eines Superreichen; er segelt voller
Leidenschaft und am liebsten an vorderster Position. Mit einer gewissen Nonchalance lässt er einfließen, dass die *Y3K* »nicht ganz un-
erfolgreich« gewesen sei. Dreimal gewann sie die PalmaVela-Regatta
von Palma de Mallorca und 2005 sogar die Weltmeisterschaft der
Maxi-Klasse vor Porto Cervo. Auf Sardinien verbringt Offen gern
seine Zeit, mitunter auch mit seinen Geschäftspartnern aus Südkorea
zur Vertragsunterzeichnung.

Im Sommer des Jahres 2007 hat »CPO«, wie Offen in der Branche
und in seinem Unternehmen meist genannt wird, seine erstrangige
Position in der Containerschifffahrt unter Beweis gestellt: Am 7. Juli
orderte er bei Daewoo neun Frachter zu je 12 600 TEU. Unterzeich-
net wurde der Vertrag mit dem Vorstandsvorsitzenden der Werft,
Sang-Tae Nam, im Hamburger Hotel *Vier Jahreszeiten*. Mitte August
lud Offen den Südkoreaner zu einem weiteren Geschäftsabschluss in

den Yacht Club Costa Smeralda in Porto Cervo ein: Erneut wurden neun der Mega-Frachter bestellt. Daewoo soll diese 18 Schiffe à 12 600 TEU bis 2011 abliefern. Auch eine andere Werft in Korea bedachte Offen mit einem Auftrag der Superlative: Ende August unterzeichnete der Vorstandschef von Samsung Heavy Industries, Jing-Wan Kim, in der Hamburger Offen-Zentrale an der Bleichenbrücke einen Vertrag über fünf weitere 12 600er.

Nicht allein das Volumen der Neubauaufträge, hinsichtlich Baukosten und Containerkapazität, ist immens. Wie stemmt die Reederei die Finanzierung? Wie gedenkt Offen diese 23 Giganten wirtschaftlich zu verchartern? Denn die Konkurrenz, gerade die in Hamburg, hat zur gleichen Zeit mehrere Schiffe dieser Dimension geordert. Erck Rickmers, Bertram Rickmers, Jochen Döhle und Roberto Echevarria haben jeweils acht davon in Auftrag gegeben. New-Panmax wird diese Klasse genannt, denn Schiffe dieser Ausmaße werden den 2014 auf 49 Meter Schleusenbreite ausgebauten Panama-Kanal durchfahren können. Die weltweite Nachfrage nach diesem Schiffstyp ist groß: Derzeit stehen schon über 160 New-Panmaxe im Orderbuch. Die Ersten von ihnen treten, wie für die Reederei Offen, ab Ende 2009 ins Marktgeschehen ein. In welchen Häfen wird die Be- und Entladung der Kolosse überhaupt möglich sein? Wen werden sie im Markt bedrängen und wem die Fracht abjagen? Wird der Seetransport dadurch noch profitabler und möglicherweise umweltfreundlicher? Viele Fragen lassen sich erst anhand von Praxiserfahrungen beantworten. Auf jeden Fall aber werden die Personalkosten pro transportierter Tonne Fracht sinken, denn auf den Mega-Carriern ist die Kopfzahl der Crew kaum größer geplant als auf den Schiffen mit halber TEU-Kapazität. Das rechnet sich und freut die renditeorientierten Emissionshäuser.

Claus-Peter Offen wurde im September 1943 geboren, in Passau. Der Sommer 1943 war für Hamburg verheerend, denn damals wurde die Elbmetropole Mitte Juli infolge mehrtägiger Bombenangriffe, der sogenannten Operation Gomorrha, weitgehend zerstört. Einer behördlichen Anordnung folgend, verließen Schwangere und Mütter mit Kleinkindern die Stadt und wurden, wo immer es ging, in

Claus-Peter Offen
(Reederei Claus-Peter Offen)

Deutschland einquartiert. Daher kam der Sohn des Hamburger Reeders Emil Offen am Inn zur Welt. Mitte sechzig, das ist ein Alter, in
dem man daran denken könnte, sich aus dem Geschäftsleben zu-
rückzuziehen. Claus-Peter Offen sandte mit der Bestellung von
23 Mega-Containerfrachtern innerhalb von sechs Wochen ein ganz
anderes Signal: Unter den deutschen Reedern strebt er die Führungsposition als Tonnage-Supplier an. Dies scheint damit zusammenzu-
passen, dass er Präsident der International Maxi Association ist, der
Vereinigung der Eigner der größten Rennyachten. Die *Y3K* in Fahrt,
wie sie großformatige Fotos in seinem Büro und den Korridoren der
Zentrale an der Bleichenbrücke zeigen, das bezeichnet eben nur eine
der Leidenschaften von CPO. Auch als Reeder will er das Maximum.
Und da seine Geschäfte gut laufen, ist er in der Lage, milliardenschwere Bauaufträge zu finanzieren. Die Schiffsbanken und die mit
ihm kooperierenden Emissionshäuser wie MPC Capital setzen hohes
Vertrauen in Offens Fähigkeiten.

Er ist der gewichtigste Routinier in der Hamburger Containerbranche, mit derzeit etwa 450 000 TEU in Fahrt. Zusätzliche
300 000 TEU können seine Schiffe bei Abschluss des Neubaupro-

Panmax-Klasse: Bei maximaler Breite von 32,3 Metern
bleibt einem Containerfrachter in den bisherigen
Panama-Kanal-Schleusen seitlich nur ein paar Handbreit Platz

gramms befördern. Das ist kein Geheimnis, sondern ein in allen zugänglichen Orderlisten und auch in der Reederei-Hauszeitschrift *CPO-News* veröffentlichtes Statement gegenüber der Konkurrenz. Claus-Peter Offens Äußeres aber wirkt wie gelebte Zurückhaltung. In Statur und Aussehen erinnert er in gewisser Weise an Hamburgs Ersten Bürgermeister Ole von Beust. Durch sein Wesen scheint er aber von dem Politiker unterschieden, nicht zuletzt durch seinen feinen Humor, den Hang zum Genießerischen und eine sportlich-lässige Art. Offen strahlt eine Zufriedenheit aus, die an erster Stelle mit seinem geschäftlichen Erfolg erklärt werden könnte. In den Korridoren der Zentrale kann dessen Dimension erahnt werden an den Schiffsmodellen, die, wie überall in den Reedereien, zu sehen sind. Während bei Rickmers im Eingangsbereich der erste Containerfrachter zu sehen ist, die *Patricia Rickmers* von 1985, fällt bei Offen das Modell eines kleinen Mehrzweckfrachters ins Auge: die *Annie Hugo Stinnes*. Im Juni 1971 erwarb sie der 27-jährige Claus-Peter Offen für eine knappe Million Mark bei einer Versteigerung vor dem Hamburger Amtsgericht aus der Konkursmasse der Reederei Hugo Stinnes Transozean und machte sich damit als Trampreeder selbständig. Zuvor war er Direktionsassistent einer Reederei gewesen. Offen wusste damals eine Krise der Frachtschifffahrt zu nutzen. Wenig später zog die Konjunktur an, sodass der kleine Frachter, zusammen mit zwei weiteren, Gewinne einfuhr. Zwanzig Prozent Rendite konnte Offen an seine Geldgeber ausschütten, und nach drei Jahren beim Weiterverkauf der Schiffe sogar den doppelten Kaufpreis erlösen.

Hinter dem Modell der *Annie Hugo Stinnes*, gewissermaßen in Kiellinie im Schaukasten, folgt ein modernes Containerschiff. Der Maßstab ist der Gleiche. Die Größenverhältnisse aber sind ein Sinnbild der Reedereientwicklung innerhalb von dreißig Jahren. Das erste Schiff mit seinen 3500 Bruttoregistertonnen wirkt nicht nur wie, nein, es ist eine historische Aufnahme der deutschen Schifffahrt des ersten Nachkriegsjahrzehnts: übersichtliche Maße, beschränkter Aktionsradius, bodenständig, aber solide. Das Containerschiffsmodell ist ein Geschenk einer ostasiatischen Werft, als Dank für den Bauauftrag. Mehrere Dutzend raumfressender Vitrinen könnten die

Büros und Korridore der Reederei Offen füllen, aber hierbei gibt es keinen Hang zur Komplettierung. Die Frachter-Modelle sind schließlich nur ein Symbol dafür, dass das Unternehmen seit langem weltweit tätig ist in der Schifffahrt. Sonst wäre in der Zentrale kaum zu erkennen, womit und wofür hier eigentlich gearbeitet wird. Sie liegt im dritten Stock des sogenannten Kaufmannshauses im Hanseviertel. Dabei ist schon rein äußerlich kaum ein Bezug zum Geschäft mit dem Seetransport zu erkennen, anders als bei Döhle, Deutsche Afrika-Linien, Rickmers oder Leonhardt. Deren Zentralen okkupieren ganze Gebäude an der Elbe. In diesem Sinne logiert die Reederei Offen konservativ-hanseatisch, denn sie bezog 1971 ihr erstes Domizil am Ballindamm, nahe Hapag-Lloyd an der Binnenalster. Heute ist sie davon nur wenige hundert Meter entfernt, sodass es lediglich ein paar Schritte sind zum Rathaus, zur Handelskammer, zu Banken und Schiffsmaklern oder zum nächsten Coffeeshop.

1995 machte der Schifffahrtsjournalist Jürgen Dobert in einem Artikel darauf aufmerksam, dass Claus-Peter Offen »wegen beispielloser Treue zu deutschen Werften« eigentlich das Bundesverdienstkreuz verdient habe. Zwanzig Vollcontainerschiffe hatte die Reederei des schlaksigen Hamburgers damals schon in Fahrt oder im Bau, und sie kamen sämtlich aus der Bundesrepublik. Der Reeder, so Dobert, schwärmte von deutscher Wert- und Werftarbeit. Die Frachter seien ihm hinsichtlich des technologischen Vorsprungs und der Zuverlässigkeit wie der Mercedes vorgekommen. Diese Qualität hatte bereits Mitte der neunziger Jahre ihren Preis: Offen bezahlte zwanzig bis dreißig Prozent mehr, als seine deutschen Konkurrenten für ein Schiff vergleichbarer Größe in Polen oder Südkorea auf den Tisch legten. Beim Bau von Containerschiffen bis zur Kapazität von 3500 TEU – damals eine große Dimension – waren deutsche Werften wie gerade die Nordseewerke in Emden oder Flender in Lübeck technisch führend. Offens exklusive Bauaufträge muten geradezu wertorientiert-patriotisch an, aber auch das ließ sich wirtschaftlich begründen. Mehr für ein Schiff zu bezahlen, das weitgehend störungsfrei lief, konnte schnell rentabler sein, als ein billigerer Frachter, der womöglich wegen häufigerer Werftliegezeiten zu einem Klotz am Bein wurde. Ist ein Schiff außer Fahrt, geht diese Zeit als »Off Hire«

zu Lasten des Bereederers, denn er und nicht der Charterer hat dafür aufzukommen. Letztlich fiel noch in den Neunzigern das Rechenexempel, ob ein Frachter aus Deutschland mittel- und langfristig rentabler war, nach Ansicht Offens zugunsten deutscher Werften aus. Deshalb hatte der Hamburger Reeder sogar das Lübecker Traditionsunternehmen Flender übernommen. Doch die Schiffbauer in Polen und in Ostasien machten beständig Boden gut, bis sie die Deutschen überholten.

Hinsichtlich des Schiffsregisters und der Besatzungen hätte Jürgen Dobert 1995 nicht empfehlen können, Claus-Peter Offen mit einem Verdienstkreuz auszuzeichnen. Denn bei der Crew setzte er lediglich beim Führungspersonal auf Deutsche: Die zentralen Offizierspositionen, Nautiker, Ingenieure und Elektriker sollten aus Deutschland stammen. Die Ausbildung deutscher Schiffsmechaniker war nicht vorgesehen. Da setzte der Reeder lieber Filipinos ein, die lediglich 1000 Dollar monatlich verdienten. Auch die deutsche Flagge musste es in der langwierigen Aufbauzeit nicht sein, aus wirtschaftlichen Erwägungen. Offens Schiffe waren im sogenannten Zweitregister eingetragen. Das ermöglichte, eine deutsche Führungsmannschaft nach bundesdeutschen Tarifen zu beschäftigen und den übrigen Teil der Crew aus Ausländern zusammenzustellen. Deren Heuer war dem in ihren Herkunftsländern üblichen Salär angepasst. Nicht alle stellte diese Praxis zufrieden. Bereits im Februar 1977 hatten die internationale Seeleute-Gewerkschaft ITF und die deutsche ÖTV mehrere der unter liberianischer Flagge fahrenden Offen-Frachter wegen angeblich zu geringer Heuern im Visier. Beispielsweise wurde die *Holstenburg* im Hamburger Hafen von achtzehn jugoslawischen Besatzungsmitgliedern bestreikt, bis der Reeder 194 000 Mark an die Matrosen zahlte. Der Reeder bestritt zwar, dass die Heuern unter den internationalen Standards lagen, aber er musste Konzessionen machen, um weitere Streik- und Schiffsarrestaktionen zu vermeiden. Schließlich wurde er dadurch empfindlich getroffen, denn die Aktionen kosteten sein Geld, für Liegeplätze im Hafen oder für die Ausfallverpflichtungen gegenüber den Charterern. Daher trat Offen mit der Gewerkschaftsseite in Verhandlungen.

Eine Konsequenz dieses Tarifstreits vom Winter 1977 war symptomatisch für die Zukunft: Den streikenden Jugoslawen hatte der Reeder fristlos gekündigt, was diese ihrerseits nach der Auszahlung ihrer Forderungen taten. Umgehend wurde die Crew durch Filipinos ersetzt. Deren Zuverlässigkeit führte dazu, dass seit Ende der achtziger Jahre ausschließlich filipinische Seeleute auf Offens Schiffen arbeiten. Ein Faktum ist für Claus-Peter Offen von Bedeutung: Jeder der heute rund 1800 bei ihm an Bord tätigen Filipinos habe eine eigene Personalakte in der Hamburger Zentrale. Für sein Unternehmen komme nicht in Frage, die Mannschaften anonym und für kurzfristige Beschäftigungsverhältnisse über Personalagenturen einzukaufen, wie es bei der Konkurrenz gang und gäbe ist.

Claus-Peter Offen formuliert mit Nachdruck, Gewinnmaximierung sei für ihn nicht das Höchste. Vielmehr strebe er danach, dass die Reederei für sämtliche Mitarbeiter als sehr soziales Unternehmen gelte. »Eine Vokabel wie Shareholder Value wäre in diesem Hause ein Fremdwort«, stellt der Alleineigentümer fest.

Gegenüber dem Anfangsjahrzehnt, als der Reeder von der ITF unter Druck gesetzt wurde, hat sich allem Anschein nach einiges verändert. Er kann es sich leisten, muss es aber auch, denn seine wachsende Flotte benötigt zuverlässiges, gut ausgebildetes und hochmotiviertes Personal, und dieser Markt unterliegt einem harten Wettbewerb. Zur Besetzung der Schiffsführung kämpfen die Reedereien geradezu um deutsche Offiziere. In ausreichender Zahl sind sie nicht zu finden, sodass für Offen heute neben 400 deutschen auch 300 polnische Offiziere arbeiten. Allem Anschein nach ist es für Deutsche nicht attraktiv genug, bei einem Jahresgehalt von 88 500 Euro als Kapitän auf einem Containerfrachter Dienst zu tun. Warum? Vor allem ist die zeitliche Belastung auf dem schwimmenden Arbeitsplatz beträchtlich. Auf viereinhalb Monate Arbeit am Stück folgen bei Offen zweieinhalb Monate Urlaub. Der Turnus variiert je nach Reederei. Wegen dieser Rhythmen ist eine Stelle anderthalbfach zu besetzen, wodurch die Knappheit an deutschem Führungspersonal noch weiter steigt. Claus-Peter Offen weiß um die persönlichen Befindlichkeiten seiner Offiziere, die zum Teil nur schwer mit der Abwesenheit von ihrer Familie zurechtkommen, wenn sie kleine Kinder haben. Je älter der Nachwuchs ist, desto einfacher werde es.

Offen zahlt seinen deutschen Kapitänen nach eigener Einschätzung »keine Pilotengehälter«, aber doch »ganz ordentlich«. In der Tat bewegt er sich damit im oberen Gehaltssegment der Reedereien. So erhält ein osteuropäischer Kapitän auf einem unter zypriotischer Flagge oder der von Antigua und Barbuda fahrenden deutschen Containerfrachter mit 5000 bis 6000 Dollar monatlich deutlich weniger.

Im Containerschiffbau hatten die Deutschen noch Ende der achtziger Jahre Standards gesetzt. Die ersten mit 38,5 Meter Breite über die Panmax-Größe hinausgehenden Containerfrachter wurden bei Werften wie Bremer Vulkan und HDW gebaut. Ihr Abnehmer war die American President Line, die ab 1988 fünf der 4400-TEU-Frachter im Transpazifikdienst einsetzte. Mit dieser Leistung konnten die Deutschen nicht lange glänzen, denn wenig später begann die Dominanz der Konkurrenz in Ostasien. Sie baute immer größer dimensionierte Schiffe zu einem attraktiveren Preis, wobei die Qualität kontinuierlich Fortschritte machte. Dadurch büßten die Werften in Bremen, Kiel und den anderen deutschen Standorten beim Containerschiffbau an Konkurrenzfähigkeit ein. Ihnen fuhr der Zug vor der Nase weg, sodass sie den Trend zu größeren Kapazitäten nicht mehr bedienen konnten. Es blieben die kleineren Feederschiffe oder Panmax-Frachter bis um die 3500 TEU. An diesem Status hat sich bis heute kaum etwas geändert.

Über lange Jahre schätzte Claus-Peter Offen die Containerschiffe deutscher Produktion sehr. Er war einer der wichtigen Kunden der Werften. Doch das musste auch bei ihm nicht so bleiben. Die Kosten-Nutzen-Relation war ausschlaggebend. 1999 stellte Offen in einem Interview mit der Tageszeitung *Die Welt* nüchtern fest: »Wir Reeder ordern dort, wo der Preis, die Qualität und der Liefertermin stimmen.« Bei den vielfach auf dem Zahnfleisch gehenden deutschen Werften stieß natürlich sauer auf, dass etwa Jochen Döhle und Bertram Rickmers im Sommer 2000 einen Gemeinschaftsauftrag mit einem Volumen von 450 Millionen Dollar über zehn schnelle Panmax-Frachter nach Polen vergaben. Döhle begründete dies mit dem günstigen Preis und der zügigen Ablieferung. Solche Termine habe keine deutsche Werft garantieren können. Hinsichtlich der Qualitätsstandards fertigen mittlerweile vor allem die Südkoreaner den

Mercedes unter den Schiffen, und das in einer größeren Dimension als der deutsche Schiffbau. Heute ist Claus-Peter Offen davon überzeugt, dass die höchste Qualität bei Samsung und Daewoo gebaut wird. In Südkorea wurden vor über dreißig Jahren gigantische Werften aus dem Boden gestampft oder die bestehenden massiv vergrößert, mit staatlicher Förderung. Der Aufholprozess der koreanischen Schiffbauer verlief beeindruckend; sie überholten sogar die japanischen Rivalen. Der Boom im Schiffbau an der asiatischen Pazifikküste ist unübersehbar. Heute entstehen bereits sechzig Prozent der Neubautonnage auf koreanischen und chinesischen Werften. Ein Sonderfall ist Mærsk, dem größten Schifffahrtsunternehmen der Welt, zu verdanken: Die Dänen verfügen auf der konzerneigenen Odense Staalskibsværft über ein 415 Meter langes Dock und Kapazitäten für die Serienfertigung. Acht Schiffe der »E-Klasse« wie letztens die *Edith Mærsk* wurden hier innerhalb weniger Jahre gefertigt. Niemand sonst in Europa ist in der Lage, Containerfrachter in dieser Dimension zu bauen.

Die Schiffe der nächsten Generation werden aber fast ausschließlich aus Südkorea kommen: In Ulsan, Busan, Okpo und Koje sind die Werften der Industriekonzerne Hyundai, Hanjin, Daewoo und Samsung angesiedelt. Sie sind aufgrund ihrer Baudocks in der Lage, Aufträge für mehrere New-Panmaxe gleichzeitig in Angriff zu nehmen. Um die sich abzeichnende Nachfrage der kommenden Jahre nach Mega-Schiffen erfüllen zu können, ließ Hanjin die Großwerft Subic Bay auf den Philippinen aus dem Boden stampfen. An diesem Standort sollen unter anderem für die Reederei NSC acht 12 800-TEU-Frachter gebaut werden. Diese Anzahl ist für die Linienreedereien als Charterer ideal, denn mit acht Schiffen lässt sich ein Pendelverkehr auf den von Asien ausgehenden Hauptstrecken einrichten. Bei derartigen Neubauprojekten ist im Regelfall der Germanische Lloyd mit seiner technischen Expertise involviert. Schließlich ist der Hamburger Schiffs-TÜV führend bei der Berechnung komplexer Neukonstruktionen. Zudem betreut er rund 6000 Schiffe rund um den Globus mit seinen technischen Dienstleistungen.

Einen groß dimensionierten Frachter in Serie zu produzieren, ist für die Werft am rentabelsten, denn die mittleren Schiffssektionen können zügig in Modulbauweise gefertigt werden. Genau auf diese Massenfertigung ausgelegt ist die Kapazität der südkoreanischen Werften und künftig in verstärktem Maße auch der chinesischen. Gerade Letzteres erstaunt technisch versierte Insider wie den aus einer Schiffbauer- und Reederfamilie stammenden Thomas Harmstorf. Er bemerkt mit Respekt in der Stimme, dass die Chinesen vor zehn Jahren »nicht ein vernünftiges Schiff ohne deutsche Hilfe bauen« konnten. Heute aber sei das kein Problem mehr – und nicht wenige, wie Christian Hinneberg, erwarten in naher Zukunft eine chinesische Dominanz auf diesem Sektor. Deutsche Werften stellen derzeit rund siebzig Schiffe pro Jahr fertig. Mit dieser durchaus beträchtlichen Leistung liegt die Bundesrepublik im weltweiten Vergleich an vierter Stelle, hinter Korea, Japan und China. Mittlerweile entsteht solide Arbeit aber auch in Rumänien. In Mangalia am Schwarzen Meer lässt Daewoo einen selbst entwickelten 4900-TEU-Schiffstyp preisgünstig in Serie bauen, unter anderem für die deutsche Reederei NSB. Ein Kunde in Mangalia ist auch die Hamburger Werft Sietas. Sie bestellt komplette Rümpfe kleinerer Containerfrachter und führt an der Elbe die Ausrüstung und Fertigstellung auf höchstem Niveau durch. Diese arbeitsteilige Produktion rentiert sich, und vor Ort am Schwarzen Meer sorgt die Bauaufsicht des Auftraggebers für die Erfüllung der Qualitätsstandards.

Aufgrund der starken internationalen Nachfrage werden Massengutfrachter und Vollcontainerschiffe derzeit überall gebaut, wo es überhaupt freie Kapazitäten gibt oder wo diese geschaffen werden können. Somit führt die maritime Konjunktur auch zu einem globalisierten Konzert der Werften und wichtigen Zulieferer. Die eigentliche Musik spielt in der Massenfertigung von Großcontainerschiffen in Ostasien. Und deutsche Reedereien, allen voran die von Bertram Rickmers, Erck Rickmers, Jochen Döhle, Claus-Peter Offen, Bernd Kortüm sowie des erst Ende 2002 als Neuling ins Reedereigeschäft eingetretenen Roberto Echevarria, finanzieren mit ihren Aufträgen die Instrumente. Plastisch vor Augen geführt wurde dies dem langjährigen Chefredakteur des *Spiegel*, Stefan Aust, als er vor einigen Jahren in Ulsan an einer Schiffstaufe teilnahm. Auf den Werften Hyundai Mipo und Hyundai Heavy Industries werden Schiffe nebeneinander in der auch für die Auftraggeber kostengünstigen Serienfertigung gebaut. Somit hatte es etwas von einer Parade, an den imposanten Rümpfen der zahlreichen im Bau befindlichen Containerfrachter vorbeizufahren. Aust erfuhr dabei von seinen Begleitern, wie viele der Schiffe von deutschen Auftraggebern geordert worden waren: Diese hier sind für Döhle bestimmt, diese für Offen, jene für Rickmers … Der Journalist hatte den Eindruck, 27 von 30 Frachtern seien von den Hamburgern bestellt. Er wird sich nicht getäuscht haben. Und das Geschäft brummt weiter, dank der Aufträge aus Deutschland. Allein bei Hyundai Mipo hatte Claus-Peter Offen 20 Einheiten des über 1800 TEU fassenden *San-Alberto*-Typs geordert, die bis Ende 2008 abgeliefert werden sollten.

Größe ist nicht immer gleichzusetzen mit Stärke. Es stellt sich die Frage, welche Konsequenzen der massive Flottenausbau haben wird. Können all diese Schiffe wirtschaftlich befrachtet und betrieben werden? Jährlich kommen seit einigen Jahren bis zu zwölf Prozent der bereits vorhandenen Containertonnage hinzu. Schon vor dem Ende 2009 beginnenden Markteintritt der 13 000-TEU-Schiffe wird ein Plus von 50 Prozent der Tonnage innerhalb von nur 36 Monaten zu konstatieren sein. Wird dies nicht zwangsläufig zu einem Verfall der Charterraten führen, wodurch auch ältere Verträge zwischen Linienreeder und Vercharterer nachverhandelt werden müssten? Claus-Peter Offen macht sich dahingehend keine Sorgen. Er vermag keine gravierenden Überkapazitäten im Markt zu erkennen. Warum? CPO ist ein alter Hase im Geschäft und zählt in sachlichem Ton die Gründe gegen jegliche Skepsis auf: Pro Jahr wächst die Nachfrage nach Containertonnage weltweit um etwa ein Zehntel. Zusätzlich führt die wegen hoher Schwerölkosten branchenweit praktizierte verlangsamte Fahrt – Stichwort »Slow Steaming« – zu einem Mehrbedarf an Schiffen, um die abzufertigende Fracht zu bewältigen. Dann binden die lästigen Wartezeiten vor Häfen und Kanalpassagen Kapazität. Und schließlich entzieht das jüngst von bemerkenswert hohen Frachtraten gekennzeichnete Bulker-Geschäft der Containerfahrt weitere Schiffe. Eine ganze Anzahl sogenannter Container-Bulker, also Schiffe, die sowohl Massengut als auch Container laden können, transportiert derzeit keine Stahlboxen mehr. Da zudem auch noch ältere Frachter abgewrackt werden, kann der Container-schiffsmarkt nach Offens Ansicht jährlich bis zu 14 Prozent an neuer Tonnage problemlos vertragen. Das bewog ihn dazu, den Ausbau der Kapazität seiner Flotte von derzeit 450 000 TEU auf knapp 750 000 in Angriff zu nehmen. Damit will der sympathisch wirkende Hanse-at nichts weniger werden als der weltgrößte Einzelanbieter von Con-tainertonnage. Auch wenn das sehr ambitioniert klingt, stünden da-hinter maximal doch nur wenige Prozent der dann auf dem Globus eingesetzten Charter-Kapazität. Es ist alles eine Frage der Relation.

Claus-Peter Offen sagt, einen Wahlspruch habe er eigentlich nicht. Aber er handle nach der Maxime »Leben und leben lassen«. Das klingt nicht nach harter Konkurrenz im Kampf um Marktanteile und Charterverträge. Aber Offen und seine Leute können sich durch-setzen. Für seinen immensen Aufstieg zu einem der führenden Köpfe in der deutschen Reeder-Elite benötigte CPO etwas mehr als drei Jahrzehnte. Ausschlaggebend war dafür nicht die Herkunft aus einer Reederfamilie, denn das Unternehmen seines Vaters war bereits lange vor seiner Selbständigkeit liquidiert. Von der väterlichen Ree-derei Emil Offen blieb nur das Hanseatenkreuz, das der Sohn für sein blau-weißes Firmenlogo abwandelte. Wesentlich wichtiger für Offens Erfolg war das Talent im Umgang mit Finanzen und Wäh-rungsschwankungen, die in der Schifffahrt, mit dem U.S.-Dollar als Leitwährung, von hoher Bedeutung sind. Am Anfang, 1971, hatte er einige Schecks der Hamburger Landeszentralbank in der Hand, um den kleinen Frachter *Annie Hugo Stinnes* zu ersteigern. Damals war von dem Potenzial des Reeders noch nicht viel zu ahnen, aber er wirkte vertrauenswürdig auf Banken und Anleger. Heute schließt Offen Verträge über 23 Mega-Containerfrachter ab, aber keines der vielen von dem Familienunternehmen bereederten Schiffe gehört ihm auch, da er nur zu einem gewissen Teil mit eigenem Kapital in die Finanzierung einsteigt. Die über Jahre benötigten Milliarden-beträge stellen die auf Schiffsfinanzierung spezialisierten Kredit-institute und Emissionshäuser zur Verfügung, zum mehrseitigen Nutzen. Der daran ablesbare Aufstieg Claus-Peter Offens ist keine alltägliche Hamburger Geschichte, aber sie passt an diesen Ort. Zwi-schen Alster und Elbe ist sie authentisch.

Ohne uns, ohne die Container-Schifffahrt,
gibt es keinen Welthandel.

MICHAEL BEHRENDT

Linienreedereien – die Charterer

Im Verlauf
des Jahres 2004 kletterten die Charterraten für Containerschiffe un-
widerstehlich nach oben, sodass nicht wenige Reeder zum Jahres-
wechsel die Champagnerkorken knallen lassen konnten. Schließlich
unterzeichneten zahlreiche Linienreedereien zu jener Zeit Charterverträge über vier bis fünf Jahre und sicherten den Trampreedern
Traumrenditen. Die Tagescharter für einen Frachter von 2750 TEU
hatte sich mit bis zu 38 000 Dollar verdoppelt. Es ging sogar noch
eine Zeitlang weiter aufwärts, aber im März 2005 wurde der historische Höchststand erreicht. Nach einigen leichten Abwärtsbewegun-
gen kam es ab Sommer des Jahres zum jähen Absturz der Raten. Bis
Jahresende 2005 waren es dreißig bis vierzig Prozent. Die Nachfrage
nach Tonnage war innerhalb weniger Monate radikal eingebrochen.
Solche konjunkturellen Achterbahnfahrten erscheinen schmerzvoll
für die beteiligten Reeder, Finanzdienstleister und Anleger, sie sind
es aber nur auf den ersten Blick.

Der HARPEX genannte Index des den Rickmers-Brüdern gemeinsam gehörenden englischen Befrachtungsmaklers Harper Petersen zeichnet die Fieberkurve der Entwicklung nach: Anfang des Jahres 2004 stand er bei 1089 Punkten, am Ende des ersten Quartals
von 2005 bei 2183, dann ging es bis Jahresende auf 1270 hinunter.
Dieser Verlauf der Charterraten ist nicht dramatisch für die Rentabilität, sondern in mittelfristiger Betrachtung ein für die Tonnage-
Supplier zufriedenstellendes Ergebnis. Warum? Zu Jahresbeginn
2002 verzeichnete der HARPEX nur 515 Punkte. Das war die Tal-

139

sohle in der generell von zyklischen Geschäftsverläufen charakterisierten maritimen Industrie. In der Gesamtbetrachtung haben sich die Zeitcharterverträge für die Reeder in der Containerfahrt gut bis sehr gut entwickelt. Die Kehrseite der Medaille erleben allerdings die wichtigsten Geschäftspartner der Charterer, die Linienreedereien. Während die Charterraten hoch blieben, gingen die Frachtraten herunter und beeinträchtigten die Umsatzerlöse zum Teil erheblich.

Für 2,3 Milliarden Euro übernahm Marktführer Mærsk Mitte des Jahres 2005 die drittgrößte Linienreederei der Welt, P&O Nedlloyd, um damit die eigene Führungsposition weiter auszubauen. P&O ging als Unternehmen komplett in Mærsk auf, sodass der traditionsreiche Name von den Meeren verschwand. Nunmehr befindet sich bald ein Fünftel der globalen Containertransportkapazität auf Schiffen der Dänen. – Eins plus eins ist aber nicht immer zwei, hieß es bald darauf in der Wirtschaftspresse, denn der Kopenhagener Vorzeigekonzern hatte mit der Integration des bisherigen Konkurrenten arge Probleme. Als P&O ein Jahr nach der Übernahme in den Mærsk-Bilanzen voll konsolidiert wurde, sackte das Ergebnis der Containersparte des Mischkonzerns kräftig ab: Aus 7,7 Milliarden Dollar plus wurden 3,4 Milliarden minus. Für das Geschäftsjahr 2006 verschlechterte sich das Ergebnis von Mærsk, einem Firmenkonglomerat, das auch mit Supermarktketten, dem Bankgeschäft und der Förderung von Erdöl und Gas in der Nordsee Geld verdient, um schmerzliche 700 Millionen Dollar. Sah so die Quittung für schlechtes Management und überzogene Hoffnungen aus? Der Ärger war groß in Kopenhagen, vor allem beim Unternehmenspatriarchen Mærsk Mc-Kinney Møller. Mit spitzer Feder schilderte das *Manager Magazin* anlässlich des 94. Geburtstags des Seniors im Sommer 2007, dieser habe seinen Vorstandchef in die Wüste geschickt. »Herr Møller«, wie er in seiner Kopenhagener Konzernzentrale genannt wird, ist der vermögendste und einflussreichste Däne – außerhalb der Regierung und des Königshauses. Eigentlich hält er sich schon seit langem aus dem operativen Geschäft seines Lebenswerks heraus. Nun aber ersetzte er den langjährigen ersten Mann Jess Søderberg gegen einen Branchenfremden: Der Chef der europaweit agierenden Carlsberg-Brauerei, Nils S. Andersen, übernahm zum Jahresende die Leitung des Konzerns.

Wie bei Fusionen von Großunternehmen gern verkündet, hatte Mærsk von der P & O-Integration lohnende Synergieeffekte erwartet. Der Zugewinn an moderner Tonnage und zahlreichen Liniendiensten mitsamt angestammter Kunden war in der Tat verlockend. Doch die Hoffnungen auf schnelle Resultate trogen. Weltweit agierende Containerreedereien sind hochkomplex organisierte Unternehmen, gerade wegen der firmenspezifisch gestalteten Logistikprogramme, die die punktgenaue Verteilung Hunderttausender Container gleichzeitig zu steuern haben. Da der Anpassungsprozess der unterschiedlichen Systeme von Mærsk und P & O nicht reibungslos lief, sondern infolge des Austauschs von Führungskräften zu erhöhtem Stress und vielen Störungen führte, wurden zahlreiche Frachtkunden verärgert. Es kam sogar dazu, dass einige von ihnen zu konkurrierenden Linienreedereien wechselten. Bei internationalen Firmenzusammenführungen sind aber auch unterschiedliche Unternehmenskulturen in den jeweiligen Ländern von Belang. P & O Nedlloyd selbst war aus Fusionen in den Niederlanden und England entstanden, wobei es schon Probleme gegeben hatte. Es erfordert einige Zeit, bis nationale Vorbehalte abgebaut sind, denn die Vorstellung, plötzlich von einem ehemaligen Konkurrenten aus dem Ausland geführt zu werden, empfinden viele Führungskräfte und Mitarbeiter als belastend. All dies musste Mærsk bei der ab Sommer 2005 erfolgten Integration beachten und bewältigen.

Die Entscheidung der Dänen, nicht nur organisch mittels Erweiterung des eigenen Geschäfts, sondern durch Übernahmen zu wachsen, hat sich in der Vergangenheit mehrfach als richtig erwiesen. Das ökonomische Kalkül dominiert bei solchen kostspieligen Operationen, aber auch die emotionale Ebene ist nicht zu unterschätzen, wenn ein Konkurrent geschluckt wird: 1999 hatte Mærsk nach mehrjähriger Kooperation die amerikanische Reederei Sea-Land übernommen. Dies kam einem besonderen geschäftlichen Ereignis gleich, denn Sea-Land war die Gründung von Malcom McLean, dem amerikanischen Pionier des Containertransports. Sein Unternehmen hatte die Frachtschifffahrt von Grund auf verändert; es war die Keimzelle der durch die standardisierten Boxen ermöglichten globalen Logistikrevolution. Einige Jahre lang befuhren Schiffe mit der Aufschrift »Mærsk-Sealand« die Meere. Im Mai 2001 verstarb Malcom McLean im Alter von 87 Jahren in New York. Es dauerte nicht lange, bis der im selben Jahr wie der Amerikaner geborene Mærsk Mc-Kinney Møller den Namen der amerikanischen Reederei vom Markt verschwinden ließ. Fortan gab es nur noch den Schriftzug »Mærsk« auf den Bordwänden der türkisblau lackierten Frachter. Für einen Unternehmer wie Møller war die völlige Integration von Sea-Land ein Triumph.

Bereits damit war aller Welt vor Augen geführt, dass in Nordeuropa nicht die Schüler, sondern die Meister von heute und morgen saßen. Durch die 2005 erfolgte Einverleibung von P&O baute die dänische Reederei ihre Führungsposition nachhaltig aus, denn MSC bringt es als Nummer zwei auf nur etwa die Hälfte der Kapazität. Nach Überwindung der anfänglichen Schwierigkeiten wird sich der Tonnagezuwachs positiv für die restrukturierte Containersparte von Mærsk auswirken. Davon ist beispielsweise Axel Schroeder vom Hamburger Emissionshaus MPC Capital als aufmerksamer Beobachter der Branche überzeugt.

Dass Wachstum durch Firmenübernahmen nicht reibungslos vonstatten geht, musste auch der deutsche Branchenprimus Hapag-Lloyd erleben. Einige Jahre lang, von 1976 bis 1983, war das Hamburger Unternehmen die größte Containerschiffsreederei der Welt. Aber in dem durch forcierte Entwicklungen charakterisierten Geschäftsfeld ging die Spitzenstellung schnell verloren. Aufgrund von organischen Zuwächsen und durch Fusionen überflügelte die Konkurrenz Hapag-Lloyd deutlich. Im Frühjahr 2004 rangierte die Hamburger Traditionsreederei sogar nur auf dem 14. Platz. Anderthalb Jahre später aber, im Sommer 2005, nutzte sie die Chance zum erneuten Vorstoß in die Spitzengruppe: Die Tochter des TUI-Konzerns erwarb die britisch-kanadische CP Ships, die auch Mærsk vor der Entscheidung zum Kauf von P&O interessant erschienen war, und etablierte sich als Nummer fünf der Linienreedereien.

Einige nennen Hapag-Lloyd, deren Schiffe einen schwarzen

Rumpf haben und deren Offiziere elegant wirkende schwarze Uniformen tragen, die »Reederei Gottes«. Sie vollzog im Jahr 2006 die Integration der Flotte von CP Ships unter dem Namen Hapag-Lloyd Canada. Die Übernahme kostete 1,7 Milliarden Euro, was die Jahresbilanz wie bei Mærsk empfindlich drückte. Für die Akquisition hatte Hapag-Lloyd eine Kapitalerhöhung vornehmen müssen und zudem ihre Anteile am Germanischen Lloyd verkauft. Beim »GL«, wie der Schiffs-TÜV in der Branche genannt wird, rief dies Enttäuschung und sogar Turbulenzen hervor: Eine feindliche Übernahme drohte durch den französischen Konkurrenten Bureau Veritas. Abgewehrt wurde dies durch einen Hamburger Deal: Der Milliardär Günter Herz und seine Schwester Daniela traten kurz vor Weihnachten 2006 als »Weiße Ritter« in Aktion und übernahmen mehr als 50 Prozent der Aktien des Germanischen Lloyd für 575 Millionen Euro, um die Ambitionen der hier ungeliebten Franzosen zu verhindern.

Hapag-Lloyd trennte sich bei der CP-Ships-Übernahme von einigen Frachtern und Terminalbeteiligungen in Montreal sowie von weltweit 2000 Mitarbeitern der Reederei. Den eigentlichen Wert der Fusion machte aus, dass einträgliche Liniendienste und Kunden hinzukamen, was die weltweite Präsenz verstärkte. Das Ranking der Größten hat bis heute Bestand: Unangefochten an der Spitze steht Mærsk, deren Containerfrachter im Jahr 2006 einen Umsatz von etwa 16 Milliarden Euro machten. 550 Schiffe zählt die Flotte, mit Stellplätzen für mehr als 1,9 Millionen TEU. Niemand bewegt mehr Container um den Globus. Die Dänen können sich rühmen, permanent Waren im Wert von drei Prozent des weltweiten Bruttosozialprodukts auf ihren Schiffen zu bewegen. Auf Mærsk folgt die in Genf ansässige Mediterranean Shipping Company, MSC. Ihre sprunghafte Entwicklung erscheint wie ein Spiegelbild der innerhalb von drei Jahrzehnten global ausgeweiteten Containerschifffahrt: 1970 erwarb der aus Neapel stammende Kapitän Gianluigi Aponte mit dem ererbten Geld seiner Ehefrau Raffaela ein erstes Schiff. Nichts deutete anfangs auf ein besonderes Potenzial hin. Der Hamburger Schiffsmakler Peter Gast erinnert sich noch gut daran, wie Aponte damals einige betagte Frachter kaufte, unter anderem von der in Auflösung befindlichen Globus-Reederei. Doch der Italiener kalkulierte effektiv, indem er das Containergeschäft ausschließlich mit preiswerten Second-hand-Schiffen betrieb. Erst ab Mitte der neunziger Jahre leistete sich seine stark expandierende Reederei neue Frachter. Heute bedient MSC – deren wichtigster Containerhafen Antwerpen ist – 270 Häfen mit 170 Liniendiensten. Über 340 eigene und gecharterte Schiffe mit mehr als 1,11 Millionen TEU sind im Einsatz. Obgleich die Containersparte operativ von seinem Sohn Diego Aponte geführt wird, zieht der 68-jährige Gründer weiter die Fäden in dem Familienunternehmen. Der Erfolg ist sein Lebenswerk wie bei Mærsk Mc-Kinney Møller.

An dritter Position der Linienreedereien rangiert die in Marseille ansässige französische CMA CGM. Sie ging aus den beiden wichtigsten Schifffahrtslinien Frankreichs hervor, die Jacques Rodolphe Saadé 1999 zusammenführte. Davor hatte der aus dem Libanon stammende Reeder über zwanzig Jahre an der Spitze der Compagnie Maritime d'Affrètement gestanden. Nach der Fusion seines Unternehmens mit der »French Line« genannten CGM, die seine unternehmerische Leistung krönte, wurde die Kapazität der Flotte innerhalb eines halben Jahres um vierzig Prozent vergrößert. Heute hat die weiterhin von ihrem 1937 geborenen Gründer gelenkte Reederei knapp 370 Schiffe mit etwa 700 000 TEU in Fahrt. Saadé tritt gelegentlich an prominenter Stelle öffentlich in Erscheinung. So gehörte der Chef von CMA CGM zu der Wirtschaftsdelegation, die Staatspräsident Nicolas Sarkozy auf seinen offiziellen Besuchen in Marokko und China begleitete. Das hat gute Gründe, denn in Tanger und in Xiamen ist die größte französische Containerschiffsreederei beim Bau von Terminal- und Hafenanlagen mit beträchtlichem Einsatz engagiert.
In seinem siebzigsten Lebensjahr wurde Jacques Saadé von der Académie de Marine en France und in Ägypten geehrt, unter anderem, weil er den Seehandel arabischer Staaten mitentwickelte. Dass der einflussreiche Vorzeigeunternehmer zu höchsten Leistungen fähig ist, belegen seine im Jahr 2007 bestellten Neubauaufträge: 30 Frachter über 11 000 TEU ließ er für seine Marseiller Reederei ordern; davon entfallen 13 sogar auf die 13 000er-Klasse. Innerhalb von vier Jahren sollen diese neuen Schiffe in Fahrt sein. Selbstbe-

wusst betont der Reeder im Editorial seines *CMA CGM Group Magazine*, was auch seine Hamburger Partner immer wieder vorbringen: In Europa müssen die Hafen- und Terminalanlagen konsequent ausgebaut und an die Dimensionen der alsbald kommenden großen Frachter angepasst werden, um den Anforderungen globaler Logistik zu entsprechen. Sonst gerate alles ins Stocken. Saadé gibt sich dabei allerdings konziliant: Zur Politik seines Unternehmens gehöre es, umweltverträglich zu agieren. Daher befürworte es auch den ergänzenden Containertransport per Bahn, womit beispielsweise der »intermodale« Zugtransport von italienischen Hafenstädten nach Norden gemeint ist. Symptomatisch ist hieran, dass die großen Linienreedereien seit Jahren schon in verschiedenen Ländern in Terminals und in Hinterlandverkehre investieren. Sie diversifizieren dabei ihre Geschäftsfelder und verschaffen sich gleichzeitig Vorteile gegenüber Konkurrenten, die nicht über eigene Umschlagsanlagen oder intermodale Transportsysteme verfügen.

Mit deutlichem Abstand auf die Südfranzosen folgt als Nummer vier der Welt ein asiatisches Unternehmen, die Evergreen Line aus Taiwan. Diese Linienreederei ist 1968 von Yung-Fa Chang gegründet worden. Nach verschiedenen Reederei-Übernahmen, unter anderem durch die Privatisierung der führenden italienischen Linie Lloyd Triestino, verfügt Evergreen heute über mehr als 150 Frachter mit einer Kapazität von etwa 560 000 TEU. Charakteristisch für das Unternehmen aus Taipeh ist, dass es hohe Standards hinsichtlich der Ausbildung und der Umweltschonung ansetzt. Bis heute liegt Evergreen, ebenso wie die drei größeren Linienreedereien, in privater Inhaberschaft. In der Summe ist das ein für die globalisierte Wirtschaft erstaunlicher Befund: Mehr als ein Drittel der weltweit operierenden Containerschiffe werden von vier in privater Hand befindlichen Linienreedereien dirigiert. Und einen erheblichen Teil ihrer Tonnage chartern sie von deutschen Reedern. Das ist bei der Hapag-Lloyd AG nicht anders. Sie ist Mitglied der 1998 gebildeten Grand Alliance. Zu diesem Containerschifffahrts-Konsortium gehören neben den Hamburgern die asiatischen Reedereien MISC, NYK und OOCL. Es tritt im Markt vereint auf, um Frachtraten und andere wesentliche Konditionen zu verhandeln. Anfang 2008 gaben die Konkurrenten Mærsk und Evergreen bekannt, auf der Rennstrecke Asien–Europa zu kooperieren, was vor allem die Entladung ihrer Schiffe in den für sie reservierten Terminals anbelangt: Freie Liegeplätze, Slots genannt, werden dem Partner angeboten. Diese Zusammenarbeit nützt den Großen. Bei den Kunden aber, deren Fracht auf den Schiffen transportiert wird, trifft sie zwangsläufig auf wenig Gegenliebe.

In den vergangenen Jahren hat sich unter den Linienreedereien die Tendenz zur Konzentration beschleunigt. Sie ist Teil des Strukturwandels der Branche, der vom Drang nach immer mehr Größe charakterisiert ist: Gigantische Schiffe, Allianzen und Fusionen unter den Reedereien – wohin wird das führen? Entsteht am Ende gar ein marktbeherrschendes Konsortium? Eine solche Monopolisierung hätte gravierende Konsequenzen: Nicht nur die Frachtkunden und Hafenbetreiber, sondern auch die Trampreeder schätzen es, mit mehr als einem Anbieter am Tisch zu sitzen. Gäbe es nur einen Geschäftspartner, dann könnte dieser die Charter zu Lasten der auf das Chartergeschäft ausgerichteten Reedereien wie Döhle, Offen und Rickmers empfindlich drücken und zudem auf der anderen Seite die Frachtraten anheben. Dieses Risiko ist natürlich auch den in der Schiffsfinanzierung maßgeblichen Banken bewusst. Sie sehen Probleme bei den New-Panmax-Schiffen voraus, denn wenn nur zwei oder drei Linienreedereien weltweit diese Riesen einsetzen wollen, so könnten sie durch Absprachen die Charterraten in dem neuen Segment auf ein Maß drücken, das für die Eigner unrentabel wäre. Dadurch wiederum würde das ganze Geschäftsmodell für Anteilseigner, Emissionshäuser und Banken in Frage gestellt.

Bislang gab und gibt es noch starke Konkurrenz unter den Linienreedereien, die auch ungeplante Folgen haben kann: Dem großen Angebot an Tonnage hatten Anfang 2006 einige Linienreedereien mit niedrigeren Frachttarifen begegnen wollen, was eine Kettenreaktion auslöste. Es kam zum allgemeinen Verfall der Frachtraten, was die Verlader begrüßten und die Charterer belastete. Bei gleichzeitig steigenden Schwerölkosten geriet das Geschäft in Schieflage. Beispielsweise schrieb Hapag-Lloyd im ersten Halbjahr 2006 mit 78 Millionen Euro minus rote Zahlen. Die Hamburger überwanden alsbald diese Talsohle und konnten im Folgejahr knapp 200 Millionen erlösen, bei einem etwas geschrumpften Umsatz in Höhe von 6,2 Milliarden Euro.

Der Wettbewerb auf See bleibt von zentraler Bedeutung, denn er reguliert den Markt. Durch die verstärkte Konzentration bei den Linienreedereien hätten auch die Häfen Verluste zu fürchten. Sie sitzen in einer Zwickmühle, denn die meisten ihrer Terminals werden mit zum Teil milliardenschweren Investitionen aus den Kassen der öffentlichen Hand den Anforderungen der gegenwärtigen oder auch schon zukünftigen Containerschifffahrt angepasst. Träfe nun eine große Linienreederei die Entscheidung, ihre Fracht nicht mehr am Ort A, sondern im nahe gelegenen Hafen B laden oder löschen zu lassen, fielen wichtige Umschlaggebühren weg. Das würde die Wirtschaftlichkeit der Investitionen in die Infrastruktur in Frage stellen und die maßgeblichen Entscheider in der Politik unter Druck setzen.

Einen Teil dieses Szenarios musste Hamburg bereits vor wenigen Jahren erleben, als der Weltmarktführer Mærsk beschloss, seine Frachter nicht mehr an der Elbe, sondern in Bremerhaven anlegen zu lassen, nachdem ihm eine Beteiligung am Terminal Altenwerder abgeschlagen worden war. An der Weser hat der halbstaatliche Hafenbetreiber Eurogate die Dänen mit offenen Armen aufgenommen. Warum? Einerseits natürlich, weil deutsche Containerhäfen miteinander konkurrieren. Andererseits aber auch, weil die Dänen über ein Joint Venture mit Eurogate in die Finanzierung der teuren Terminallogistik einstiegen. Dank einer 50:50-Beteiligung hat Mærsk nun »Dedicated Terminals« auf dem nördlichen Teil des Bremerhavener Containerhafens. Dort werden die Mærsk-Schiffe bevorzugt abgefertigt. Die Beteiligung einer Linienreederei an einem deutschen Terminal ist keineswegs ein Einzelfall. So hat auch die weltweite Nummer zwei mit dem »MSC-Gate« ein eigenes Standbein in Bremerhaven. Im Ausland ist das gang und gäbe. Obwohl der Hamburger Hafen mit Mærsk einen gewichtigen Kunden verlor, machte dies im Ergebnis kein Problem, denn die freien Kapazitäten auf den Terminals nutzten umgehend andere Linienreedereien. Hamburg ist eben ein lohnendes Ziel für viele Dienste auf der Container-Rennstrecke von Asien nach Europa. So ließ sich die Abwanderung von

Mærsk zum Erzrivalen Bremerhaven verschmerzen. Hätte aber Mærsk nicht nur wie derzeit zwanzig Prozent der weltweiten Containerschiffstonnage in der Hand, sondern nach weiteren Reederei-Übernahmen noch größere Marktmacht, dann kämen Häfen wie Hamburg zweifelsohne in Bedrängnis.

In der Containerschifffahrt wachsen nicht nur die Schiffsgrößen und die TEU-Umschlagzahlen auf den Terminals über das hinaus, was noch vor wenigen Jahren als plausible Obergrenze eingeschätzt worden ist. Auch die Konzentrationsbewegung unter den Linienreedereien führt zu sprunghaften Veränderungen unter den Marktbeteiligten, die mitunter eine zügige Anpassung der strategischen Unternehmensplanung erfordern. So vercharterten Offen und andere Hamburger Reedereien über lange Jahre einen guten Teil ihrer Schiffe an P&O, die damalige Nummer zwei der Linienreedereien, bis Mærsk den Konkurrenten schluckte. Das Geschäft ist stets im Fluss, auf allen Ebenen. Dem entspricht eine kritische Selbsteinschätzung Thomas Harmstorfs. Er meint, man könne in der Schifffahrt trotz aller Erfahrung schnell »den Zug verpassen«. Auch bei gegenwärtigem Erfolg dürfe der Reeder »nie selbstgefällig sein«, sondern müsse stets mit hoher Sensibilität die Veränderungen des Marktes analysieren. Es ist naheliegend, dass daraus fortwährender Druck entsteht. Konsequenterweise beobachten sich die Reedereien gegenseitig, etwa bei Insidergesprächen in ihren Netzwerken, bei Fachtagungen und Messen oder anhand von Veröffentlichungen. So bieten die Angaben aus den Orderlisten der Werften, die die Fachpresse offeriert, einen Spiegel der künftigen Größenentwicklung der Reedereien. In ihren Zentralen werden die Datenbanken von Lloyd's Register sowie die Branchenmitteilungen in *Maritime Hotline, Lloyd's List, Hansa, Schiff & Hafen* oder dem *Täglichen Hafenbericht* aus Hamburg aufmerksam verfolgt. Es heißt zu Recht, die Reeder würden nur ungern öffentlich oder vor Journalisten über ihr Geschäft sprechen. Dennoch ergibt sich aus den verschiedensten Quellen eine Fülle detaillierter Informationen und damit eine gewisse Transparenz.

Die Aktienmehrheit des Mærsk-Konzerns befindet sich im Besitz der Gründerfamilie. Mærsk Mc-Kinney Møller, der erst im Alter von

90 Jahren vom Aufsichtsratsvorsitz zurücktrat, aber immer noch maßgeblichen Einfluss im Konzern ausübt, gibt keine Interviews über geschäftliche Ziele. Sehr zurückhaltend sind auch die Hamburger Reeder mit Beurteilungen über Møller und die anderen Inhaber der großen Linienreedereien. Nachvollziehbar ist das vor dem Hintergrund, dass eine ganze Reihe von ihnen Tonnage an Mærsk, MSC, CMA CGM und Evergreen verchartert. Wenn sich jemand äußert, dann ist zweierlei zu vernehmen: Bertram Rickmers etwa schätzt, genau wie sein Bruder Erck, die Alleineigentümer als Verhandlungspartner. So können diese kraft ihrer Position umgehend entscheiden, was bei termingebundenen Abläufen Nerven, Zeit und Geld spart. Demgegenüber agieren Management-geführte Reedereien weniger schnell. Bei ihnen müssen Entscheidungen intern im Vorstand abgestimmt werden. Mit Eigentümern verhandelt es sich effektiver, so Rickmers. Neben dieser Äußerung über die mächtigen Inhaber der Linienreedereien wird unter den Trampreedern mit Anerkennung nicht gespart. Vor allem über Mærsk wird in Hamburg voller Respekt gesprochen. Schließlich erscheint das immens gewachsene Leistungspotenzial des dänischen Konzerns im Frachtgeschäft einmalig. Kritik wird nicht artikuliert, wenn es um Mærsk geht, und manche vermeiden sogar jedwede Äußerung. Das geschieht nicht nur aus Höflichkeit, die international tätigen Geschäftsleuten zu eigen ist. Vielmehr scheint etwas Beklommenheit im Spiel zu sein, denn Mærsk hat Macht. Nahezu alle deutschen Tonnage-Supplier müssen mit den Dänen kooperieren, und wenn deren Marktstellung stabil bleibt oder gar weiter wächst, wird niemand im Containergeschäft umhinkommen, sich mit ihnen zu arrangieren.

Mærsk Mc-Kinney Møller hat gegenüber Deutschen gewisse Vorbehalte, die aus der Zeit des Zweiten Weltkriegs herrühren. Kurz nachdem die Wehrmacht im April 1940 Dänemark besetzt hatte, gelang es dem damals 37-Jährigen, mit seiner Ehefrau nach New York auszuweichen. Von dort betrieb er die Handelsschifffahrt weiter, auch im Dienst der Amerikaner und Briten auf dem Atlantik. Infolge des Seekriegs ging der größte Teil der Møller-Schiffe verloren; 148 Seeleute starben. Damit war die bis dahin eher kleinere Reederei nahezu verschwunden – ein Trauma für die Inhaberfamilie, die auch um die auf See gebliebenen Männer trauerte. An die Toten erinnert noch heute eine bronzene Namenstafel im Eingangsbereich der Kopenhagener Firmenzentrale. Die Nöte und Dramen jener Zeit hat der Senior bis heute nicht vergessen. Die Politik des Unternehmens ist allerdings unabhängig von traumatisierenden Erfahrungen. So macht die Reederei auf allen Ebenen Geschäfte mit deutschen Partnern. Als aber das von Mærsk gestiftete prächtige Kopenhagener Opernhaus im Jahr 2000 feierlich eröffnet wurde, kritisierte der betagte Mäzen die Absicht des Intendanten, als Erstes Wagner aufzuführen, mit den Worten »en tysk opera?« – ausgerechnet eine deutsche Oper? Das mag eine Petitesse sein, die man lediglich am Rande registriert, aber es passt zu dem Bild, dass Mærsk eine Reederei mit Eigenheiten ist. So werden beispielsweise keine exakten Angaben publiziert, wie viel TEU die modernen E-Klasse-Schiffe maximal laden können. Die Reederei rechnet nach einem eigenen System und gibt um die 11 000 TEU an, während die Branche schätzt, dass es bis zu 14 500 sein mögen.

Bei einer so internationalen Branche mit ihren Vernetzungen und Kooperationen sind nationale Vorbehalte fehl am Platz. Konkurrenz gehört zur Schifffahrt, das steht außer Frage. Aber die Reedereien, Schiffsfinanzierer, Makler, Befrachtungsagenturen und ihre Kunden profitieren vom Wegfall der Grenzen und Handelsbeschränkungen, ja sie hängen essenziell davon ab. Die Linienreedereien schicken ihre eigenen oder die hinzugecharterten Schiffe fahrplanmäßig über die Meere. Ihren dabei erlangten, immens wichtigen Status hebt Hapag-Lloyds Vorstandsvorsitzender Michael Behrendt entsprechend selbstbewusst gegenüber dem Nachrichtenmagazin *Der Spiegel* im Januar 2008 hervor: »Ohne uns, ohne die Containerschifffahrt, gibt es keinen Welthandel.« Schon seit mehreren Jahrhunderten werden Waren und Produkte per Schiff zwischen den Kontinenten transportiert, aber nie war das Volumen so groß wie heute. Nie zuvor waren solche Werte auf dem Wasser unterwegs wie in der Gegenwart. Das an sich ist ein respektheischender Status, und die Containerisierung geht rastlos weiter. Deutsche Unternehmer und Geldgeber sind an dieser internationalen Entwicklung massiv beteiligt.

Wir waren auch unter deutscher Flagge
immer kosteneffizient.

Flaggenwahl – Personal
Wer nachvollziehen will,
wie viel Entwicklungspotenzial in der gegenwärtigen Containerschifffahrt steckt und welchen Status deutsche Reedereien dabei in-
nehaben, der sollte die von Karsten Kunibert Krüger-Kopiske veröffentlichte »Illustrierte Flottenliste der Containerschiffe im deutschen
Management« zur Hand nehmen. Die akribisch angefertigte Über-
sicht ist eine Momentaufnahme des Frühjahrs 2004. Viele in dem
Ranking der Reedereien enthaltene Angaben sind aufgrund der
sprunghaften Geschäftsentwicklung bereits überholt, aber zahlreiche Daten der Liste und die Analyse des Autors haben übergeordneten Aussagewert. So stellte Krüger-Kopiske fest, dass P&O Nedlloyd,
die Nummer zwei der Linienreedereien, im Jahr 2002 nur 17 Prozent
eigene Schiffe in Fahrt hatte. Der Großteil der 115 Frachter umfassenden P&O-Flotte war hinzugechartert, vornehmlich von deutschen Reedereien. Allein an diesem Beispiel ist die Bedeutung der
Chartertonnage anbietenden Trampreeder erkennbar. Eine wesentliche Aussage machte Krüger-Kopiske aber in Bezug auf das Schiffsregister: »Unter den führenden Flaggen auf den Weltmeeren ist
Deutschland schon lange nicht mehr zu finden.« 2002 rangierte die
Bundesrepublik nur auf dem 24. Platz der Flaggenstaaten; an obers-
ter Position standen Panama, Liberia und Griechenland. Diese Staaten bieten sogenannte offene Register an, in die Ausländer ihre
Schiffe gegen Gebühr eintragen können.

Der Sinn des Manövers ist für die Eigner vor allem einer: Kosten-
senkung. Wird beispielsweise ein deutsches Schiff in das Register

Liberias eingetragen, so ist die Bezahlung der Crew frei von deutschen Tarifen und Sozialabgaben. Die Personalkosten sinken infolgedessen deutlich. Im Jahr macht das mehrere hunderttausend Dollar pro Schiff aus, wodurch die Rentabilität des Frachters und damit die Rendite der Anleger steigt. Die Reeder betonen gar, dass sie allein damit ihre Wettbewerbsfähigkeit herstellen, denn die deutsche Abgabenlast sei viel zu hoch im internationalen Vergleich. Aber auch für Besatzungsmitglieder gibt es einen attraktiven Vorteil, wenn sie unter der »Billigflagge« Liberia arbeiten: Das Einkommen bleibt steuer- und abgabenfrei. Verständlich, dass nicht wenige deutsche Offiziere Monrovia als Heimathafen ihres schwimmenden Arbeitsplatzes schätzen.

Letztlich hat ein deutscher Reeder freie Hand bei der Entscheidung, wo er seinen Frachter einflaggen lässt. Die Wahl offener Register exotischer Staaten gehört seit langem zur üblichen Methode, die Gewinnspanne zu erhöhen. Bereits 1974 betonte der VDR, die Ausflaggung deutscher Tonnage käme der Produktionsstättenverlagerung gleich, die zahlreiche andere Branchen vornahmen, um im Ausland preiswerter zu produzieren. Diese Betrachtungsweise war schlüssig: Das Seeschiff als produktives Kapital erwirtschaftete unter der Flagge von Panama, Liberia oder der Bahamas höhere Gewinne, die die Rentabilität der Handelsschifffahrt trotz der nach dem Ölpreisschock von 1973 ständig steigenden Bunkerkosten und verfallenden Frachtraten bewahrte. Der Exodus deutscher Schiffe aus den Registern der Bundesrepublik verlief allerdings so umfassend, dass nur noch ein geringer Prozentsatz unter bundesdeutschen Farben verblieb.

Letztlich ist es ein patriotischer Luxus, die deutsche Flagge am Heck eines Frachters zu führen. Es geht ums Geld, also vorwiegend um das eingebrachte Kapital der Anleger und den Eigenkapitalanteil der Reeder. Für sie ist es ein dauerhaftes Reizthema. Der 1935 geborene Reeder Dr. Heinrich Schulte wird diesbezüglich deutlich: »Der Vorzug, das deutsche Flaggentuch zu entfalten, kostet im Jahr 300 000 Dollar mehr. Warum sollte ich das mit Vorliebe tun?« Er begründet seine Abneigung dagegen nicht allein mit den Kosten, sondern auch mit dem Problem, einen deutschen Kapitän beschäftigen zu müssen, der kaum aufzutreiben sei. Nur »aus Korpsgeist« habe er zwei der 69 in Fahrt befindlichen Fracht- und Tankschiffe der Reederei Bernhard Schulte unter deutsche Flagge gebracht. Wenn ein Schiff im Ausland eingetragen ist, dann kommt kaum jemand von der Crew aus Deutschland. Überwiegend beschäftigen deutsche Reedereien Offiziere aus Mittel- und Osteuropa, während die übrige Mannschaft in Ländern Südostasiens rekrutiert wird. Favorit sind dabei die überwiegend sehr gut Englisch sprechenden Filipinos.

Die Flottenliste Krüger-Kopiskes informiert, mit dem Stand vom Frühjahr 2004, in verschiedenen Spalten über die in Fahrt befindlichen Containerfrachter deutscher Reedereien. Der Name des Schiffes, der Charterer, seine TEU-Kapazität und Maße, Maschinentyp und Geschwindigkeit, Baujahr und Werft gehen daraus hervor, ebenso der Heimathafen und eben die Flagge. Allein 47 Reedereien aus Hamburg sind hier aufgelistet, die Containerschiffe betreiben. Heino Behrmann steht mit einem 159-TEU-Frachter am Ende des Hamburger Kapazitäten-Rankings, Erck Rickmers mit 159 834 TEU auf 42 Schiffen an der Spitze. Davor ist nur die Buxtehuder NSB platziert, mit 259 431 TEU auf 76 Frachtern.

NSB ist hinsichtlich der Größe als Nummer eins mittlerweile durch Offen abgelöst worden. In einer Kategorie jedoch bleibt das Buxtehuder Unternehmen unangefochten an der Spitze: Seine Schiffe fahren zum größten Teil unter deutscher Flagge. Wenn man die übrigen Mitspieler damit vergleicht, entstehen Fragen, die nicht leicht zu beantworten sind: Leonhardt & Blumberg hatte Anfang 2004 45 Frachter in Fahrt. Beheimatet waren 41 davon im liberianischen Monrovia, vier Schiffe in Panama. Auch Bertram Rickmers unterhält 45 Einheiten: Deren Flaggenstaaten sind Liberia, Antigua und Barbuda, Marshall Islands sowie Luxemburg. Immerhin sechs Feeder und ein 4444-TEU-Schiff haben Hamburg als Heimathafen. Claus-Peter Offen betreibt einen Frachter weniger als sein Konkurrent Bertram Rickmers. Sechs davon führen die Flagge der Bundesrepublik, der gesamte Rest aber die von Liberia. Bei Erck Rickmers finden sich die meisten seiner 42 Schiffe in Monrovia wieder, einige in La Valetta, Singapur und Limassol, aber nur ein mittelgroßes in Hamburg. Die

Peter Döhle Schiffahrts KG hat 41 Einheiten in Fahrt. Deren Masse ist in St. John's (Antigua und Barbuda) sowie in Limassol und Monrovia beheimatet. In diesem Stil geht es weiter, durch die Rangliste hindurch. So sind etwa von den 24 Frachtern der Reederei H. Schuldt alle bis auf ein deutsches Schiff in Liberia registriert. Bei Christian F. Ahrenkiel führt gar keines der 19 Schiffe die deutsche Flagge, denn ihre Heimathäfen liegen in Liberia, auf den Bahamas und Marshall Islands. Dem üblichen Procedere folgt auch die Linienreederei Hamburg Süd: Die Tochter des Oetker-Konzerns betreibt 20 Schiffe, von denen nur zwei größere Feeder in Hamburg eingetragen sind; die übrigen führen die Flaggen von Liberia und Brasilien.

In jüngster Zeit erfreuen sich Antigua und Barbuda bei deutschen Reedern hoher Beliebtheit. Wenn sie ein Schiff im ausländischen Zweitregister anmelden wollen, dann fällt ihre Wahl auf den kleinen Karibikstaat. Das hat unter anderem einen ganz praktischen Grund: Man muss gar nicht weit fahren oder sprachliche Hürden überwinden, um die Eintragung ins Register vornehmen zu lassen. Schließlich gibt es im niedersächsischen Oldenburg einen ehemaligen deutschen Diplomaten, der das höchstoffiziell betreibt. Ehemals in der Hauptstadt St. John's akkreditiert, verfügt er über beste Kenntnisse und Kontakte. Heute trägt der Ex-Diplomat den Titel des Commissioner of Maritime Affairs des Kleinstaates in Deutschland. Im Handumdrehen erledigen er und seine Mitarbeiterin die von den deutschen Reedern gewünschten Formalitäten, sodass die exotische Flagge schnell am Heck des Frachters wehen kann.

Was die deutsche Schifffahrt angeht, steckt die Politik scheinbar in einem Dilemma: Man möchte die Reedereien unterstützen und ihre wirtschaftliche Krisenanfälligkeit reduzieren. Ferner wünscht man einen Zuwachs an Arbeitsplätzen unter deutschen Bedingungen für Deutsche auf See, wofür massive steuerliche Anreize geschaffen wurden. Diese, vor allem die sogenannte Tonnagesteuer, haben die Containerschifffahrt in der Bundesrepublik beflügelt. Das steht außer Frage. Der Staat kam der Schifffahrt entgegen, aber er erwartete auch Gegenleistungen. So wurde den Reedern ein Rückführen von Frachtern ins deutsche Schiffsregister mit Nachdruck nahegelegt. Auch dafür bot die staatliche Seite Hilfen an, um die höheren

Lohnkosten deutscher Mannschaften abzufedern. Das unter Bundes-kanzler Gerhard Schröder im Jahr 2000 geschlossene Maritime Bündnis zielte darauf ab, dass Politik und Reeder gemeinschaftlich für die Weiterentwicklung des Schifffahrtsstandorts Deutschland agierten. Welche Resultate aber gab es hierbei?

Die Flottenliste Krüger-Kopiskes belegte für das Frühjahr 2004: 68 Prozent der Containerschiffe deutscher Eigner führten eine fremde Flagge. Dabei dominierten das krisengeschüttelte afrikanische Libe-ria und der Karibikstaat Antigua und Barbuda. Dass überhaupt ein Drittel der Frachter in der Bundesrepublik eingeflaggt war, verdankte man vor allem den Reedereien NSB und Hapag-Lloyd. Diese beiden Unternehmen arbeiten profitabel und werden von Analysten positiv bewertet. Es geht eben auch anders, als das Gros der Reedereien vor-exerziert und wofür es als Erklärung zwingende wirtschaftliche Gründe vorgibt. Beim Maritimen Bündnis forderte die Politik die verstärkte Rückflaggung ein. Das wird seit einigen Jahren auch vom Reederverband unterstützt. So kündigte dessen Vorsitzender Frank Leonhardt im Jahr 2003 an, die Mitgliedsreedereien würden 100 Schiffe ins deutsche Register zurückführen. Mitunter wurden Rück-flaggungen einzelner Schiffe mediengerecht in Szene gesetzt, aber insgesamt schleppte sich der Prozess lange Zeit dahin. Das hatte ei-nen Grund in der deutschen Schiffsbesetzungsverordnung. Sie be-stimmt, dass die Führungskräfte an Bord Deutsche zu sein haben, doch die gab und gibt es nicht im gewünschten wie erforderlichen Umfang. Nur ausnahmsweise ist erlaubt, dass EU-Ausländer mit deutschen Sprachkenntnissen auf der Brücke stehen. Da die Pflicht-sprache auf den Meeren aber Englisch ist, genau wie in der Luftfahrt, kommt dieses Beharren auf dem Deutschen einem Anachronismus gleich. Unabhängig von der Praxisrelevanz absolvieren Offiziere und Erste Ingenieure, die aus Nord- oder Mitteleuropa stammen, Deutsch-kurse und pauken Schiffsrecht in deutscher Sprache, um für deut-sche Reeder arbeiten zu dürfen. Dr. Heinrich Schulte bezeichnet die Verordnung als kontraproduktiv und wegen dem international üb-lichen Englisch auf See als »kompletten Quatsch«, der mutmaß-lich Gewerkschaftern zu verdanken sei. Der Hauptgesellschafter der Schulte Group bemängelt weiter, es gäbe in der Politik zu wenig maritime Sachkenntnis. Dass dort durchaus Zusammenhänge erkannt werden, ist an der jüngst erfolgten Abmilderung der Schiffsbesetzungsverordnung ablesbar. Wegen ihrer Unerfüllbarkeit wurde ausnahmsweise Führungspersonal aus EU-Staaten zugelassen. Dadurch ließen sich weitere Ausflaggungen vermeiden und Rückflaggungen durchführen. Allerdings potenzieren sich beim derzeitigen Ausbautempo der Handelsflotte die Probleme auf der Personalseite, wenn deutsche Offiziere und Ingenieure eingesetzt werden sollen. Geschultes Führungspersonal auf den 50 bis 150 Millionen Dollar teuren Schiffen zu haben ist unumgänglich, doch es ist ad hoc nicht in Deutschland zu rekrutieren. Zudem kann Erfahrung nicht gelehrt, sie muss persönlich gemacht werden. Da derzeit bei weitem nicht genügend Nachwuchskräfte an Bord sind, steckt die Branche in einem Dilemma. Es ist hausgemacht, in vielerlei Hinsicht.

Um dem eklatanten Personalmangel abzuhelfen, sollen an den staatlichen Fachhochschulen in Rostock, Flensburg, Leer, Elsfleth, Bremen und Cuxhaven vermehrt Nautische und Technische Offiziere ausgebildet werden. Bleibt es bei der bisherigen Misere, könnte nicht einmal mittelfristig ein kleiner Teil der von deutscher Seite finanzierten neuen Frachter mit regulärer deutscher Brückenbesatzung unter deutsche Flagge gebracht werden. Schon Anfang 2006 berichtete das Wochenblatt *Die Zeit*: »Die deutschen Reedereien sind so gut im Geschäft, dass ihnen das Personal ausgeht.« Das unaufhörliche Wachstum der Frachtschiffsflotten verlangt selbst an Land nach qualifizierten Leuten, denn gemäß der bundesdeutschen Tonnagesteuer muss das Management eines Schiffes in Deutschland erfolgen. Das ist allen Beteiligten seit langem bewusst. Angesichts dessen verwundert, dass erst vor wenigen Jahren die staatlichen Seefahrtsschulen in Hamburg und Grünendeich geschlossen wurden. Dies war unter anderem noch eine Folge der Personalpolitik deutscher Reedereien, die Besatzungen weitestgehend aus dem Ausland rekrutierten, um Kosten zu sparen. Der Nachwuchs mit deutschem Pass hatte bis zur Einführung der Tonnagesteuer so schlechte Karten, dass kaum jemand Seefahrt studierte. Erst als 2003 auf der Maritimen Konferenz in Kiel vom Bund in Aussicht gestellt wurde, die Lohnnebenkosten zu senken, wenn die Reeder im Gegenzug

100 Schiffe zurückflaggten, gab es eine Trendwende mit dem »Bündnis für maritime Ausbildung«. Zentral ist die Gewährung von Lohnsteuererleichterungen für die Reedereien, wenn sie deutsches Personal auf See beschäftigen. Dadurch sinken die jährlichen Kosten für die Crew auf ein Niveau, das lediglich 100 000 bis 150 000 Dollar höher liegt als die Personalaufwendungen bei einem Schiff mit nichtdeutscher Besatzung. Infolgedessen stellen Reedereien jetzt vermehrt deutsche Seeleute und Offiziere ein. Das ist arbeitsmarktpolitisch hocherfreulich, aber der neue Rekrutierungstrend stößt schnell an seine Grenzen: Es gibt viel zu wenig deutsche Bewerber.

In der Zentralen Heuerstelle in Hamburg sind die Seeleute in einer komfortablen Lage: Im geradezu wörtlichen Sinne stehen hier die Arbeitgeber Schlange, und die Interessenten können sich das beste Angebot aussuchen. Altersarbeitslosigkeit ist für deutsche Kapitäne kein Thema, denn selbst wenn sie über 60 Jahre zählen, rollen ihnen die Reedereien den Teppich aus. Und der Nachwuchs? So gefragt er auch ist, so schwierig sind die Rahmenbedingungen seiner Ausbildung. Als bei einer Evaluierung der Institute für Seefahrt in Leer die wissenschaftlichen Standards kritisiert wurden, überlegte die Leitung der FH Oldenburg-Ostfriesland-Wilhelmshaven, ob sie sich diese Ausbildungsstätte überhaupt noch leisten wollte. Schließlich gab es unter dem Dach der Fachhochschule mit Elsfleth einen zweiten Fachbereich ähnlichen Angebots. Die Schließung wäre einer Posse gleichgekommen, denn damit hätte man an der Nachfrage des Marktes vorbeigespart und die gemeinsamen Bemühungen von Politik und maritimer Wirtschaft konterkariert. Ende 2005 sprang dem bedrohten Institut in Leer eine Reedergemeinschaft von der Ems zur Seite: Sie bot an, die Kosten von drei Professorenstellen zu übernehmen. Solch eine veritable Stiftung fand Nachahmer an der Weser. Der Bremer Rhederverein übergab der Hochschule Bremen einen Scheck über 325 000 Euro, womit eine Professur für fünf Jahre finanziert und die Ausbildung von jährlich vierzig zusätzlichen Nautikern gewährleistet werden sollte.

Die Beispiele aus Niedersachsen und Bremen, einen Teil der Ausbildungskosten an den einschlägigen Fachhochschulen zu übernehmen, zeigen, dass auch die Unternehmerseite an der Behebung

des zu einem guten Teil selbstverschuldeten Personaldilemmas mit-
wirkt. Einer der Gründe dafür liegt im wirtschaftlichen Erfolg, denn
viele deutsche Reeder sind in den letzten Jahren zu Vermögen gekommen. Und der VDR, der 245 Mitglieder vertritt, steckt neuerdings eine Million Euro jährlich in die deutschen Seefahrtsschulen.
Doch trotz vieler Verbesserungen gibt es in der Schifffahrtspresse
immer wieder frappierende Nachrichten: An der FH Flensburg wurde überlegt, zwei Professorenstellen des Studiengangs zum Technischen Schiffsoffizier ab 2009 nicht mehr neu zu besetzen. Lediglich
75 Studierende schienen der Hochschulleitung zu wenig, und der
Zuschnitt der Ausbildungsziele galt als reformbedürftig. Gegen diese
Pläne protestierten Werften und Reedereien, da sie Schiffsingenieure
auf Hochschulniveau mit Kusshand nehmen. Seit über 120 Jahren
bringt Flensburg solche Absolventen hervor, doch der Mangel an
Bewerbern zur Ingenieursausbildung – ein allgemeines Phänomen
in Deutschland – und die hohen Kosten des Lehrbetriebs verlangten
nach Abhilfe. Mittlerweile bietet die FH Flensburg einen neuen
Bachelor-Studiengang an: Vierzig Studienplätze für Seeverkehr und
Logistik stehen zur Verfügung. Der Absolvent erwirbt das nautische
Patent, ohne aber dabei wie früher in Schiffsbetriebstechnik ausgebildet worden zu sein. Die Kosten einen der beiden Lehrstühle
übernimmt Hamburg Süd für drei Jahre. Eine weitere Stiftungspro-
fessur soll mit Hilfe des VDR und maritimer Unternehmen finanziert
werden.

Der Verband fördert generell die Ausstattung an den Fachhochschulen, etwa mittels kostspieliger Simulatoren. Die zum Teil beträchtlichen Geldmittel stammen aus dem Solidaritätsfonds des
VDR, in den Mitgliedsunternehmen einzahlen, die trotz hoher Bezu-
schussungsmöglichkeiten keine Ausbildungsplätze unterhalten. Derzeit ist es noch so, dass nur jede zweite Reederei an Bord ausbildet.
Manche sind in dieser Hinsicht vorbildlich, wie Leonhardt & Blumberg, die auf ihren Frachtern siebzig junge Deutsche für Schiffsfüh-
rungsfunktionen schult. Frank Leonhardt weiß, dass nur ein Teil der
Absolventen längerfristig zur See fahren wird, da gute Leute mit
mehrjähriger Erfahrung auch an Land begehrt sind. Der Reeder
spricht von »sozialen Entbehrungen« an Bord, womit er vornehm-

lich den fehlenden Kontakt zu Familie und Freunden meint. Dies führe die jüngeren Offiziere meist nach einigen Jahren auf See wieder weg von der Brücke. Wegen dieser typischen Fluktuation muss die Zahl der Auszubildenden noch weiter gesteigert werden. Die Dringlichkeit der Förderung des Nachwuchses mit deutschem Pass ist eigentlich allen bewusst, doch bislang springen noch immer zu wenige deutsche Reedereien auf den Zug der Zeit. Eine Ausnahmestellung nehmen Hapag-Lloyd, Hamburg Süd und seit kurzem auch NSB ein, denn sie leisten sich sogar eigene Ausbildungsschiffe.

Jahrzehntelang hatten die Reeder über die Ausflaggung und die damit einhergehende Beschäftigung von geringer entlohnten Ausländern die Chancen des Nachwuchses aus Deutschland unterminiert. Hierbei handelt es sich nicht etwa um einen deutschen Sonderfall. Vielmehr gibt es das personelle Strukturproblem in zahlreichen Staaten. Vermutlich an die 30 000 Schiffsoffiziere werden in der Europäischen Union innerhalb der kommenden zehn Jahre gesucht. Effektive Abhilfe ist hier nicht in Sicht. Auch die prinzipielle Möglichkeit für Frauen, auf der Brücke deutscher Schiffe zu arbeiten, wird bislang nur sehr eingeschränkt genutzt. Schon jetzt bietet manche deutsche Reederei Ausbildungsplätze zur Schiffsmechanikerin und Offizierin an. Bei NSB ist seit 2007 die erste Frau mit Kapitänspatent im Dienst; hinzu kommen derzeit noch fünf weitere bei anderen Reedereien. Diesen sechs Kapitäninnen und 68 weiteren Frauen in nautischen wie technischen Führungspositionen standen im Herbst 2007 knapp 4400 männliche Schiffsoffiziere gegenüber. Dem entspricht die Ansicht Thomas Harmstorfs, Seefahrt sei »ein Männerberuf«. Er hält es für unwahrscheinlich, dass Frauen verstärkt auf den Frachtern eingesetzt werden könnten. Männer, so der Reeder, seien eher in Technik und Maschinen verliebt; zudem könnten sie asketischer leben als Frauen. Daher werde die Schifffahrt eine Männerdomäne bleiben. Da spielt auch die Psychologie eine Rolle, denn für viele in der Schifffahrt ist eine Kapitänin schwer vorstellbar. Dennoch: So viel Wandel wie jetzt gab es noch nie. Die Handelsschifffahrt hat in den letzten Jahrzehnten alle möglichen tradierten Vorstellungen über Bord werfen müssen. Sollte es da für Frauen nicht noch andere Stammplätze geben als den der vortrefflich behüteten, Champagnerflaschen

schwingenden Dame bei der Taufzeremonie oder der Namenspatro-
nin? Es wird sich zeigen.

Kein Land finanziert so viele Frachtschiffe, wie die Bundesrepublik. Wie soll der wachsende Bedarf an Führungspersonal gedeckt
werden? Selbst wenn jährlich 600 Nautische Offiziere die norddeutschen Fachhochschulen verlassen – eine Verdreifachung der jetzigen
Zahl –, könnte dies mit dem Tempo der Schiffbauentwicklung nicht
mithalten. Das Orderbuch, also die Bestellliste der Werften, gibt in
transparenter Form Auskunft über die im Bau befindliche und alsbald in Fahrt gehende Tonnage. Die zuständigen Stellen in den Landesregierungen sowie die FH-Rektoren sollten nur einen regelmäßigen Blick ins Orderbuch werfen und eine entsprechende Erhöhung
der Studienplätze in Absprache mit dem VDR und den assoziierten
Wirtschaftskreisen aushandeln. Ein Ziel davon könnte sein, den
Reedern entsprechend der Beispiele von Leer und Bremen einen höheren Anteil an der Finanzierung von Ausstattung und Lehrstühlen
anzudienen. Hohe Standards und Exzellenz ihrer Leistungen streben
viele Reedereien an, wie ihre Selbstdarstellungen auf den Firmen-
homepages ausweisen. Dies lässt sich gerade mit gut ausgebildetem
und ständig weiterqualifiziertem Personal erreichen. Dafür als Stifter
die Mittel zur Verfügung zu stellen, ist eine ehrenvolle Sache für die
Reeder-Elite, wo immer sie auch ansässig ist.

Die deutschen Reeder, die mehrere Tausend Handelsschiffe bereedern, lösten ihr Versprechen von der Kieler Maritimen Konferenz
ein und übertrafen es sogar. Bis zum Ende des Jahres 2005 brachten
sie einige mehr als die zugesagten 100 Schiffe unter deutsche Flagge.
Keine Leistung ohne Gegenleistung – nach diesem Prinzip handelte
der VDR mit der Bundesregierung aus, dass die für deutsche Seeleute anfallenden Lohnnebenkosten nicht höher als bei anderen
Staaten der Europäischen Union sein dürften. Dafür versprach der
Verband, nochmals 100 Schiffe bis Ende 2008 zurückzuflaggen. Es
sind maritime Kompromisse, die hier gefunden werden. Sie erweisen sich für beide Seiten als zielführend, wie das Beispiel von Leonhardt & Blumberg zeigt: Inzwischen fährt schon über ein Dutzend
der Schiffe nicht mehr unter liberianischer Flagge, sondern unter der
der Bundesrepublik. Claus-Peter Offen ist in der Frage weiter ge-

kommen als die meisten Reeder an der Elbe und den norddeutschen Küsten: Nachdem er auf einen Schlag zwei Dutzend Schiffe zurückflaggte, fährt ein gutes Drittel seiner Frachter unter Schwarz-Rot-Gold. Bei F. Laeisz sind es sogar um die 45 Prozent und bei den eigenen Frachtern von Hapag-Lloyd deutlich mehr als die Hälfte. NSB flaggte im Jahr 2007 13 Schiffe zurück und untermauerte damit die Spitzenposition. Bertram Rickmers hat es auf ein Zehntel seiner Flotte gebracht und will es dabei bewenden lassen. Der VDR führt akribisch Buch über die Entwicklung und konstatiert deutliche Fortschritte. Mittlerweile sind es schon 549 Handelsschiffe, die unter deutscher Flagge fahren. Nicht ganz zehn Prozent also von den international eingesetzten Frachtern, die wirtschaftlich deutschen Reedereien zuzuordnen sind. Infolge der Konjunktur der Frachtschifffahrt ist die deutsche Handelsflotte von einem starken Zuwachs an Containerschiffen, Bulkern und Produktentankern geprägt. Dies bewirkt in Bezug auf den prozentualen Anteil der unter deutscher Flagge fahrenden Schiffe, dass dieser kaum größer werden kann, denn die Neubauten werden im Regelfall in ausländische Zweitregister eingetragen. Das Thema Rückflaggung wird daher noch lange auf der Agenda stehen.

Vom Hamburger Hauptbahnhof benötigt man mit der S-Bahn weniger als eine Stunde für die Fahrt nach Buxtehude. In diesem Städtchen ist nicht nur das Märchen vom Hasen und dem Igel zu Hause, sondern auch die Reederei NSB. Der Niederelbe Schiffahrtsgesellschaft scheint es ausgesprochen gut zu gehen, wenn man das edel gestaltete Ambiente der Anfang 2007 bezogenen Firmenzentrale betrachtet: Die Gebäude nutzte einst ein Saft- und Schnapshersteller. Jetzt werden hier nicht mehr Früchte gepresst und destilliert, sondern Schiffseinheiten gemanagt und Personal geschult. NSB setzt in starkem Maße auf die Aus- und Weiterbildung der Besatzung. Dafür unterhält die Reederei ein Ausbildungsschiff und errichtete einen komplexen Schiffsführungssimulator in Buxtehude. Seitens NSB wird gern der Vergleich mit der Lufthansa gezogen: Wie die Fluglinie lege man nicht nur hohe Maßstäbe bei der Auswahl von Bewerbern an, sondern auch bei dem schon länger beschäftigten Personal.

Helmut Ponath (Reederei NSB)

Bettina Wiebe, langjährige Assistentin des NSB-Chefs Helmut Ponath, weiß um die Bedeutung der ständigen Weiterentwicklung auf
den Schiffen: »Hightech fährt auch nur, wenn man gutes, geschultes
Personal an Bord hat.«

Da der Personalmarkt zwischen den deutschen Reedereien hart
umkämpft ist und Abwerbemaßnahmen an der Tagesordnung sind,
müssen Anreize geschaffen werden, um die Crewmitglieder dauerhaft an das Unternehmen zu binden. Manche Reederei schnürt ein
ganzes Paket an besonderen Angeboten, wovon Weiterqualifizierung
ein wichtiger Bestandteil ist. Nautische Offiziere und Kapitäne werden beispielsweise bei NSB einmal im Jahr im neuen Simulator geschult. Dessen Software ist individuell auf die Parameter der haus-
eigenen Flotte abgestimmt. Auch die Gerätschaften der Brücke sind
exakt nachgebildet. Im Simulator werden die Schulungsteilnehmer
Gefahrensituationen ausgesetzt, die es in der Realität gegeben hat,
und sie müssen die von NSB-Schiffen bedienten Häfen ansteuern.
Solche Investitionen erhöhen die Sicherheitsstandards und, davon
ist die Reederei überzeugt, tragen durch die Minimierung von Scha-
densfällen zur Kostenreduzierung bei.

Schulung und Gehalt sind es allerdings nicht allein, was die Brückenbesatzung im Unternehmen hält. So musste NSB erleben, dass
gleich mehrere Kapitäne zu Hapag-Lloyd wechselten, da dort das
Verhältnis von Arbeit und Freizeit attraktiver ist: Die Linienreederei

vom Ballindamm praktiziert das teure Eins-zu-eins-Modell: Drei Monate auf See und anschließend drei Monate Freizeit. Es kommt allerdings nicht nur darauf an, dass sich dies ideal anhört, sondern auch, dass der Turnus eingehalten wird. Dafür wird bei Hapag-Lloyd eher Sorge getragen als bei anderen Reedereien, wo die avisierte Ablösung mehr als ein Mal nicht erscheint, was bei den betroffenen Offizieren dann langfristige private Pläne wie Urlaub und Familienfeste bis hin zu Hochzeiten über den Haufen wirft. Bei NSB wie generell bei der Mehrzahl der Reedereien liegt der Freizeitanteil nicht so günstig. Hier kommt der Offizier bislang auf acht Monate Arbeitszeit im Jahr. Helmut Ponath würde am liebsten dem Beispiel von Hapag-Lloyd folgen, aber – abgesehen von den Mehrkosten – der dadurch vermehrte Personalbedarf könnte nicht gedeckt werden. Schon das Headhunting um deutsche Kapitäne und Offiziere stellt die Reedereien vor gravierende Probleme, denn frei werdende Stellen lassen sich nur sehr schwer neu besetzen.

Anfang 2008 beschäftigte NSB 2600 Seeleute. Davon sind 1050 Deutsche, inklusive einem Zehntel deutscher Auszubildender. Das sind gleich zwei außerordentlich hohe Quoten. Dies mag annähernd dem Ideal entsprechen, das der Regierung vorschwebte, als sie Tonnagesteuer und Rückflaggung miteinander in Verbindung brachte. Heute sind 85 Prozent der Frachter von NSB in Deutschland eingeflaggt. Nach Angaben der Reederei rechnet sich das, denn die Schiffe haben in der Zehnjahresbilanz niedrigere Betriebskosten als die unter ausländischer Flagge fahrenden. Wie ist das möglich? NSB konstatiert eine höhere Werterhaltung bei den Frachtern unter deutscher Führung und infolgedessen geringere Schiffsbetriebskosten. Der allgemeine Pflegestandard sei besser, und die Wartungsintervalle würden exakter eingehalten. Das bringe im Vergleich zu Schiffen unter anderem Kommando durchschnittlich weniger Schäden. Die Folge: Es kommen weniger Werftgangs zu Reparaturen an Bord, und im Schnitt sind weniger Werfttage nötig, die den Eigner wegen ihrer Off-Hire-Tage doppelt belasten. Höhere Werterhaltung, das klingt geradezu so, als würden ein osteuropäischer Kapitän und seine nichtdeutschen Offiziere weniger rücksichtsvoll mit den ihnen anvertrauten millionenteuren Frachtern und Hauptmaschinen umgehen. Wenn dem so wäre, hätte die Reederei ein Führungsproblem. Das könnte auf anderem Wege gelöst werden, als die Brücke mit Deutschen zu besetzen. Möglicherweise geht es aber auch nur um Nuancen im Stil der Schiffsführung und darum, wozu der Kapitän seine Mannschaft mit Nachdruck anhält. Unter dem Strich ist NSB überzeugt, dass es sich auszahlt, verstärkt deutsches Personal zu beschäftigen, selbst bei höheren Gehältern und Heuern. Das zeige sich auch beim Wiederverkauf des gebrauchten Frachters, bei dem NSB bessere Preise erziele. Dass diese Argumentation keineswegs nur arbeitsmarktpatriotische Rhetorik ist, bestätigt die 2007 präsentierte Analyse »Wie gut sind Schiffs-Fonds«. Ihr Verfasser, Jürgen Dobert, stellt NSB ein hervorragendes Zeugnis aus: Von den 28 am besten – sprich: wirtschaftlichsten – bereederten Frachtern gehörte die Hälfte zur Buxtehuder Reederei und ein guter Teil zu F. Laeisz. Die Rendite für die Anleger ist bei NSB somit bei ganzheitlicher Betrachtung unter Berücksichtigung des höheren Verkaufswerts des Secondhand-Schiffes attraktiver als bei zahlreichen Konkurrenten.

Die Finanzierung von NSB-Containerschiffen läuft über die Emissionshäuser CONTI in München und GEBAB in Meerbusch. Während das bayerische Unternehmen schon seit 1970 im Geschäft mit Schiffsbeteiligungen agiert, ist das Meerbuscher Emissionshaus Mitte der achtziger Jahre entstanden. Die beiden Finanzdienstleister betreiben zusammen an die 150 Containerschiffe, von denen der größte Teil durch NSB bereedert wird. Ein langjähriger Partner der Buxtehuder, die Norddeutsche Vermögen, beteiligt sich nicht mehr an der Kapitaleinwerbung für neue NSB-Schiffe. Das liegt daran, dass im Jahre 2000 das von Bernd Kortüm geleitete Emissionshaus direkter Konkurrent wurde, indem es die Reederei H. Schuldt übernahm. Gegenüber den meisten im Containergeschäft tätigen Unternehmen ist die NSB-Eigentümerstruktur ungewöhnlich zu nennen: Sie verteilt sich auf CONTI, GEBAB und Norddeutsche Vermögen. Entsprechend ist der von Beginn an, seit 1982, an der Spitze stehende Helmut Ponath nicht Reeder, sondern Geschäftsführer. Manche Reeder sehen in dem Buxtehuder Vorzeigeunternehmen einen Sonderfall, vor allem wegen der aus ihrer Sicht kostspieligen Haltung zur deutschen Flagge. Dabei betonte der aus dem Schiffbau stammende Chef anlässlich des 25-jährigen NSB-Jubiläums mit Gelassenheit, was der Konkurrenz zu denken geben könnte: »Wir waren auch unter deutscher Flagge immer kosteneffizient.« Ist es wie beim Hasen und dem Igel? Laufen die Reederei-Hasen unter Auslandsflaggen der Gewinnmaximierung nach, während NSB bereits dort angekommen ist, da die Schiffsbetriebskosten langfristig niedriger ausfallen? Wenn man Vergleiche zieht, wie anhand der Flottenliste von Krüger-Kopiske, kann man schon ins Grübeln kommen: NSB, Hapag-Lloyd und F. Laeisz schaffen es, trotz ihres hohen Anteils an Schiffen unter deutscher Flagge wirtschaftlich zu arbeiten und sogar hinsichtlich der Anleger-Performance erstrangig zu sein. Das Szenario bleibt spannend.

Der Boom der maritimen Industrie zeitigt in der Bundesrepublik eigenwillige Phänomene: Kapital für neue Schiffe und Charterer sind vergleichsweise am leichtesten zu beschaffen. Woran es in der Branche mangelt, sind freie Bauplätze auf den Werften, einige Tausend erfahrene Offiziere mit deutschem Pass oder aus Staaten der EU sowie qualifizierter Nachwuchs. Der ist jetzt schon rar und wird in naher Zukunft immer begehrter. Wer etwa soll auf den über tausend neuen Schiffen das Kommando führen, die deutsche Reedereien bis Ende 2010 planmäßig von den Bauwerften übernehmen? Die Politik drängt auf den Einsatz deutscher Offiziere, Ingenieure und Schiffsmechaniker, aber sie können gar nicht so schnell ausgebildet werden, wie die Handelsflotte wächst. Die Personalprobleme werden kurz- wie mittelfristig nicht geringer, sondern größer.

Einen praktikablen Ausweg bietet die Ausflaggung, denn dann dürfen Offiziere jedweder Herkunft beschäftigt werden. Bertram Rickmers führt in seiner Hauszeitschrift *Rickmers around the globe* plastisch vor Augen, wie intensiv dieser Weg beschritten werden kann: Nur jedes zehnte der von ihm bereederten Schiffe hat einen deutschen Kapitän. Das Gros der Brückenbesatzung kommt aus Myanmar und China, gefolgt von Mittel- und Osteuropäern. Von den annähernd dreitausend Mann auf See stammen nur fünf Prozent aus Deutschland. Immerhin sind einige deutsche Trainees darunter, aber die mehr als fünfzig Auszubildenden an Bord der Rickmers-Flotte kommen aus Ostasien sowie zu einem kleinen Teil aus Osteuropa. Zu erwarten wäre eigentlich, dass an Bord eine starke Mischung unterschiedlichster Nationalitäten vorherrscht, da für Rickmers Menschen aus zahlreichen Ländern arbeiten. Aber auf einem Viertel der Frachter gibt es Mannschaften, die vom Kapitän bis zum Kadetten nur einer Nationalität angehören. Diese auf See seltene Homogenität ist vorwiegend bei Crews aus Myanmar und China festzustellen. Warum werden so viele Asiaten und Osteuropäer beschäftigt? Einerseits, weil es wegen des Mangels an deutschem Personal oder Westeuropäern nicht anders geht. Andererseits gibt es Charterer, die Frachter ohne Crew unter Vertrag nehmen und in eigener Regie bemannen. Bei dieser sogenannten Bareboat-Charter kommt es häufiger vor, dass Matrosen und Offiziere aus armen Ländern wie etwa Myanmar und Sri Lanka beschäftigt werden, die niedrigere Heuern erhalten. In diesem Fall hängt die Wirtschaftlichkeit für den Charterer auch von der Höhe der Personalkosten ab, was sonst Sache des Trampreeders ist.

Einen in unternehmensethischer Hinsicht wesentlichen Aspekt haben die Reeder bei ihrem Streben nach Maximierung des Profits allerdings vernachlässigt, wie das Beispiel Liberias zeigt: Das westafrikanische Land ist schon seit Jahrzehnten für Reeder verschiedenster Nationen als Flaggenstaat von größter Anziehungskraft, hinter Panama. In Liberia regierte 1997 bis 2003 Charles Taylor, ein fürchterlicher, für den Bürgerkrieg verantwortlicher Despot. Diese Kehrseite der attraktiven Bedingungen des beliebten Flaggenstaates war nicht unbekannt. Über das liberianische Chaos und die Taten der von Taylor massiv unterstützten Rebellen in Sierra Leone wurde in Presse und Fernsehen berichtet. Warum machten deutsche Reeder keinen Bogen um dieses Land, nachdem Taylors Verbrechen allseits ruchbar geworden waren? Sie mussten Grund zur Annahme haben, dass ihr Geld in seine Kassen floss. Zweitausend Schiffe internationaler Reeder, davon ein Viertel von deutschen Eignern, waren gegen Ende von Taylors Herrschaft im offenen Register Liberias eingetragen. Jährlich fielen dadurch etwa 18 Millionen Dollar Registrierungsgebühren an. Die Reeder konnten die wachsweiche Erklärung vorbringen, dass sie nie direkt mit den Behörden in der Hauptstadt

Monrovia zu tun hatten, da das Register von einer privaten Firma im amerikanischen Bundesstaat Virginia gemanagt wurde. Die Gebührenzahlungen flossen von Deutschland in die USA. Allerdings ging ein Teil des Gewinns daraufhin an den Schifffahrtskommissar der liberianischen Regierung – ein Gefolgsmann Taylors – und nach UN-Ermittlungen wahrscheinlich sogar auf Konten von Waffenhändlern.

Da trotz alledem die Vereinten Nationen kein Embargo gegen das Schiffsregister Liberias erwogen, sahen die deutschen Reeder keinen Anlass, ihre Haltung zu überdenken. Das Bürgerkriegschaos führte im Sommer des Jahres 2003 zu Taylors Sturz, woraufhin die Reeder die Ansicht vertraten, ihre Gelder würden dem westafrikanischen Land beim Wiederaufbau nützen. Seitdem ist die Diskussion um diesen Flaggenstaat abgeflaut. Vier Jahre nach seinem Sturz wurde Charles Taylor vor dem Internationalen Gerichtshof in Den Haag angeklagt. Unter anderem legt man ihm den Handel mit Blutdiamanten und Kriegsverbrechen zur Last. Das zweifelsohne aus dem Rahmen fallende Beispiel Liberias zeigt, dass die wirtschaftlich attraktive »Billigflagge« mit schlimmen gesellschaftlichen Verhältnissen verbunden sein kann. Heute haben sich bereits viele deutsche Reedereien moderne unternehmerische Codices und »Mission Statements« gegeben. Deren öffentliche Botschaft spricht von sozialer, gesellschaftlicher und ökologischer Verantwortung. Da die Reedereien unausgesetzt global handeln, ist zu hoffen, dass sie diese anspruchsvollen Standards künftig konsequent einhalten, auch bei der Wahl des Flaggenstaates.

Wenn in jüngster Zeit Rückflaggungen vollzogen werden, dann ist dies häufig nicht nur der Fachpresse eine Nachricht wert. Die Reeder und die mit ihnen gemeinschaftlich agierenden Emissionshäuser müssen allerdings genau kalkulieren, ob sie die Erwartungen ihrer Kunden und Mitgesellschafter – der Anleger – weiterhin erfüllen können. Die Rendite ist höher, wenn das Schiff nicht unter deutscher Flagge fährt, und je besser die Performance ist, desto anziehender erscheinen die neu aufgelegten Schiffsfonds. Daher versteht die Reeder-Elite, auf der Klaviatur zwischen arbeitsmarktpolitisch erwünschter Rückflaggung und anlegerorientierter Renditesteigerung zu spielen. Jede der beteiligten Seiten soll zufriedengestellt werden, und nicht zuletzt sind die Reeder persönlich und ihre Controlling-Abteilungen an möglichst hohen Gewinnen interessiert. Im unmittelbaren Vergleich der Wirtschaftlichkeit ist ein aus »Korpsgeist« rückgeflaggter Frachter gegenüber einem unter »Billigflagge« fahrenden finanziell benachteiligt. Zur Neutralisierung dieses Mankos ist es bei einigen Reedereien üblich, die Mehrkosten paritätisch auf die Gesamtheit der bereederten Fondsschiffe umzulegen. Damit wird vermieden, dass eine Gruppe von Investoren ein weniger profitables Schiff unterhält als die andere. Die Eigner müssen eine Vielzahl von Kosten bedienen, wobei die Schiffshypothekendarlehen den Löwenanteil ausmachen. Unter dem Strich läuft es seit Jahren gut, da die Charterraten auf einem hohen Niveau liegen. Und für das von den Hauptmaschinen der Frachter in Riesenmengen verbrannte Schweröl – davon benötigte allein Hamburg Süd im Jahr 2007 zwei Millionen Tonnen für seine 177 eigenen und gecharterten Schiffe –, das seit Jahren unausgesetzt teurer wird, kommen die charternden Linienreedereien auf.

Dass sich die maritime Hausse nicht nur bei den Kapitalgebern und Reedern auszahlt, ist eine ständige Forderung der international agierenden Seeleute-Gewerkschaften. Die Internationale Transportarbeiter Föderation ITF wirft einigen deutschen Reedern Tarifflucht in ausländische Flaggenstaaten vor. Dabei handelt es sich um ein weltweites Phänomen, an dem die Deutschen nur einen gewissen Anteil haben, denn Schätzungen der Gewerkschaft zufolge fahren an die 21 000 Schiffe unter Billigflagge. Bei einem Drittel davon war es den Gewerkschaftern möglich, den Abschluss von ITF-Tarifverträgen für die Besatzung durchzusetzen. Seitens zahlreicher Reeder gibt es eine deutliche Abneigung, was die ITF und deren Vorstellungen betrifft. Man will sich nicht vertraglich binden und bekundet häufig, ohnehin dem Tarifwerk entsprechende Heuern zu zahlen oder sie sogar zu übertreffen. Dieter Benze, der selbst ein Jahrzehnt zur See fuhr und das Kapitänspatent besitzt, ist heute für die Europäische Transportarbeiter Föderation tätig. Als stellvertretender Vorsitzender der europäischen Seeleute-Sektion der ETF kennt er positive Beispiele und eine Reihe negativer. Zu letzteren gehöre die

Reederei Rickmers, auf deren Schiffen Benze in den sechziger Jahren selbst zur See gefahren ist. Ihn stört, dass Bertram Rickmers nur für sechs seiner Frachter ITF-Tarifverträge abgeschlossen hat. Zu mehr war der ambitionierte Unternehmer bislang nicht bereit. Die Gewerkschaft hat daher Ende 2007 die Rickmers-Schiffe auf ihre sogenannte Target List gesetzt: Man beobachtet sie und will bei Gelegenheit Druck ausüben, damit weitere Mannschaften nach ITF-Maßstäben bezahlt werden.

Das ist die eine Seite der Medaille, die die Reederei mit dem traditionsreichen Namen in ein kritisches Licht rückt. Auf der anderen Seite steht die »Crewing Policy«, die Bertram Rickmers 2006 veröffentlichte. Darin wird unter anderem betont, internationale Standards bei der Anwerbungs- und Beschäftigungspraxis der Seeleute zu befolgen. Als Ziel wird die Stärkung der Corporate Identity und eine festere gegenseitige Bindung durch längerfristige Arbeitsverträge definiert. Ein Mittel dazu sei, neben anspruchsvoller Aus- und Weiterbildung, die Zahlung von »competitive wages«. Die Crewing Policy schreibt vor, dass dies auch von Agenturen zu berücksichtigen sei, die Mannschaften für Rickmers rekrutierten. Konkurrenzfähige Heuern, das ist freilich ein dehnbarer Begriff, den der Seemann anders auslegen dürfte als sein Arbeitgeber. Zwischen der Reederei, die auf dem internationalen Arbeitsmarkt nach qualifiziertem oder billigem Personal sucht, und den maritimen Gewerkschaften werden die klassischen Interessenkonflikte um Tariflöhne weiterbestehen. Zwei Aspekte sind dabei von Bedeutung: Die Nachfrage nach Seeleuten steigt beständig, was deren Einkommenschancen erhöht. Und die auch ohne Tarifverträge gezahlten Heuern deutscher Reeder liegen im Regelfall auf einem besseren Niveau als die der Griechen oder anderer wichtiger Schifffahrtsnationen.

Tarifauseinandersetzungen können die Gewerkschaften, der Natur der Sache folgend, nur in den Häfen wirksam führen. Ganz so, wie es vor drei Jahrzehnten schon Claus-Peter Offen erlebte, geht die ITF gegen Frachter einzelner Reeder vor. 2005 traf es Containerschiffe von Leonhardt & Blumberg, die an eine japanische Linie verchartert waren. Frank Leonhardt zeigte bis dahin keine Neigung zu Heuern nach ITF-Vorgaben. Das brachte die Gewerkschafter besonders auf, da er ihrer Auffassung nach als langjähriger Vorsitzender des Reederverbands eine Vorbildfunktion haben sollte. In Yokohama und Osaka machten ITF-Mitglieder Stimmung an der Kaikante, gingen an Bord und verzögerten damit die Schiffsabfertigung um einige Stunden. Das gleiche Spiel wurde in Australien wiederholt. In Sydney beschlossen die Gewerkschafter, ihre »Strategie der koordinierten Verzögerung« auch andernorts anzuwenden.

Das konnte dem japanischen Charterer und natürlich dem Eigner Leonhardt nicht gefallen. Die Verzögerungen und die Kritik verärgerten den Reeder. Als dann in Hamburg weitere Proteste der ITF folgten, lenkte Leonhardt ein, wohl nach dem alten Schifffahrtsgrundsatz »Zeit ist Geld« verfahrend. Der Gewerkschaft reicht es aber nicht, nur bei einigen Schiffen Abschlüsse herbeizuführen. Daher kommt die Taktik nadelstichartiger Proteste häufiger zur Anwendung. In Rotterdam und Hamburg etwa boykottierten gewerkschaftlich organisierte Hafenarbeiter über Stunden das Löschen von Containern des Leonhardt & Blumberg-Frachters *Christian Schulte*. Die Hamburger Traditionsreederei wurde dadurch konzessionsbereit. Mittlerweile fahren schon 26 ihrer Schiffe, also über die Hälfte der Flotte, zu ITF-Vertragskonditionen. Es kommt offenbar auf die Abwägung an, was auf Dauer teurer ist: Höhere Heuern oder wiederholte, lästige Proteste und Boykottaktionen in den Häfen, die die Gewerkschaften in ihrem zähen Ringen zugunsten der Arbeitnehmer an Bord betreiben. Da auch der bedeutende Reeder Jochen Döhle nicht eben zugänglich für Tarifvertragsabschlüsse sei, müsse Benze zufolge um jedes einzelne Döhle-Schiff gekämpft werden. Wie die Haltung von Erck Rickmers belegt, geht es durchaus flüssiger: Die gesamte Flotte des jüngsten der großen Hamburger Containerschiffsreeder fährt mit Tarifverträgen. Zu den positiven Beispielen zählen nach Ansicht der Seeleute-Gewerkschaften die der Hamburger Familie Schües gehörende Reederei F. Laeisz sowie die Buxtehuder NSB. Auch bei den Linienreedereien gibt es erhebliche Unterschiede. Benze bezeichnet Hapag-Lloyd und Hamburg Süd als bessere Reeder, Mærsk dagegen nicht: Der dänische Marktführer, der mehr als 200 Containerschiffe deutscher Eigner gechartert hat, achtet nicht darauf, ob die Schiffe ITF-Verträge haben.

Leonhardt & Blumberg hatte noch 2004 kaum eines ihrer Schiffe in Deutschland eingeflaggt. Ihr Chef war als langjähriger Reederverbandsvorsitzender durch hartnäckige Lobbyarbeit daran beteiligt, die Tonnagesteuer anzuschieben. Dabei hatte er der Politik angeboten, die Rückflaggung unter den Reedern zu forcieren. Frank Leonhardt wird vom *Manager Magazin* als einer der reichsten Deutschen eingeschätzt; das Blatt sieht ihn auf Platz 266. An Erfahrung als selbständiger Reeder bringt es Leonhardt auf annähernd so viele Jahre wie Claus-Peter Offen, der 1971 ins Rennen gegangen war. Leonhardt besitzt Einfluss, vor allem aufgrund seiner in Kollegenkreisen erfolgreich bewerteten Verbandstätigkeit. Zusätzlich amtiert der Hanseat auch als Honorarkonsul von Kiribati. Das hat einen besonderen Grund: Während die Offiziere seiner Schiffe zumeist Deutsche, Osteuropäer und Filipinos sind, stammen die Matrosen vorwiegend von den Südsee-Inseln. Für ihre Ausbildung sorgt eine dortige Schule, die schon seit dreißig Jahren besteht. Die Initiative zu ihrer Gründung ging von deutschen Reedereien aus. Heute wird sie von Hamburg Süd sowie von F. Laeisz, Reederei Nord, Bolten und Leonhardt & Blumberg finanziert. Ein Jahr dauert die Schulung, worauf eine angegliederte Agentur die Seeleute an Schiffe dieser deutschen Reedereien vermittelt. Für beide Seiten hat sich die langjährige Verbindung bewährt. Die Arbeitsstandards der Kiribati-Seeleute sind gut, und die Regierung des pazifischen Kleinstaates schätzt die maritimen Arbeitgeber aus Deutschland, was die Ernennung Leonhardts zum Konsul widerspiegelt.

Durch niedrigere Personalkosten lässt sich die Rendite steigern. Das gilt überall in der Wirtschaft und wird derzeit vor allem im produzierenden Gewerbe schmerzlich bewusst, wenn wieder einmal eine Produktionsstätte ins Ausland verlegt wird. Die Reeder als Betreiber von Frachtschiffen haben es da einfacher, denn sie wissen, dass ihre Arbeitsplätze an Bord überall auf der Welt begehrt sind. So verfährt der Großteil von ihnen auch weiterhin nach dem Prinzip der Kostenreduzierung durch Beschäftigung von Osteuropäern oder Asiaten. Dabei wird seitens der Reeder argumentiert, sie könnten gar nicht wirtschaftlich sein, wenn vorwiegend unter deutscher Flagge operiert würde. Warum? Wegen der steigenden Kosten für Schiffsneubauten und Schweröl, angesichts der Schwankungen der Fracht-raten und des in der Schifffahrt als Rechnungsgröße maßgeblichen Dollar, infolge der teuren Sicherheitsauflagen nach dem 11. September 2001, wegen der Kanal-Passagegebühren ... Die Liste ließe sich fortsetzen. Ähnlich der seitens der Wirtschaft vorgetragenen Litanei, der Produktionsstandort Deutschland sei zu teuer, führen die Reeder ihre Gründe an, die für ausländische Register und Seeleute sprechen.

Die Argumente mögen weitgehend stimmen, aber der Grad der Ausprägung ist zu hinterfragen, wenn man das Gesamtbild betrach-tet: Mit steuerlich gefördertem Kapital aus Deutschland werden Schiffe finanziert, die zumeist ausländische Werften bauen. Sie fah-ren überwiegend für Charterer in Kopenhagen, Genf, Marseille oder Singapur und haben nur einen Bruchteil deutscher Seeleute an Bord. So sieht – bis auf einige Ausnahmen – die eigner- und anlegerorien-tierte Gewinnmaximierung des globalisierten Wirtschaftens zur See aus. Es ist nachvollziehbar, dass diese Praxis Stirnrunzeln in der Politik hervorrufen kann oder aber bei den Seeleute-Gewerkschaften Kritik und Protestaktionen provoziert.

Genau genommen gehören die mittelständisch strukturierten Trampreedereien nicht zu den großen Arbeitgebern in der Wirtschaft der Bundesrepublik. Sie beschäftigen an Bord zusammen etwa 62 000 Seeleute, von denen nur ein Sechstel Deutsche sind. Aber in den Hä-fen und der damit verzahnten Logistikbranche, auf den Werften und bei den Zulieferern bis hin zu den Schiffsmaklern und Emissionshäu-sern hängen sehr viel mehr Arbeitsplätze an der Schifffahrt, als auf den ersten und selbst zweiten Blick erkennbar ist. Das geht weit über Norddeutschland hinaus. Es sind wohl über 200 000 Beschäftigte in der Bundesrepublik, die von der Handelsschifffahrt leben. Die Politik nimmt die Branche seit Jahren über die Maritimen Konferenzen ver-stärkt zur Kenntnis und in die Pflicht. Auch das bedeutet Status- und Imagegewinn, was unter norddeutschen Reedern trotz aller hanseati-scher Zurückhaltung mit Wohlwollen quittiert wird. Ihr Feld ist die Welt – und zu Hause sind sie wieder wer. Dass die für die deutsche Schifffahrt tristen Verhältnisse der von Krisen und Werftschließun-gen geprägten siebziger und achtziger Jahre Vergangenheit sind, ist ganz besonders dem Containerzeitalter zu verdanken.

Berufene Hände
Ein Problem zahlreicher mittelständischer Familienunternehmen ist die Übergabe der Geschäfte in die Hände eines berufenen Nachfolgers. Oberste Priorität haben der Erhalt von Firma und Tradition für die nächsten Generationen. Da angestellte Manager eher als Notlösung gelten, ist es von zentraler Bedeutung, ein geeignetes Familienmitglied zu finden. Schließlich wird in einen Angehörigen größeres Vertrauen gelegt, wenn es darum geht, die Identität und die Besonderheiten einer Firma zu erfassen und zu vermitteln. Der Kreis der Gesellschafter ist meist sehr überschaubar, und aus ihm kommt es immer wieder zur Einflussnahme auf die Geschäftsführung. Das kann externe Manager in ihrer Arbeit massiv beeinträchtigen und nachhaltige Konfliktpotenziale mit den Eigentümern schaffen. Dabei sind Familienunternehmen auf externes Know-how angewiesen, denn niemand kann erwarten, dass in jeder Generation allein unter den nächsten Angehörigen die kompetenten und verlässlichen Talente gefunden werden. Verbreitet ist daher das Zusammenspiel von extern rekrutiertem Management und familienintern gefundenen Nachfolgern. Oder es wird, wie etwa mit Nikolaus W. Schües bei der Reederei F. Laeisz, ein kompetenter Geschäftspartner in die Firma aufgenommen.

Bei den Reedern wird die Geschäftsleitung in der Regel an einen Sohn oder mehrere Söhne übergeben. Könnten nicht auch Frauen den Posten des Reedereichefs übernehmen? Das blieb bislang eine seltene Ausnahme, wie das Beispiel von Liselotte von Rantzau belegt. Sie übernahm 1959 den Chefsessel ihres verstorbenen Vaters John

T. Essberger. Ihre Kompetenz stand der ihrer Branchenkollegen in nichts nach, doch bis heute bleibt die Leitung des Schifffahrtsgeschäfts eine Männerdomäne. Bei der Übergabe an die nächste Generation entstehen häufig Schwierigkeiten sehr persönlicher Art: Mancher Sohn hat nicht das kaufmännische Talent des Vaters, oder aber dieser tritt nicht genügend weit in den Hintergrund, um dem Nachfolger den erforderlichen Entfaltungsspielraum zu gewähren. Besonders viele Reibungsflächen bestehen, wenn der Inhaber das Unternehmen selbst aufgebaut hat. An der Klippe des alternden Patriarchen sind nicht wenige gescheitert, seien es Söhne oder ganze Firmen. Wenn mehrere Familienmitglieder in der Geschäftsleitung tätig sind, kann es auch untereinander schwierig werden. In dieser Hinsicht besitzt die große Hamburger Reederei Bernhard Schulte eine besondere Geschichte, denn hier spaltete sich beim Generationenwechsel ein Familienmitglied ab und gründete ein unabhängiges Unternehmen.

Der gemeinsame Ursprung liegt im Jahre 1883. Damals hatte Johann Hermann Schulte die Firma Schulte & Bruns im niedersächsischen Papenburg gegründet. 1955 war die Umbenennung in Reederei Bernhard Schulte und die Übersiedlung des Firmensitzes nach Hamburg erfolgt. In den sechziger Jahren waren die Brüder Heinrich und Thomas Schulte in die Traditionsreederei ihres Vaters eingetreten, in deren Geschäftsführung auch ihr Schwager Ascan Lutteroth tätig wurde. Der jüngere der Brüder, Thomas, schied 1987 aus und machte sich mit einer Handvoll Schiffe unter eigenem Namen selbständig. Heute ist die Reederei Thomas Schulte einer der mittelgroßen Supplier von Containertonnage an der Elbe. Sie gehört zu den Konkurrenten des allerdings weitaus größeren und vielfältig diversifizierten Stammhauses, dessen Beiratsvorsitz der Jurist Dr. Heinrich Schulte innehat.

Thomas Schulte weckte schon frühzeitig in seinem Sohn Alexander die Begeisterung für das Reedereigeschäft, sodass der 1968 geborene Junior nach seinem Abitur in die Lehre zum Schifffahrtskaufmann ging. Den Einstieg in das Feld seiner Berufung fand Alexander Schulte bei Peter Döhle in Altona, in den USA und in Hongkong. Als Dreißigjähriger übernahm er die Leitung des Schulte-Büros auf Zypern. Von hier aus managte die Reederei eigene und fremde

B. W. Alexander Schulte
(Reederei Thomas Schulte)

Schiffe, bis 2001 die Betreuung nach Hamburg verlegt wurde, um der Tonnagesteuerbestimmung zu entsprechen, dass die ihr unterliegenden Schiffe von Deutschland aus gemanagt werden. Alexander Schulte, Angehöriger der fünften Generation der Reeder-Familie, ist seit inzwischen zwei Jahrzehnten in der Schifffahrt tätig. Er hat noch gut vor Augen, wie anfangs bei der Reederei seines Vaters nur drei Schiffe im Einsatz waren. Den rapiden Ausbau auf mehr als zwei Dutzend haben das KG-Modell und die Tonnagesteuer ermöglicht. Nach und nach brachte man über Emissionshäuser wie Lloyd Fonds, MPC, HCI, Atlantic, Fondshaus Hamburg und OwnerShip sowie über die HSH Nordbank und andere Schiffsbanken die Gelder auf, um gebrauchte Frachter hinzuzukaufen und Neubauten zu bestellen. Heute werden schon 29 moderne Containerfrachter zwischen 830 und 4250 TEU, also Feeder, Subpanmax- und Panmax-Schiffe, betrieben. Sie sind vorwiegend verchartert an Mærsk, Hamburg Süd, CMA CGM, APL aus Singapur und CSAV aus Chile. Wenn in den nächsten Jahren 14 bestellte Einheiten dazukommen, wird eine Kapazität von über 122 000 TEU erreicht. Damit hat sich das Unternehmen in der Gruppe der deutschen Tonnage-Supplier fest etabliert.

Und der Gründer? Thomas Schulte hat sich sukzessive zurückgezogen und das Steuer an seinen Sohn übergeben. Er ist heute Minderheitsgesellschafter und lebt im Ausland. Schon 2002 trat Alexander Schulte als Partner in die Unternehmensleitung ein. Heute ist er die allein bestimmende Kraft im Hause, im wörtlichen Sinne. Manche Brancheninsider sehen in ihm einen »jungen Wilden«, der im Containergeschäft zunehmend mitmischt. Was verschafft ihm solch ein Image?

Der Aufstieg, der an Tonnage und TEU-Zahlen ablesbar ist, wurde hart erarbeitet. Nichts falle einem Reeder einfach so in den Schoß, hebt Alexander Schulte hervor, auch ihm nicht. Gefordert ist eine hohe Kompetenz als Netzwerker, der sich auf allen Ebenen seines Geschäftsfelds Vertrauen erwirbt. Die Woche hat für ihn kaum genügend Arbeitstage, um das wachsende Pensum zu leisten. Sein Schreibtisch steht im Zürich-Haus genannten Bürogebäude an der Hamburger Domstraße. Von dort aus telefoniert Schulte bis zu sechs Stunden täglich mit Emissionshäusern, Banken, Maklern, Charterern sowie den eigenen Leuten zur internen Abstimmung. Wenn es nötig ist, kann er die Geschäftspartner schnell persönlich aufsuchen. Das ist der unschätzbare Vorteil des Standorts in der Mitte zwischen Binnenalster und Speicherstadt: In fußläufiger Entfernung befinden sich beispielsweise die HSH Nordbank, das Emissionshaus Norddeutsche Vermögen, die Linienreederei Hamburg Süd wie auch die Niederlassungen von Konkurrenten wie Ahrenkiel und F. Laeisz. An vielen Stellen Hamburgs trifft man auf wesentliche Elemente des maritimen Netzwerks, das zentrale Bedeutung für die Containerschifffahrt hat. Wie seine Konkurrenten schätzt Alexander Schulte Hamburg als den Nabel der Branche. Dennoch lässt sich hier nicht alles erledigen. Die wichtigsten Charterer haben ihren Sitz im Ausland, weshalb Reisen dorthin unabdingbar sind. Genauso ist es mit den Werften. Etwa viermal im Jahr fliegt Schulte nach China, um die Neubauten seiner Reederei persönlich zu inspizieren. Das will er keinem Technischen Inspektor überlassen. Letztlich seien alle Aufgaben und die sich zwangsläufig ergebenden Probleme logisch lösbar, was ihm nach der Erledigung hohe Zufriedenheit verschaffe. Privat Entspannung über längere Zeit zu finden, sei nicht möglich. Mehrwöchige Segeltörns, wie sie Claus-Peter Offen einlegt, kann sich der junge Schulte nicht leisten, denn er allein führt die Regie. Der eine Generation ältere Offen hat es da leichter, denn ihm arbeitet eine mehrköpfige Geschäftsführung zu.

Alexander Schultes Motto lautet: »Schifffahrt muss man lieben.« Das klingt nach Forderung und Verpflichtung, und so handelt er auch. Mit Herzblut bei der Sache zieht er »Kick und Ehrgeiz« aus dem Erfolg seines Unternehmens. Dass es auch Nackenschläge gibt, ist ihm aus eigener schmerzlicher Erfahrung bewusst. Der 3. März 1998 hat sich bei ihm geradezu eingebrannt, denn an diesem Tag gab es einen schweren Schadensfall für die Reederei Thomas Schulte. Er war zu dem Zeitpunkt gerade drei Monate im Büro auf Zypern tätig, als es im Laderaum Nr. 1 eines Schulte-Frachters zu einer heftigen Explosion kam. Zum Glück gab es »nur« beträchtlichen Sachschaden, der zahlreiche Container samt Inhalt und das Schiff beschädigte. Die Versicherungsbranche nennt Fälle mit hohen Schadenssummen und zahlreichen Geschädigten »Havariegrosse«. Das folgende Krisenmanagement und die lang anhaltenden Auseinandersetzungen mit Behörden, Versicherungen und Geschädigten sind Alexander Schulte noch immer präsent. Damals ging die Sache für die Reederei gut aus, denn extern verursachte Stauereischäden hatten zur Explosion geführt, nicht aber Nachlässigkeit an Bord. Hier war dem jungen Schifffahrtskaufmann bewusst geworden, was alles in seinem Arbeitsfeld passieren kann, wenn etwas wirklich schiefgeht. Menschenleben, Werte und Umwelt sind in solch einem Fall in Gefahr; vieles kann verloren gehen und das Unternehmen erschüttern.

Seit Jahren läuft es gut für die Reederei Thomas Schulte. Ihr 40-jähriger Chef, der es schafft, einen distinguierten Habitus mit sympathischer Lockerheit zu vereinen, scheint sein Dasein im maritimen Tätigkeitsfeld zu genießen. Den als »dramatisch« empfundenen Zuwächsen folgend gelte es, stets neue Leute einzustellen und zu integrieren. Hier regiert die kontinuierliche Ausweitung an Aufgaben und nicht der von dunkel gekleideten Beraterteams empfohlene Personalabbau, der in Hamburg früher stürmisch wachsende Firmen wie etwa die Presseverlage heimsucht. Nach wie vor haben die Unternehmenszentralen von Reedereien eine überschaubare Größe. Bei

Thomas Schulte arbeiten nicht einmal 50 Mitarbeiter für das Management der bald 43 Schiffe. Alexander Schulte freut, dass seine Branche als Arbeitgeber wieder »sexy geworden« sei. Das liest er unter anderem an den zahlreichen Initiativbewerbungen ab, die inzwischen auf seinem Tisch landen. Als er selbst vor zwanzig Jahren in die Lehre ging, verdienten Bankkaufleute ein höheres Gehalt. Kaum jemand wollte in die Schifffahrt. Das hat sich heute gedreht, nicht allein wegen besserer Gehälter und guter Berufsperspektiven, sondern auch wegen der stärker als je zuvor diversifizierten Arbeitsplätze in Verwaltung und Logistik. Aufgrund der von Emissionshäusern betriebenen Werbung für die Geldanlage in Schiffsfonds besitzt die Branche eine größere öffentliche Präsenz. Das hat seinen Anteil am Imagewandel ebenso wie die Tatsache, dass es eine neue Führungsgeneration gibt, die in den Reedereien nicht mehr so patriarchalisch auftritt wie ihre Vorgänger. Die Attraktivität der Arbeit in einer Reederei hängt wesentlich vom Binnenklima und der Aufgabenverteilung ab. Ist eine weitreichende Zufriedenheit vorhanden, fällt die personelle Fluktuation geringer aus. Dafür, so bekundet Schulte, ziele die bei ihm praktizierte Personalführung auf langfristige Bindungen ab. Er kennt abschreckende Beispiele von der Konkurrenz, wo ein hochbezahlter Technischer Inspektor weitaus mehr als das übliche Maß an Schiffen zu betreuen hatte und aufgrund der umfassenden Belastungen, die daraus erwuchsen, über zwei Jahre keinen Urlaub mit seiner Familie verbringen konnte. Schulte will nicht riskieren, jemanden derartig zu verschleißen und dann nach wenigen Jahren zu verlieren. Langfristige Überforderungen sollen von vornherein vermieden werden; das bekommen die Neueinsteiger auch gesagt.

Bei einem prosperierenden Unternehmen, dessen Schiffe weltweit für verschiedene Charterer unterwegs sind, ist es eine besondere Herausforderung, den Kontakt zu den Führungskräften und Besatzungen zu pflegen. Daher legt die Reederei Thomas Schulte wert darauf, Kapitäne und Leitende Ingenieure zur Weiterbildung nach Hamburg zu holen. Ende 2007 nahmen vierzehn Führungskräfte im gediegen ausgestatteten Konferenzraum Platz, wobei sie Vorträge über Schadensprävention oder etwa Umweltschutz auf See hörten. Den langgestreckten Raum schmückt ein mehrere Meter breites 180-Grad-Panoramafoto der Elbe und des Hamburger Hafens in der Morgendämmerung. Die kunstvolle Aufnahme zeigt den Kaispeicher, auf dem in einigen Jahren die Elbphilharmonie stehen wird, den alten Bananenfrachter *Cap San Diego*, den Segler *Rickmer Rickmers*, die Landungsbrücken und das hafenseitige Stadtpanorama. Es ist ein ruhiges, stimmungsvolles Foto, das die Keimzelle des Hamburger Wohlstands abbildet. Auch wenn kein moderner Frachter zu sehen ist, weiß jeder Betrachter, was mit dem Hafen und seinem Standort verbunden ist. Schon über vierzig der größten Containerschiffe der Welt haben deutsche Reeder jüngst in Korea geordert. Alexander Schulte gehört nicht dazu. Er will, dass sein Familienunternehmen weiter wächst, aber er möchte den Bogen in wirtschaftlicher Hinsicht nicht überdehnen. Schließlich erfordert es ein immenses Kapital, acht für einen Pendelverkehr benötigte 13 000-TEU-Schiffe zu finanzieren. Dann kommt noch der beträchtliche Managementaufwand für den Schiffsbetrieb hinzu. Daher stellt er Fragen, die auch die Konkurrenten bewegen: Ist die Konstruktion der neuen Kolosse tatsächlich praktikabel? Wie ist ihr Handling, etwa beim Betrieb der Hauptmaschine oder beim Ladevorgang? Da müssen ab Ende 2009 erst einschlägige Erfahrungen gemacht und möglicherweise empfindliches Lehrgeld gezahlt werden.

Und die Besteller der 13 000er? Alexander Schulte findet einen durchaus nicht zu vernachlässigenden Erklärungsansatz, indem er mit ausgebreiteten Armen auf seinen Konferenzraum weist: »Das Ego von einigen aus dieser Branche passt nicht mal in dieses Zimmer!« Namen werden dabei aber nicht genannt ... Offenbar ist es verlockend für einige der großen Mitspieler, die Konkurrenten hinsichtlich der Dimensionen der neuesten Schiffe zu übertrumpfen. Das sonst so vielzitierte hanseatische Understatement gerät dabei ins Hintertreffen. Auch wenn einflussreiche Reederpersönlichkeiten im äußeren Auftreten mitunter bescheiden und betont unauffällig sind, hegen sie doch ein starkes Bedürfnis nach geschäftlicher Performance, die durchaus in der Größe der Schiffe manifestiert sein kann. Auch beim Ranking spielt der Ehrgeiz eine Rolle. So wird die Orderliste der Werften geprüft: Wer hat die Nase vorn? Wer hat wie viel

Tonnage bestellt? Das sind Fragen, die das Ego berühren. Und einige der kollegialen Konkurrenten tragen gewisse Ranking-Spiele aus, unter Einsatz Hunderter Millionen Euro Investitionskapital. Nur gut, dass sie letztlich all ihre kostspieligen Neubauten an die Befrachter verchartern können.

»Regatta ist immer«, heißt es unter Seglern: Wenn ein anderes Boot in die Nähe kommt, muss um jeden Preis ein Überholtwerden vermieden werden. Ähnlich ehrgeizig geht es in der deutschen Reeder-Elite zu. Sie gerät sich nicht nur bei den zu vergebenden Bauplätzen auf den asiatischen Großwerften ins Gehege. »Hanseatisch zurückhaltend« kann Alexander Schulte zufolge nicht jeder sein, wenn es darum geht, Verträge für Neubauten zu schließen und die Schiffe in den Markt zu integrieren. Heute sind die Werften derartig ausgelastet, dass die Ablieferung eines über 2500 TEU fassenden Containerfrachters erst 2011 erfolgt, selbst bei einer Bauzeit, die weniger als ein Jahr umfasst. So lange will in der Regel kein Reeder warten. Daher werden mitunter alle Register gezogen, um schneller als die Konkurrenz zu sein. Maklerfirmen wie Walter J. Hinneberg kommt dabei eine zentrale Bedeutung zu, denn sie kontrollieren den Zugang zu den koreanischen Schiffbauern. Wer wie der Schiffsmakler vom Ballindamm an solch einer Schaltstelle sitzt, der muss bei der Verteilung von Bauplätzen an Reedereien mit Fingerspitzengefühl vorgehen, um möglichst niemanden nachhaltig zu verprellen. Dies fordert den Beteiligten am Geschäft eine hohe Contenance ab, die wiederum als hanseatisch bezeichnet werden könnte. Aber Alexander Schulte hat erlebt, dass dies aufgrund der Überstrapazierung der Werften und der norddeutschen Auftraggeber nicht immer möglich war. Vor Jahren, als die Reederei Thomas Schulte Anlauf zu ihrem Wachstum nahm, blies dem Unternehmen ein kräftiger Wind der Konkurrenz ins Gesicht. Nicht nur ein Mal wurden ihm Steine in den Weg gelegt. Die Quintessenz lautet entsprechend: »Egal wie groß das Unternehmen ist, es wird niemandem was geschenkt.«

Der junge Schulte hat keine Universität besucht, sondern eine brancheninterne praxisorientierte Ausbildung durchlaufen, was typisch ist für zahlreiche Reeder. Ihr hochentwickeltes Verständnis der Marktzusammenhänge und ihre Fähigkeit, mit verschiedensten

Partnern aus der Finanzbranche zu kooperieren, ermöglicht die fortgesetzte Prosperität. Dass die Reederei Thomas Schulte so lebendig geworden ist, verdankt sie zu einem guten Teil dem 40-jährigen Chef. Er beherrscht die Tätigkeit als Dienstleister im maritimen Fondsgeschäft, das ein hohes Maß an Aufmerksamkeit und Sensibilität erfordert. Alexander Schulte füllt seine Position allem Anschein nach spielend aus, obwohl er gelegentlich an sechs Tagen in der Woche dafür arbeitet. Im Kreis der Reeder-Konkurrenz ist er einer der jüngsten, aber ein junger Wilder ist er dabei kaum. Vielmehr erscheint er als ein klassischer Unternehmertyp, der noch imstande ist, die Geschäfte seiner Firma im Detail zu überblicken und selbst zu steuern. Das dürfte bei weiteren Zuwächsen schwieriger werden.

Frühmorgens joggt der Reeder gern um die Alster. Auf der siebeneinhalb Kilometer langen Runde hat er Zeit, über neue Namen für die bestellten Frachter nachzudenken. Traditionell benennen beide Schulte-Reedereien ihre Schiffe so, als ob es Familienmitglieder wären: *Annie Schulte, Benjamin Schulte, Carolin Schulte …* Da dies seit Jahrzehnten Praxis ist, sind gegenwärtig weit über hundert Schiffe mit dem deutschen Familiennamen in Fahrt. Allerdings gibt es derart viele Ehegatten, Töchter, Söhne, Nichten und Neffen gar nicht, dass die Frachter nach authentischen Personen benannt werden könnten. Einmal war man bereits »auf den Hund gekommen«, in der Form, dass der Rufname der Hündin der Familie ausgewählt wurde. Der Chef sieht eine pragmatische Lösung: Wenn es den Zuständigen an Phantasie bei der Vornamenssuche für die nächsten Neubauten mangelt, müsse man nur Namenslisten im Internet durchsehen. Da gebe es genügend Anregungen. Verschmitzt fügt Alexander Schulte an: »Unser Wachstum soll nicht an den Vornamen scheitern.«

Das Stammhaus, die Reederei Bernhard Schulte, spielt demgegenüber in einer ganz anderen Liga. 1987, als der damals 48-jährige Thomas Schulte beschloss, eigene Wege zu gehen, war das Familienunternehmen von der gerade überstandenen schweren Schifffahrtskrise schwer gebeutelt: Von den ursprünglich 30 eigenen Schulte-Schiffen und 100 weiteren im Management waren nur 22 geblieben. Aus dieser Talsohle heraus schafften die Unternehmen der Brüder ihren Aufstieg, Heinrich jedoch in einer ganz besonderen Qualität. Das Verbindende sind die gemeinsame Geschichte und die dunkelgrüne Reederei-Flagge. Bei Bernhard Schulte zeigt sie ein weißes »S« auf rotem Kreis, bei Thomas Schulte hingegen ein »TS« auf rotem Karo. Das Trennende ist die Dimension. Dr. Schulte, Jahrgang 1935, hat neben Ascan Lutteroth auch heute noch das Sagen im Beirat der Schulte Group, wie sich das Unternehmen seit einigen Jahren nennt. Der Senior ist seit 45 Jahren in der Schifffahrt aktiv. Mit Stückgutfrachtern und Gastankern betrieb er an der Seite seines Vaters in den sechziger Jahren das Geschäft, das zunehmend internationaler wurde: 1971 flaggte Bernhard Schulte erstmals ein Schiff nach Liberia aus. Zwei Jahre später wurde von den Hamburgern die erste deutsche Schiffsmanagement-Firma auf Zypern gegründet, ausgerechnet im Jahr des eskalierenden türkisch-griechischen Konflikts um die Insel. Das Besondere daran war, dass in Limassol nicht nur eigene Schulte-Schiffe, sondern auch Frachter anderer Gesellschaften unter günstigeren Bedingungen als in der Bundesrepublik bereedert werden konnten. Zypern stellte eine wichtige Stufe von Bernhard Schulte in der Entwicklung zum internationalen Unternehmen dar.

Heute ist die Schulte Group ein global operierender Mitspieler, der 15 000 Seeleute sowie 1000 Mitarbeiter an Land beschäftigt. Diese immensen Zahlen kommen dadurch zustande, dass 620 Schiffe gemanagt werden, von denen 90 der Schulte Group gehören. Der enormen Größe entsprechend, wird der selbstbewusste Anspruch formuliert, die Spitze im »quality shipmanagement« einzunehmen. Genau genommen ist Bernhard Schulte seit Jahren schon ein Konzern, der in seiner Schiffssparte bald 40 eigene Containerfrachter mit 115 000 TEU, 32 Öl-, Chemikalien- und Produktentanker sowie Bulker und Fähren betreibt. Damit hat Heinrich Schulte das Oetker-Motto der Diversifikation in konsequenter Form umgesetzt. Neben den zwischen 1000 und 6500 TEU großen Frachtern lässt sich seit geraumer Zeit auch mit den Tankschiffen und Bulkern gutes Geld verdienen. 1996 wurde außerdem die Linienreederei OPDR übernommen. Hinter dem Kürzel verbirgt sich die traditionsreiche Oldenburgisch-Portugiesische Dampfschiffs-Rhederei. Das zweite und arbeitsintensivste Standbein von Bernhard Schulte ist das Schiffsmanagement. Agenturen in England, auf den Bermudas und Zypern, in Hongkong, Singapur und Shanghai rekrutieren und betreuen Seeleute aus aller Herren Länder. Dazu gehört auch, dass man sich um die Angehörigen an Land kümmert. Da vor allem die Filipinos, so Heinrich Schulte, stark familienbezogen seien, fungieren dortige Schulte-Agenturen als Ansprechpartner für die Familien der Seeleute, beispielsweise wenn es um Fragen der Krankenversicherung oder Krankenbetreuung geht. Das gehöre dem Reeder zufolge zur Personalführung in diesen Zeiten, die vom harten Wettbewerb um qualifizierte Mannschaften gekennzeichnet sind. Die Schulte Group will auch künftig ein wirtschaftlich unabhängiges Familienunternehmen bleiben. Dafür hat sie als weitere Standbeine Tochtergesellschaften zur Kapitalakquise und zur Vermittlung von Schiffsbeteiligungen geschaffen. Hinzu kommen Immobilien in aller Welt, die zum Teil von den konzerneigenen Offices genutzt werden.

Die Unternehmensstruktur ist dezentral und verschachtelt. Mittlerweile wird durch Umfirmierungen und Verschlankungen versucht, Schulte als »Marke« stärker zu konturieren. Ihr Feld ist die Welt, aber das Herz der Schulte Group schlägt in einem nüchternen Bürogebäude aus den fünfziger Jahren am Hamburger Hafen. Vorsetzen heißt die Adresse, zwischen den Landungsbrücken und dem Germanischen Lloyd also, dort wo die U-Bahn auf altertümlichen Stahlkonstruktionen quietschend vorbeifährt. Sie lärmt wie der Straßenverkehr, aber den fulminanten Blick auf die Elbe mit dem belebten Hafenpanorama kann sie den Mitarbeitern in der Schulte-Zentrale nicht nehmen, denn sie sitzen in den oberen Stockwerken des profanen Baus. Zur Linken rahmen die Speicherstadt und die werdende Elbphilharmonie den Blick ein, zur Rechten die Docks von Blohm + Voss und am Horizont die Kräne vom Burchardkai, während im Rücken der Turm des »Michel« steht. Ein angemessener Platz, wenn man an die Stellung der Schulte Group denkt, doch die Räumlichkeiten sollen sich in absehbarer Zukunft ändern. »Heini« Schulte, wie er von Brancheninsidern genannt wird, ist so etwas wie der Elder Statesman der Hamburger Reeder. Hellwach und ein wenig kauzig wirkt der mit einem reichen Erfahrungsschatz versehene Unternehmer, ein alter Kämpe mit Überblick.

Schlichter Nachkriegsbau: Zentrale der Bernhard Schulte Group
nahe den Landungsbrücken

In einem wesentlichen Punkt unterscheidet sich die Schulte Group von den meisten Hamburger Schifffahrtsunternehmen: Die derzeit von der Reederei eingesetzten Schiffe befinden sich zur Hälfte in ihrem Eigentum. So sollte es nach der handelsrechtlichen Definition eigentlich generell sein, denn eine Reederei ist ein Unternehmen mit Schiffsbesitz. Die meisten Konkurrenten haben allerdings so gut wie kein eigenes Kapital in ihrer Flotte, da fast ausschließlich mit Fondsschiffen operiert wird. Sie managen sie nur, das heißt, sie sind Bereederer. Heinrich Schulte sieht diese Entwicklung kritisch, in vielerlei Hinsicht. Den Grad der Verbundenheit mit dem wirtschaftlichen Erfolg eines Unternehmens hält er bei den klassischen Reedern für stärker ausgeprägt als bei denjenigen, die fast ausschließlich fremdfinanzierte Schiffe einsetzen. Wer trägt eigentlich das Risiko bei den in der Bereederung von Frachtern tätigen Unternehmen? Es sind die Anleger und vielleicht noch die Banken, nicht aber die Herren an der Spitze der Emissionshäuser.

1998 gab Heinrich Schulte im Alter von 65 Jahren die Leitung der Reederei ab. Es wurde eine Geschäftsführung eingesetzt, die von einem mit starken Vollmachten ausgestatteten Beirat kontrolliert wird. Der Senior und sein Partner Ascan Lutteroth sind selbstbewusst: Sie wollen keine »Frühstücksdirektoren« abgeben. Die vor einem Jahrzehnt durch externe Kräfte besetzte Geschäftsleitung sieht Dr. Schulte als eine Art von Interregnum. Am liebsten wäre ihm eine Nachfolge aus der eigenen Familie, doch bislang sei dafür nach Ansicht des Beirats noch niemand weit genug. Fünf Töchter bekam er, bis zwei Söhne folgten, »von *einer* Frau«, wie der Reeder betont. Der ältere der Söhne ist Mitte zwanzig; beide absolvierten eine Ausbildung zum Schifffahrtskaufmann. So weit verläuft alles geradezu klassisch. Ob sie aber eines Tages wie etwa bei Döhle und F. Laeisz die Chefposition ausfüllen wollen und können, ist nicht gesagt. Vor einiger Zeit fragte Heinrich Schulte eine seiner Töchter, ob sie nicht in die Geschäftsleitung einsteigen wollte. Er holte sich eine Abfuhr. Es kommt auf sehr spezielle Qualifikationen und eine leidenschaftliche Beziehung zum Geschäft mit dem Handel zur See an, um in diesem Feld zu reüssieren.

Die Schulte Group bezeichnet es auf ihrer Homepage als »Mission«, ein führendes, unabhängiges und in Familienbesitz befindliches Unternehmen zu sein, das Schiffe sein eigen nennt und die Dritter managt. Das lässt sich auch durch eine familienfremde Führungsriege leisten, derzeit mit dem Südafrikaner Ian Beveridge als Geschäftsführer. Dem Senior zufolge reise Beveridge ohne Unterlass, um die verzweigte Schulte Group zu führen. Dutzende Agenturen und Großkunden weltweit, Hunderte Schiffe im Management, Seeleute in Divisionsstärke, das ist eine Herkulesaufgabe, auch wenn an Land 1000 Mitarbeiter tätig sind.

Dr. Schulte schätzt Hamburgs enormes maritimes Cluster. Dort sieht er den Schifffahrtsstandort Nr. 1 in Europa – vor Oslo. Von London ist schon lange keine Rede mehr. In der Hansestadt spielt die Musik, an der Elbe brummt das Geschäft. In den siebziger Jahren sah das ganz anders aus. Die Reederei Bernhard Schulte gehörte zu den Ersten, die mit der Ausflaggung von Schiffen nach Liberia und in andere günstige Flaggenstaaten begannen. Eine Verlegung des Unternehmenssitzes ins Ausland wäre damals aus wirtschaftlichen Gründen günstig gewesen, doch das unter Bundeskanzler Willy Brandt verabschiedete Außensteuergesetz machte dies unmöglich: Bei einer Sitzverlegung verlangte es die Versteuerung der Sachwerte zum Verkehrswert. Welcher Reeder hätte sich das leisten können? Ein von ihnen gern gewählter Kompromiss war die Gründung einer Niederlassung im griechischen Teil Zyperns. Die Insel bot bedeutende Anreize, denn sie gehörte nicht zur Europäischen Gemeinschaft, was »Offshore« genannt wurde. Auf Zypern waren Nettogewinne lediglich mit 4,25 Prozent zu versteuern. An die 50 000 Offshore-Gesellschaften aus aller Welt und den verschiedensten Branchen ließen sich im Lauf der Zeit auf der Insel im östlichen Mittelmeer nieder. Darunter war eine ganze Reihe von Banken und Handelshäusern aus dem bürgerkriegsgeschüttelten Libanon und zahlreiche Briefkastenfirmen, die lediglich der Geldwäsche dienten. Auch der 1974 eskalierende türkisch-griechische Konflikt konnte die an den vorteilhaften Bedingungen Zyperns interessierten deutschen Schifffahrtsunternehmer nicht davon abhalten.

Die Reederei Bernhard Schulte schickte mit Heinrich Schoeller einen besonders alerten Kopf nach Zypern. Zuvor hatte der noch nicht einmal Dreißigjährige als Zweiter Offizier auf einem ihrer

Frachter gearbeitet. Schoeller wusste sich als General Manager der Schulte-Niederlassung Hanseatic in Limassol zu bewähren. Seine Fähigkeiten und die mit einer zypriotischen Agentur verbundenen Vorteile machten die Runde, worauf er gegen Ende der siebziger Jahre von Christian Ahrenkiel gebeten wurde, für ihn etwas Ähnliches aufzubauen. Mit diesem Hamburger Reeder war Schoeller weitläufig verwandt. Hieraus entstand Columbia Shipmanagement, die Schoeller längst allein besitzt, da er sich von Ahrenkiel freischwimmen konnte. Mittlerweile ist die Schoeller-Holding ein diversifizierter Koloss, der unter anderem über 300 Fracht- und Passagierschiffe managt, hochwertige Tourismusimmobilien besitzt und weltweit mehr als 8000 Mitarbeiter beschäftigt. Je nachdem wo Heinrich Schoeller tätig wird, etwa bei der Übernahme eines in Schieflage geratenen Travemünder Luxushotels oder aber auf der Mittelmeerinsel, wird er von den Medien in divergierender Form bezeichnet: In Schleswig-Holstein will man in ihm einen »Hamburger Groß-Reeder« sehen, während er auf Zypern als einer der wichtigsten Unternehmer gilt, da er seit mehr als drei Jahrzehnten auf der Insel lebt und dort seine Holding steuert. Dr. Schulte schmunzelt bei der Erinnerung daran, dass seine Familienreederei an der Initialzündung dieser bemerkenswerten unternehmerischen Entwicklung Anteil hatte, indem sie Heinrich Schoeller nach Limassol schickte. Bewerber um den Posten habe es damals kaum gegeben …

Heute ist die Schulte Group ein führendes Unternehmen in der Bereederung von Schiffen. Als vorteilhaft bezeichnet Dr. Schulte an diesem Geschäftsfeld, dass das Management kein Kapital binde und stetige, feste Einkünfte erbringe, auch wenn diese im Vergleich zu anderen Verdienstmöglichkeiten in der Schifffahrt nicht hoch seien. Die starke Volatilität bei Chartern bietet Chancen auf höheren Verdienst, birgt aber auch die Gefahr schmerzlicher Verluste. Dr. Schulte hat in seinen 45 Berufsjahren eine Reihe von Krisen erlebt. Es komme naturgemäß zu Konjunktureinbrüchen im maritimen Geschäft, weshalb die Risikominderung durch das starke Engagement in der Sparte Schiffsmanagement von Bedeutung sei. Je nach Wunsch des Kunden stellt die Schulte Group Crew und Offiziere bis hin zum Kapitän und übernimmt das technische Management des Schiffes sowie seine Versicherung und Befrachtung. Vom Umfang des Leistungspakets hängt die Höhe der Bereederungsgebühr ab. Zahlreiche Konkurrenten tummeln sich auf dem globalen Markt, sodass die Preise unter Druck stehen, aber eine solche Qualität und Infrastruktur wie Schulte bieten nicht viele. Für das technische Schiffsmanagement werden 120 000 bis 150 000 Dollar jährlich berechnet. Am praktikabelsten für die Beteiligten ist, wenn der Eigner eine Jahrespauschale zahlt, mittels derer verschiedenste Kosten abgedeckt werden. Derzeit besteht für die Schulte Group ein Problem bei der Bemannung von Tankern. Da qualifiziertes Personal überaus rar ist, wird keine neue Tankertonnage mehr in die Betreuung aufgenommen. Ihre Professionalität im maritimen Personalmanagement gibt die Reederei weiter, indem seit einiger Zeit Venezolaner für diese Tätigkeiten ausgebildet werden, da es in dem südamerikanischen Land an diesbezüglicher Expertise und folglich auch an Seeleuten fehlt.

Vor über zwanzig Jahren zahlte Dr. Heinrich Schulte seinen jüngeren Bruder Thomas aus, worauf sich dieser mit der Reederei Thomas Schulte selbständig machte. Ausschlaggebend für die Trennung war, dass Heinrich nach dem Willen des Vaters persönlich haftender Gesellschafter wurde, was den Jüngeren störte. Dass es heute ein zweites Unternehmen mit grün-roter Flagge und dem Namen Schulte in der Schifffahrt der Hansestadt gibt, stört den Senior der Schulte Group nicht. Bei norwegischen Familien wie den Willemsens, Bergensens und Odfjells sei so etwas auch an der Tagesordnung. Die Zentralen der Reedereien Schulte Group und Thomas Schulte liegen etwa einen Kilometer Luftlinie voneinander entfernt. Dass dort der 40-jährige Neffe Alexander in gleichen Wassern fischt, stört Dr. Heinrich Schulte nicht. Er sieht darin keine unnötige Konkurrenz. Fest steht, dass die 1987 am Ende der deutschen Schifffahrtskrise erfolgte Abspaltung das Stammhaus nicht geschädigt hat auf dem Weg in die Diversifikation. Einen wesentlichen Unterschied gibt es allerdings: Bei Thomas Schulte arbeitet mit Alexander schon seit Jahren ein agiler Nachfolger aus der Familie auf dem Chefsessel. Das ist bei der Schulte Group noch nicht gelungen, hier sieht der Senior in der Geschäftsleitung bislang ein Interregnum und hofft auf die Entwicklungspotenziale seiner beiden Söhne.

Frank Leonhardt
(Reederei Leonhardt & Blumberg)

»Einer muss diesen Laden führen«, sagt Frank Leonhardt, der das 1903 gegründete Familienunternehmen Leonhardt & Blumberg leitet. Derzeit hat die in Neumühlen gegenüber dem Burchardkai ansässige Reederei 45 Containerfrachter sowie vier Kühlschiffe und einen Bulker in Fahrt. Das Standardschiff der kurz L & B genannten Reederei ist der 1740-TEU-Frachter. Als größte Einheiten sind zwei Panmaxe aus der Mitte der neunziger Jahre im Einsatz. Dagegen wurde die Hälfte der Flotte in der Zeit nach der Jahrtausendwende in Dienst gestellt. Die Frachter sind meist mit nur ein- bis zweijährigen Verträgen an Mærsk, Hapag-Lloyd, Hanjin, NYK oder Wan Hai verchartert. Seit langem schon ist eine ganze Reihe von L & B-Schiffen im Pazifik in Fahrt, sodass enge Verbindungen mit Linienreedereien in Japan, Taiwan und China bestehen.

Frank Leonhardts Auftreten ist eine Spur legerer als das eines klassisch-hanseatischen Reeders, doch er verfolgt eine konservative unternehmerische Strategie. Sie ist in seinem knappen Motto »Maß halten!« bündig zusammengefasst. Der 1946 geborene, seit 40 Jahren tätige Schifffahrtskaufmann geht mit Bedacht vor. Daher wächst seine Flotte nicht sprunghaft wie die der großen Konkurrenten, sondern organisch. Jährlich kommen in der Regel zwei bis fünf Schiffe der Standardgröße hinzu. Insgesamt beläuft sich die Kapazität trotz der hohen Zahl der Einheiten auf nur 84 000 TEU, womit L & B in der Mitte der deutschen Tonnage-Supplier rangiert. Leonhardt hat Erfolg mit seiner Strategie. Er weitet seine geschäftlichen Aktivitäten kontinuierlich aus und ist unabhängig, worauf er sehr viel Wert legt. Dies will er auch bleiben. Daher beunruhigt es ihn nicht, wenn seine norddeutschen Konkurrenten derzeit Großfrachter in Serie ordern. Er schaut sich das mit einer gewissen Skepsis an. Seiner Einschätzung nach liegt ein höheres unternehmerisches Risiko darin, teure Schiffe mit zehn- bis zwölfjähriger Vertragslaufzeit verchartern zu müssen, wofür überhaupt nur wenige Linienreedereien in Frage kommen. Steigerungen der Betriebs- und Unterhaltungskosten für Schiffe könnten sich für den Eigner zum gravierenden Problem auswachsen, wenn in den Verträgen eine »Gleitklausel« fehlt, die Kostenanstieg und Aufschläge kompensiert. Darum wird zwischen Tonnage-Suppliern und Charterern energisch gefeilscht. Frank Leonhardt möchte nicht infolge großer Frachter in die Zange zwischen den großen Linienreedereien und den möglicherweise beunruhigten Anlegern geraten, denn ob die Renditeerwartungen der KG-Modelle auch bei den neuen Riesenschiffen erfüllt werden können, muss sich erst zeigen. Lieber verchartert L & B ihre Standardschiffe für ein bis zwei Jahre an einen Kreis von zehn potenziellen Kunden und kann bei günstiger Konjunktur in der nächsten Runde höhere Charter aushandeln, als wenn man durch Langfristverträge gebunden wäre.

1974, nach dem Tod seines Vaters Hans Leonhardt, rückte der 28-Jährige auf die Position des Firmenchefs nach. Der jüngste von drei Söhnen hatte bei der Reederei Ernst Komrowski gelernt und bei Maklerfirmen in London und New York gearbeitet, bevor er in der Verwaltung der väterlichen Firma tätig wurde. Dass die Wahl des Vaters bei der Suche nach dem geeigneten Nachfolger auf den Jüngsten fiel, lag daran, dass der Älteste der Leonhardt-Brüder Biologe wurde und der Mittlere eigene Wege ging und sich 1974 in der Schifffahrtsbranche selbständig machte. Nahezu dreieinhalb Jahrzehnte

führt Frank Leonhardt nunmehr die Reederei, die von seinem Großvater und dessen 1922 verstorbenem Partner Arthur Blumberg gegründet worden war. Drei Generationen in der Schifffahrt – darauf
ist Frank Leonhardt stolz. Entsprechend sieht er im Vater und dem
Gründer seine Vorbilder. Er leitet »diesen Laden« mit Leidenschaft,
nicht aber nach Gutsherrenart, wie er unterstreicht. Schließlich werde die Leistung des wachsenden Unternehmens durch Teamwork
der 80 Mitarbeiter in der Zentrale und der 1000 Leute auf See er-
bracht.

Das Chefbüro im Ostflügel des Hanse-Gate bietet ein ähnlich be-
merkenswertes Panorama wie das von Bertram Rickmers in der Nach-
barschaft. Während dieser aber vom Schreibtisch aus elbabwärts
blickt, schaut Leonhardt elbaufwärts in Richtung von Blohm + Voss.
Zu seiner Linken hängt ein Ölgemälde des dänischen Malers Alfred
Jensen aus der Frühzeit der Reederei, das den 1906 gebauten Fracht-
dampfer *Marie Leonhardt* zeigt, rechts geht der Blick auf den Strom,
die unten liegenden Schlepper und den Burchardkai. Das Contai-
neraufkommen an den Terminals und der Lastwagenstau auf der
Köhlbrandbrücke lassen sich so stets gut überblicken. Das gehört
hier am Elbufer zum alltäglichen, immer wieder beeindruckenden
Szenario.

Frank Leonhardt strahlt Selbstsicherheit und Zufriedenheit aus,
wenn er sagt, sein Unternehmen habe »überhaupt keinen Zwang zu
wachsen«. Nicht unbedenkliche Zwangsläufigkeiten entstehen seiner
Auffassung nach bei den Reedereien, die ein eigenes Emissionshaus
betreiben. Diese müssten schließlich das unausgesetzt eingeworbene
Kapital in neue Projekte investieren. Darin sieht Leonhardt ein struk-
turelles Problem der unmittelbaren Verbindung eines Schifffahrts-
unternehmens mit der systematisierten Geldeinwerbung. Im Gegensatz dazu hat für Leonhardt die Plausibilität eines Projekts Vorrang.
Zur Wahrung seiner Unabhängigkeit ist er strikt gegen ein eigenes
Emissionshaus, aber er bedient sich der Finanzdienstleister. Vor allem mit Hermann Ebels Hansa Treuhand wird kooperiert; hinzu
kommen das Münchener Emissionshaus Hannover Leasing sowie
Investoren aus dem Familien- und Freundeskreis. Seit den siebziger
Jahren operiert L & B mit Ein-Schiff-Gesellschaften, die durch das

Eigenkapital von Anlegern und über Bankdarlehen finanziert werden. Bei aller Erfahrung spricht der Reeder mit Nachdruck aus, dass er das Schiff aufgrund seiner Volatilität für eine »risikoreiche Kapitalanlage« hält, denn eines habe er nach vierzig Jahren in der Branche gelernt: »Die ganzen Prognosen über den Markt treten nie ein!« Deshalb versagt Leonhardt den renditeträchtigen Aussagen der Emissionshausprospekte die Zustimmung.

Woher rührt diese Skepsis? Es müssen keine globalen Katastrophen sein wie die Weltkriege, die sowohl dem Großvater als auch dem Vater den Totalverlust der L&B-Flotte und entsprechenden wirtschaftlichen Schaden beibrachten. Es hat sich gezeigt, dass selbst durch ein im Vergleich zu den jahrelangen Kriegen in seiner Dimension begrenztes Ereignis wie die Terroranschläge vom September 2001 die globale politische Lage und damit auch die Weltwirtschaft stark beeinträchtigt werden kann. Die danach einsetzende weltweite Rezession und Konsumflaute schlug schnell auf den internationalen Seehandel durch, sodass die Fracht- und Charterraten sanken. Allerdings hatte gerade die Containerbranche schon vor dem 11. September 2001 Konjunktureinbrüche zu verzeichnen. Sie wurden durch die Folgen der Anschläge in den USA nur massiv verstärkt. Für die Emissionshäuser war die Flaute dennoch kein Grund, ihre Projekte und die Kapitaleinwerbung zu bremsen. Angesichts dessen schrieb das *Manager Magazin* im Dezember 2001: »Die Geldeinsammler platzieren das Schiff, koste es, was es wolle.« Als Beispiele für findige, ja zum Teil aggressive Anlegerwerbung nannte das Wirtschaftsmagazin die wichtigen Emissionshäuser Nordcapital, Atlantic und MPC sowie den Dortmunder Initiator Dr. Peters. Die Stimmung Ende des erschütternden Jahres 2001 war für die Schiffsfonds nicht unproblematisch, und doch gab es zufriedene Anleger, die als »Wiederholungszeichner« ihren Emissionshäusern auch in dieser Phase treu blieben.

Wer in Schiffe investiert, muss einen langen Atem und Vertrauen in die Beteiligten haben. Durch kritische Berichte in der Wirtschaftspresse oder das gelegentliche Ausbleiben jährlicher Ausschüttungen lassen sie sich nicht nachhaltig irritieren. Sie glauben, je nach Reederei aus gutem Grund, an die Vorteile des Anlagemodells. Beispielhaft dafür mag die Performance der Ein-Schiff-Gesellschaften von L & B sein, wo die Anleger in der Regel eine Rendite von über zehn Prozent erhalten. Allerdings kam es schon zu dem Fall, dass in einem Jahr gar keine Ausschüttung erfolgte. Der völlige wirtschaftliche Flop eines Schiffes ist jedoch noch nie eingetreten. Hingegen gab es mit der *Fine Eagle* ein Vorzeigemodell: Der 1986 beim Bremer Vulkan gebaute und im Pazifik zwischen Australien und Neuseeland eingesetzte 1021-TEU-Frachter war schon nach acht Betriebsjahren schuldenfrei und brachte es sogar auf 35-prozentige Ausschüttungen an die Anleger. Die Rezession der frühen achtziger Jahre ließen solche »Paradepferde« nicht in Vergessenheit geraten, aber sie verdeutlichten, dass mit der Schiffsanlage Profite erzielt werden konnten.

Die Auswirkungen des für die maritime Industrie krisenhaften Jahres 2001 erlebte Frank Leonhardt nicht nur als mittelständischer Unternehmer, sondern auch in seiner Funktion als Vorsitzender des Verbands Deutscher Reeder. Das repräsentative Ehrenamt bekleidete er seit 1995 und leitete nach zwölf Jahren die Übergabe an einen Nachfolger ein. Als herausragende Leistung seiner Amtszeit betrachtet Leonhardt die in enger Kooperation mit anderen Mitspielern herbeigeführte Tonnagesteuer von 1999. Darin sieht er ein »Standortgesetz«, das den anhaltenden Boom der deutschen Handelsschifffahrt ermöglichte. Eine Ursache dafür mag eine typisch deutsche Eigenschaft sein, für deren Erklärung Leonhardt einen internationalen Vergleich bemüht: Der Grieche mit seinem besonderen Feeling fürs maritime Geschäft wache morgens auf, denke kurz nach, kaufe einen Tanker und habe damit Erfolg. Und der Deutsche? Er gehe völlig anders vor und frage sich als Erstes: ›Wie sieht die Steuergesetzgebung aus?‹ Erst bei passenden ordnungspolitischen Rahmenbedingungen komme es zur Investition. Vermutlich umweht die deutsche Reeder-Elite daher kein Hauch von Onassis, aber sie versteht mittlerweile doch, ein Geschäftsfeld zu beherrschen und im Geld zu schwimmen.

Frank Leonhardt hebt mit sichtlicher Freude hervor, dass die deutschen Containerschiffsreeder im internationalen Vergleich technologisch führend sind und nicht nur die jüngste, sondern auch die modernste Flotte der Welt betreiben. Derzeit hat L & B 15 Frachter geordet, die sämtlich in China gebaut werden. Mittlerweile fährt ein Viertel ihrer Containerflotte unter deutscher Flagge. Dies ist eine sprunghafte Entwicklung, denn noch vor wenigen Jahren gab es nicht ein einziges Schiff unter Schwarz-Rot-Gold. Die 1974 vonstatten gegangene Nachfolge im Familienunternehmen L & B verlief zweifelsohne glücklich, denn der heute 62-jährige Frank Leonhardt hat das erfolgreichste Kapitel der Reedereigeschichte geschrieben. Wer wird nach ihm kommen? Die Frage, die sich zwangsläufig auch die Gruppe der älteren Reeder stellen muss, zu der etwa Dr. Heinrich Schulte, Claus-Peter Offen, Jochen Döhle und etwa Bertram Rickmers gehören, wird nur ungern überhaupt formuliert. Die Antwort bleibt aus. All diese Reeder haben ihre Unternehmen zur Blüte gebracht, mit Know-how und Kalkül, Herzblut und Leidenschaft. Da fällt es naturgemäß am schwersten, die Leitung abzugeben an Angehörige, bezahlte Geschäftsführer oder Partner. »Einer muss diesen Laden führen«, sagt Frank Leonhardt, bei dessen Familie neben den Schultes am ehesten von einer Reeder-Dynastie gesprochen werden kann. Wer dieser Eine in der kommenden Generation sein wird, ist keineswegs mit der Existenz von Namensträgern beantwortet.

Gegenwärtig stellt sich die Frage der Nachfolge nur bei den wenigsten Familienunternehmen in der deutschen Handelsschifffahrt. Aber sie wird zwangsläufig in jeder einzelnen dieser Reedereien zum Thema. In der Mehrzahl der Fälle wird angestrebt, die Eigentümerschaft und Unternehmensführung auch in Zukunft in die berufenen Hände von Familienangehörigen zu legen. Letztlich könnte eine Reederei auch von der Konkurrenz übernommen werden. Da durch die Fusion beispielsweise beim Schiffsmanagement erhebliche Einsparpotenziale entstehen, würde es an Interessenten kaum mangeln. Diese Aussicht dürfte für manche Familienangehörige verlockend sein. Reederei-Übernahmen, wie etwa durch Bernd Kortüm im Falle der Norddeutschen Reederei H. Schuldt, wo in der Inhaberfamilie kein geeigneter Nachfolger bereitstand, kamen bislang selten vor. Einen einzigartigen Fall verkörpert daher die Hamburger Familie Schües: Sie übernahm sowohl bei F. Laeisz als auch bei der Staatsreederei der DDR das Steuer und musste daraufhin zwei völlig unterschiedlich strukturierte Unternehmen zusammenführen.

> Eine Diskussion um Ost oder West
> gibt es bei Laeisz heute nicht mehr.
> NIKO SCHÜES

David, Treuhand, Goliath

Die F. Laeisz GmbH ist in Rostock ansässig, obwohl ihre Wurzeln in Hamburg liegen und sogar bis in das Jahr 1824 zurückreichen. So viel Tradition hat sonst keine der großen deutschen Reedereien aufzuweisen. An der Langen Straße steht nahe dem Kröpeliner Tor ein respektables Bürogebäude aus den sechziger Jahren, in dem ehemals das Kombinat Seeverkehr und Hafenwirtschaft der DDR residierte. Dies war ein maritimer Koloss, der die beiden Volkseigenen Betriebe Deutsche Seereederei (DSR) und Deutfracht umfasste. Mit der Auflösung des zweiten deutschen Staates war zwangsläufig auch dessen Seehandel zusammengebrochen, vor allem aufgrund der nun ausgefallenen »Transferrubel« und der Ostblock-Exporte. Infolge mangelnder internationaler Konkurrenzfähigkeit lagen zahllose Schiffe ohne Beschäftigung in den Häfen der Ostsee. Doch DSR war nicht allein eine Frachtschiffreederei. Das verzweigte Unternehmen verfügte auch über eine Touristiksparte mit Urlauberschiffen wie der *Arkona* und Hotels sowie eine Reihe von Immobilien. Der Treuhandanstalt zufolge zählten DSR und Deutfracht im Jahr nach dem Fall der Mauer noch 7735 Beschäftigte. Da im Zeitraum zwischen der Währungsunion im Sommer 1990 und Ende 1993 drei Viertel der DSR-Flotte verkauft wurden – das waren insgesamt 123 Schiffe –, mussten allein 5600 Seeleute gehen. Diese Entlassungswellen und das zum Teil unglückliche Agieren der nachkommunistischen Geschäftsleitung bestimmten die Nachrichtenlage um die Rostocker Unternehmen. Dennoch gab es Bereiche der Linienreederei DSR, die weiterhin »rund« liefen:

Einige lange eingespielte Dienste ins östliche Mittelmeer sowie bis nach China wurden profitabel weitergeführt. Das Staatsunternehmen hatte zweifellos seinen Wert. Nur fehlte ihm ein kompetenter privatwirtschaftlicher Eigentümer, der es dauerhaft weiterführen konnte.

Er fand sich nicht in Gestalt einer potenten Reederei wie Hamburg Süd oder Bernhard Schulte, die eine Zeitlang die Idee prüften, sondern in zwei Hamburger Unternehmern, die nicht zur Spitzengruppe der maritimen Wirtschaft gehörten. So sorgte es für Aufsehen in der Branche, als die Treuhand im Mai 1993 beschloss, DSR an Horst Rahe und Nikolaus W. Schües zu veräußern. Der damals 54-jährige Rahe hatte in den Siebzigern zusammen mit Dr. Bernd Kortüm das erfolgreiche Emissionshaus Norddeutsche Vermögen aufgebaut. Später ging er mit einer Beteiligungsgesellschaft für Grund- und Schiffsvermögen eigene Wege. Schües war 1973 als Partner bei F. Laeisz eingetreten und hatte inzwischen maßgeblichen Einfluss in der Traditionsreederei gewonnen. Dass sie überhaupt familienfremder Partner bedurfte, hing damit zusammen, dass mit Erich F. Laeisz der letzte männliche Nachkomme des Gründers Ende der fünfziger Jahre verstorben war und die Erben keine dauerhaft geeignete Führungskraft stellen konnten. Mit der DSR-Akquise setzte die Hamburger Reederei zum größten Sprung in ihrer bald 170-jährigen Geschichte an. Eigentlich erfolgte hiermit eine Übernahme Goliaths durch David, denn F. Laeisz verfügte damals lediglich über sieben Containerfrachter, sechs Kühlschiffe und einen großen Erz-Öl-Doppelhüllenfrachter. DSR dagegen brachte 48 Einheiten mit, darunter sechs Containerschiffe und zwei Eisenbahnfähren.

Noch keine drei Jahre lag die Vollendung der deutschen Einheit zurück. Der mit 200 Millionen Mark subventionierte Verkauf von DSR aus den Händen der Treuhand an das mittelständische Hamburger Konsortium war eine der vielen Übernahmen in der Zeit des großen politisch-gesellschaftlichen Umbruchs und der wirtschaftlichen Konversion. Aufbruch- und Niedergangsstimmung kollidierten miteinander. Wie die Situation erlebt wurde, hing davon ab, auf welcher Seite man stand. Mittlerweile hatten schon Tausende an der Ostseeküste ihre Arbeit bei der Umwandlung der Volkseigenen Betriebe in marktwirtschaftlich orientierte Unternehmen verloren. Die von der Treu-

Nikolaus H. Schües
(Reederei F. Laeisz)

hand vollzogene Privatisierung früherer Staatsbetriebe, die an westliche Konzerne, Unternehmer und zum Teil branchenfremde Investoren gingen, riefen massiven Unmut hervor. Die ehemaligen DDR-Bürger wollten an die von Bundeskanzler Helmut Kohl versprochenen »blühenden Landschaften« glauben, doch sie erlebten eine massive Erosion von Arbeitsplätzen und die damit verbundenen sozialen Erschütterungen. Das wog für viele schwerer als das begeisternde Gefühl der durch den Mauerfall erlangten individuellen Freiheit.

Im Sommer 1993 ging der 27-jährige Nikolaus Hans Schües als Assistent des seit zwei Jahrzehnten in der Schiffsfinanzierung erfolgreich operierenden Horst Rahe nach Rostock, um dort die neue Zeit einzuläuten. Als »Niko« Schües an der Warnow ankam, hingen aus zahlreichen Fenstern der Reedereizentrale schwarze Fahnen. Die Mitarbeiter taten ihren Protest auf Transparenten mit Aufschriften kund wie »DSR – verraten und verkauft«. Dementsprechend erwartete den jungen Hamburger, der in London und Madrid Betriebs- sowie Volkswirtschaft studiert und seine Ausbildung als Schifffahrtskaufmann in New York komplettiert hatte, eine wahre Feuerprobe. Rahe und Schües wollten das frühere Staatsunternehmen vor Ort erhalten und dessen Frachtschiffflotte mit der von F. Laeisz zusammenführen. Die Investoren von der Elbe hatten der Treuhand vier Garantien geben müssen. Sie betrafen Investitionen in Höhe von mindestens 1,1 Milliarden Mark und die Bewahrung von mehr als 2200 Arbeitsplätzen. Zudem wurden die Anzahl und die Größe der Schiffe festgelegt. Damit, so die Kalkulation, sollte die gemeinsame Flotte in Zukunft profitabel arbeiten können. Was aber hielten die neuen Eigentümer bei dem subventionierten Geschäft eigentlich in der Hand? Das Durchschnittsalter der nach den Verkäufen verbliebenen DSR-Frachter war hoch, der technische Zustand kaum noch zeitgemäß. Als wertvollstes Element der Frachtschiffsparte erwies sich das erfahrene Reedereipersonal. »Davon zehren wir noch heute«, sagt Niko Schües, während er im Konferenzraum des Laeisz-Hofs am Hamburger Nikolaifleet sitzt.

Das 1897 errichtete Gebäude ist eines der seltenen Baudenkmäler des alten Hamburg. Schwere Bombenschäden hatte die Inhaberfamilie Laeisz nach dem Krieg beheben lassen, wodurch die authentische Gediegenheit des Gebäudes im Innern wie im Äußeren gewahrt blieb. Das Treppenhaus ist ein lichtes Atrium, in dem eine bronzene Skulpturengruppe und eine reliefartige Karte der Kontinente und Weltmeere die Seefahrt versinnbildlichen. Ein vornehmes Ambiente ist hier konserviert, das seine Langlebigkeit auch durch die hölzernen Kabinen des noch heute genutzten Paternosters vor Augen führt. Schiffsmodelle in Vitrinen, Seestücke in Öl und ein wandfüllendes Großfoto der Frachtsegler, die F. Laeisz einst berühmt machten, an der Schmalseite des Konferenzraums runden den Eindruck ab.

F. Laeisz war vor allem wegen ihrer in der einträglichen Salpeterfahrt eingesetzten schnellen Segler berühmt. Von diesen Kap Hoorn umrundenden »Flying P-Liner« genannten Drei-, Vier- und Fünfmastern ist die heutige Reederei weit entfernt. Eine Tradition aber hat sie beibehalten: Die Schiffe werden auf Namen getauft, die mit einem »P« beginnen. Dies ist das klassische Markenzeichen der Reederei, deren Logo einen Anker zeigt, der von den Buchstaben »F« und »L« flankiert und drei Sternen gekrönt wird. Heute fahren keine Fünfmastvollschiffe wie die *Preussen* mehr, die 8000 Tonnen Salpeter transportieren konnte, sondern zehnmal so große Panmax-Containerfrachter wie die *Hanjin Pretoria*, die maximal 4400 TEU befördern kann. Die einstige Eleganz der legendären Segler ist dahin, aber Effizienz, Zuverlässigkeit und Sicherheit der Frachter sind extrem gestiegen. Und darauf kommt es an, bei jeder Reederei.

Niko Schües, der junge Chef des Hauses, pflegt mittels dunkelblauem Anzug und silbernen Manschettenknöpfen mit eingraviertem Laeisz-Logo einen sehr hanseatischen Habitus. Er ist ein distinguierter Typ, der mit seinem sachlich-bestimmten Duktus hohe Professionalität ausstrahlt. Geradeheraus, analytisch, hinterfragend – eine ideale Reederpersönlichkeit? Auf jeden Fall einer, der 1993 in Rostock niemandem aus dem Weg ging, sondern im Haus der Schifffahrt nacheinander jeden DSR-Mitarbeiter in dessen Büro aufsuchte, um sich persönlich vorzustellen. Dabei gab es viele unterkühlte Reaktionen, aber auch die treffende Bemerkung einer Angestellten, die ihm sagte: »Herr Schües, Sie können machen, was Sie wollen. Wenn jemand nach fünf Jahren noch seine Arbeit hat, wird er Ihnen bescheinigen, gut gearbeitet zu haben. Wenn nicht, dann wird man sich über Sie beklagen.« Dies war die Ausgangslage in einer spannungsvollen Zeit. Entsprechend wurde die erste Betriebsversammlung, auf der Schües senior und Horst Rahe Ende August 1993 auftraten, vom Lärm zahlreicher Trillerpfeifen begleitet. Einfach war es nicht, aber mit der Zeit verschafften sich die neuen Eigentümer Respekt.

Eine negative Vorgeschichte hatte es gegeben, die den Ruf westdeutscher Schiffbauer und Unternehmer an der Ostseeküste deutlich in Misskredit brachte: Ein halbes Jahr vor der Wiedervereinigung vergab DSR den Auftrag zum Bau von sechs Containerschiffen à 2680 TEU. Die 19 Knoten schnellen Frachter waren für den Round-the-World-Liniendienst des von der Bremer Senator Lines, DSR und der südkoreanischen Reederei Cho Yang neu gebildeten Tricon-Konsortiums bestimmt. Gebaut wurden sie nicht auf den Werften des unter Treuhandverwaltung stehenden DDR-Schiffbaukombinats, sondern beim Bremer Vulkan, bei HDW in Kiel und bei den Nordseewerken in Emden. Die berechtigte Frage, ob nicht diese Frachter oder auch nur Teile davon an der Ostsee hätten gebaut werden können, beschäftigte die Politik in Mecklenburg-Vorpommern. Um die

Hintergründe der Auftragsvergabe von DSR an die größten westdeutschen Schiffbauer zu klären, setzte der Schweriner Landtag 1991 einen Untersuchungsausschuss »Vertragsabschlüsse Schiffbau und Schifffahrt« ein. Eigenwillig mutete beispielsweise an, dass sich an der Ausschreibung zu dem lukrativen Bauauftrag lediglich westdeutsche und koreanische Werften beteiligt hatten, während die in ihrer Existenz bedrohten Schiffbauer in Mecklenburg-Vorpommern außen vor geblieben waren. Dort konnte man zwar nur Containerfrachter bis zu 1900 TEU bauen, aber warum hatte DSR nicht darauf hingewirkt, wenigstens Sektionen der Frachter dort erstellen zu lassen? Das hätte vor Ort Arbeitsplätze gesichert. Vor dem Untersuchungsausschuss erschienen neben dem Vulkan-Vorstandschef Dr. Friedrich Hennemann eine ganze Reihe Zeugen aus Politik und Schifffahrt. Darunter waren auch norddeutsche Experten wie der Hamburger Schiffsmakler Christian Hinneberg sowie die Reeder Dr. Heinrich Schulte, Peter Döhle und sein Sohn Jochen. Westdeutsche Reeder hatten im Zeitraum zwischen dem Fall der Mauer und der Wiedervereinigung noch eine Reihe von Bauaufträgen an die ehemaligen DDR-Werften vergeben, vor allem wegen der günstigen Preise. Diese »Ultimo-Verträge« wurden nunmehr in Schwerin und Bonn kritisch geprüft.

Der Ausschuss ermittelte, dass die Senator Linie eine Tochtergesellschaft des Bremer Vulkan war, mit Minderheitsbeteiligung von Hamburg Süd und einigen norddeutschen Schifffahrtskaufleuten. Die bereits vor Oktober 1990 einsetzende Verflechtung der wirtschaftlichen Interessen des Bremer Vulkan mit dem ehemaligen Schiffbaukombinat der DDR hatte zur kritisierten Auftragsvergabe für die sechs DSR-Frachter geführt. Praktische Gründe dafür, dass die Ostseewerften keine Teilaufträge erhielten, lagen nicht vor. Ausschlaggebend war wohl, dass Dr. Norbert Henke, der ehemalige Vulkan-Vorstandschef, in den Aufsichtsgremien des früheren Schiffbaukombinats Einfluss ausüben konnte. Er lenkte die Aufträge nach Westen, obwohl seitens leitender DSR-Manager für die Einbeziehung der Kombinatswerften geworben wurde. Der Untersuchungsausschuss fand »keine einleuchtende Erklärung« für die Abläufe, womit Spekulationen Tür und Tor geöffnet wurden, dass es damals möglicherweise zu Schmiergeldzahlungen gekommen sein könnte.

Kein Unternehmer schätzt es, vor einem Untersuchungsausschuss Erklärungen abzugeben. Nach Schwerin wurden auch die Hamburger Reeder Döhle und Schulte bestellt, da sie zu denen gehörten, die noch kurz vor der Wiederherstellung der deutschen Einheit Schiffe auf Ost-Werften geordert hatten. Ärger gab es nach der Währungsunion, da die Schiffe nunmehr doppelt so teuer wie früher waren. Das konnte und wollte keiner der Auftraggeber zahlen. Die Reederei Bernhard Schulte ließ nach der Einheit den georderten 1400-TEU-Frachter fertigstellen und bezahlte inklusive eines Aufpreises letztlich stolze 30 Millionen Dollar für die *Charlotte Schulte*. Damit war sie das teuerste Schiff ihrer Klasse in der Schulte-Flotte. Heinrich Schulte stieß sich daran, dass er und andere westdeutsche Reeder sogar von Bonner Ministerien wegen preislicher Nachbesserungen angegangen worden waren. In der Öffentlichkeit galten sie mitunter als Profitler der Wende, aber sie hatten, anders als bei den Containerschiffsaufträgen zugunsten des Vulkan, wie schon im Jahrzehnt vor dem Fall der Mauer für Arbeit auf den Werften an der Ostsee gesorgt.

Die Stimmung an der Mecklenburger Küste war in Bezug auf Hennemann und die offenbar zu seinen Gunsten Richtung Westen arbeitenden Seilschaften gereizt. Zudem bemühte sich der gelernte Apotheker bei der Treuhand und der Landesregierung in Schwerin um die komplette Übernahme der Ostseewerften. Er plante, sie und andere Firmen in Verbindung mit dem Bremer Vulkan zu einem maritimen Technologiekonzern zu formen. Nicht wenige mutmaßten, dass er mit der Übernahme die möglicherweise lästige Schiffbau-Konkurrenz für den größten Arbeitgeber Bremens kleinhalten wollte. Während der mecklenburgische Ministerpräsident Alfred Gomolka gegen den Verkauf der fünf Werften an die Bremer auftrat, verfolgten die Bundesregierung, die Treuhand und die IG Metall in konzertierter Aktion genau dieses Ziel. Nach dem parteiinternen Sturz des CDU-Mannes Gomolka im Frühjahr 1992 wurde Berndt Seite neuer Ministerpräsident. Er bewilligte im Folgejahr den Verkauf des sanierungsbedürftigen Schiffbaukombinats – mit Ausnahme der Warnow-Werft – an das Bremer Unternehmen. Hennemann hätte am liebsten noch DSR hinzugenommen. Seiner Darstellung nach wäre es vorteilhaft gewesen, ihm die Reederei anzudienen, denn dann hätten beide Unternehmensbereiche ideale Partner gehabt. Eine Reederei mit eigener Werft? So eine Kombination erweist sich allzu häufig als Mesalliance, denn der Markt bietet mitunter größere Preisvorteile als ein fest assoziiertes Schiffbauunternehmen. Die Treuhand entschied gegen Hennemanns umfassende Verbundpläne und überraschte nicht wenige mit dem Zuschlag an die Unternehmer Horst Rahe und Nikolaus W. Schües. Musste man bei denen nicht auch befürchten, dass sie ihre im Westen beheimateten Geschäftsinteressen mit Vorrang verfolgen würden?

Die Entscheidung der Treuhand gegen Hennemann erwies sich als Glücksfall, denn höchstwahrscheinlich wäre DSR in den Strudel der Pleite des Bremer Vulkan gerissen worden, den Hennemanns Missmanagement und zum Teil überaus dubiose Geschäftspraktiken provozierten. Obwohl der Bremer Senat die örtliche Traditionswerft über Jahre massiv stützte und dem aus der Wirtschaftspolitik kommenden Vorstandschef Rückendeckung gewährte, war die Werftengruppe nach einigen Jahren nicht mehr zu halten. Im Februar 1996 beantragte die Bremer Vulkan Verbund AG den Vergleich. Wenige Monate später stand fest, dass der zu dieser Zeit größte Schiffbaubetrieb Deutschlands sogar in Konkurs ging. Alle Proteste der an zahlreichen Standorten betroffenen Belegschaften nutzten nichts. Mitte 1997 standen 23 000 Schiffbauer an der Weser und an der Ostsee auf der Straße. Die Sache wuchs sich vom wirtschaftlichen Debakel zum politisch-juristischen Skandal aus, als ruchbar wurde, dass Hennemann von 1993 bis 1995 über 700 Millionen Mark EU-Fördergelder illegal nach Bremen abgezweigt hatte, die für die ehemaligen DDR-Werften bestimmt gewesen waren.

Seit 1994 war das von DSR im Westen bestellte Containerfrachter-Sextett komplett in Fahrt. Die Schiffe wurden wie die älteren in die Flotte von Laeisz integriert und an Betreiber von Liniendiensten verchartert. Dabei kam es wie überall in der Branche zum verstärkten Einsatz ausländischer Seeleute an Bord. Und die Beschäftigungsgarantie gegenüber der Treuhand? Hier entsprachen die neuen Inhaber ihren Verpflichtungen, indem sie die verschiedenen Sparten von DSR bedienten: Um die Schiffsgrößen-Garantie einzuhalten, er-

warb die Reederei 1997 den 332 Meter langen Erzfrachter *Peene Ore*.
Das mit 322 000 tdw tragfähigste deutsche Handelsschiff, das einen
Maximaltiefgang von 23 Metern aufweist, fährt unter deutscher Flagge.
Der Zahlenvorgabe der Treuhand folgend, wurden einige Kühlschiffe
erworben und Containerfrachter in Auftrag gegeben. Nur ein Teil
dieser Neubauten konnte aber von deutschen Werften gebaut werden.
So bestellte F. Laeisz neun Panmax-Frachter im südkoreanischen Busan bei Hanjin Heavy Industries. Die Schiffbauer an Ost- und Nordsee waren und sind nicht in der Lage, Frachter mit einer Kapazität
von mehr als 4250 TEU zu bauen. Alles darüber hinausgehende,
und das ist die Masse der Neubauten, entsteht auf ausländischen
Werften. Zum Erreichen der von der Treuhand verlangten Investi-
tionshöhe trug der Bau des ersten *Aida*-Kreuzfahrtschiffs bei, für das
DSR den Auftrag gab. Allein der 1996 fertiggestellte Kreuzfahrer
kostete über 300 Millionen Mark. Auf diesem und weiteren von einer
DSR-Tochter betriebenen Touristik-Schiffen befanden sich sehr viel
mehr Arbeitsplätze als auf den Frachtern. Hinzu kamen die DSR-
Hotels. Insgesamt summieren sich die Beschäftigten der ehemaligen
DSR-Bereiche Immobilien, Touristik und Frachtschiff auf etwa
4500 Personen. Allerdings sind die Sparten heute voneinander unabhängige Unternehmen, denn nach fünf Jahren gemeinsamen Managements in der DSR-Holding trennten sich Schües senior und der
erfolgreiche Kaufmann Horst Rahe. Letzterer übernahm die für den
Betrieb der zwischenzeitlich ins Ausland verkauften Kreuzfahrtschiffe zuständige Tochterfirma, die Hotelkette und weitere Immobilien, während Schües das gesamte Frachtschifffahrtsgeschäft zufiel.

Seit 1994 hat die Reederei F. Laeisz GmbH in Rostock ihren Sitz,
wofür sie lediglich die vier oberen Etagen des zwölfstöckigen Bürobaus an der Langen Straße nutzt. In der Zentrale sind 85 Mitarbeiter
mit der Bereederung der Flotte befasst. Dagegen werden Befrachtung,
Chartering sowie An- und Verkauf von Schiffen am Hamburger
Stammsitz am Nikolaifleet gesteuert. Der 1965 geborene Niko Schües
leitet das Unternehmen. Er füllt diese Position schon seit einigen
Jahren aus. Sein Vater hat ihn mehr oder minder unauffällig an die
Spitze rücken lassen, ohne Kompetenzgerangel und Misshelligkeiten,
die es sonst zwischen Alt und Jung geben kann. Der Sohn sieht es so,

dass »glückliche Umstände« vorherrschten, als der Wechsel Schritt für Schritt während der zweiten Hälfte der neunziger Jahre und danach in einer wirtschaftlich schwierigen, aber für ihn überaus lehrreichen Phase erfolgte. Als dann nach den Einbrüchen von 2001 die Konjunktur wieder anzog, war die nicht offizielle, aber doch »gefühlte Übergabe« bei Schües längst gelaufen. Das kam dem Sohn zupass. Er schätzt es sehr, dass sein Vater ihm den Freiraum ließ, der für die Motivation des Nachfolgers von zentraler Bedeutung ist.

Schwierige Zeiten waren es beispielsweise, als im Frühling des Jahres 2001 die Frachtraten nach moderatem Anstieg im Vorjahr in den Keller gingen, was zu starken Einbußen bei den Linienreedereien führte: Die Einnahmen pro TEU reduzierten sich bis zum Jahresende um mehr als ein Viertel! So kostete der Containertransport auf der wichtigen Route Asien–USA pro TEU nicht mehr 1750 Dollar, sondern nur noch 1340 Dollar. Was waren die Ursachen dafür? Die internationale Rezession führte zur Konsumflaute, die sich zusätzlich mit der Indienststellung zahlreicher neuer Frachter überlagerte. Dadurch wuchs die TEU-Kapazität innerhalb eines Jahres um 30 Prozent. All das hatte gravierende Auswirkungen auf die Rentabilität der globalen Schifffahrtsindustrie. Viele litten, ein Unternehmen scheiterte sogar: Die koreanische Cho Yang Shipping brach zusammen und zog die mit ihr kooperierende Senator Lines schwer in Mitleidenschaft. An diesem seit der Vulkan-Pleite überwiegend im Besitz von Hanjin befindlichen Bremer Unternehmen hielt F. Laeisz eine Minderheitsbeteiligung. Senator Lines hatte 34 Frachter eingechartert und machte im Geschäftsjahr 2001 mit 94,6 Millionen Mark erhebliche Verluste, die auch in Rostock zu Buche schlugen. Zahlreiche Containerfrachter der 3000-TEU-Größe wurden infolge der Pleite von Cho Yang »arbeitslos«, sodass die Tagescharter für Schiffe dieser Größenklasse auf dem kurzfristigen Spot-Markt innerhalb eines Jahres von 27 000 auf 10 000 Dollar abstürzte. Als dann noch die Erschütterungen des 11. September hinzukamen, bedeutete dies für die Containerschiffsreedereien einen weiteren harten Schlag. Die sonst so geradlinig nach oben zeigenden Verlaufskurven zeigten eine empfindliche Delle.

Diese Talfahrt überstand die Reederei F. Laeisz aus verschiedenen Gründen. Dazu gehörten langfristige Verträge wie mit dem Charterer Hanjin sowie das bewährte Prinzip, nicht nur auf Containerfrachter einer Größenklasse zu setzen, sondern darüber hinaus mit Bulkern, Kühlschiffen, Gastankern, Fähren und Autotransportern eine diversifizierte Flotte zu unterhalten. Eine Reederei muss ständig neue Schiffe in Fahrt bringen. Dabei ist ein langer Erfahrungshorizont von Nutzen. Dennoch will Niko Schües in der Tradition des Hauses keinen Marktvorteil erkennen. Man sei sich ihrer bewusst, sie werde aber nicht gefeiert. Für den Kunden stehe schließlich nicht das Alter des Unternehmens im Vordergrund, sondern Zuverlässigkeit, Pünktlichkeit und Qualität. Bezüglich der daraus resultierenden wirtschaftlichen Performance kann sich F. Laeisz in Rostock und Hamburg sehr wohl sehen lassen. Wie gut es läuft, belegte die 2007 publizierte Schiffsfonds-Bewertung von Jürgen Dobert. In dessen Analyse lag das Traditionshaus an erster Stelle, vor NSB aus Buxtehude. Darauf ist Niko Schües stolz, genauso wie auf die Zuverlässigkeit der bereederten Flotte.

F. Laeisz besitzt ein sehr gutes Ansehen in Bezug auf die Sicherheit der Schiffe. Dennoch ist auch dieses Unternehmen nicht vor Katastrophen gefeit. Am 11. November 2002 explodierten Container in einem mittleren Laderaum der *Hanjin Pennsylvania*. Der nur acht Monate alte, 282 Meter lange Laeisz-Frachter befand sich südlich von Sri Lanka auf hoher See. Löscharbeiten der eigenen Besatzung und von hinzugerufenen Bergungsschiffen blieben erfolglos. Vier Tage lang brannte das Schiff, bis an Deck gestapelte Gefahrgutcontainer mit großer Wucht explodierten. Sie enthielten Silvesterfeuerwerk. Noch 150 Seemeilen entfernt war auf Sri Lanka die pechschwarze Qualmwolke zu erkennen. Das Schiff war total beschädigt, aber es sank nicht. Man konnte es bis nach Singapur schleppen, wo erst Ende Januar die letzten Brände gelöscht wurden. Da das Feuer den größten Teil der in 3509 Containern befindlichen Ladung zerstört hatte, schloss sich für den norwegischen Versicherer ein Schadensersatzfall bislang ungekannten Ausmaßes an.

Angesichts der hohen Wertekonzentration an Bord eines Großcontainerschiffes spricht die Versicherungsbranche von »Kumul«. Der Münchener Rück zufolge können allein in einem Container Parfumflakons oder optische Geräte im Wert von 1,5 Millionen Dollar enthalten sein. Befinden sich Präzisionsmaschinen oder Kunstwerke darin, fällt der Betrag bis zu dreimal so hoch aus. Ein auf der Route Asien–Europa eingesetzter Großfrachter mit 6800 TEU an Bord wäre nach Berechnungen der Versicherer – unter Einbeziehung des Schiffes – 230 Millionen Dollar wert. Das erscheint in gewissem Sinne noch überschaubar, aber wie sähe die Schadensbilanz aus, wenn ein Terminal in Brand geriete? Mehrere Zehntausend Stahlboxen stehen immer gestapelt auf den großen Containerterminals der Welt, so auch in Bremerhaven und Hamburg. Selbst im Binnenhafen Duisburg können 15 000 TEU gelagert werden. Naturgewalten wie Flutwellen und Erdbeben stellen vielerorts eine Gefährdung dar, aber auch die Möglichkeit terroristischer Anschläge wird von der Versicherungsbranche nicht ausgeschlossen. Ein Terminal mit seinen kostspieligen Ausrüstungen und gestapelten 40 000 TEU würde einen Kumul von mehr als 1,5 Milliarden Dollar ausmachen. Das Versicherungsrisiko potenziert sich infolge der wachsenden Transportströme und der zwangsläufig größeren Schiffe weiter. Totalverluste von Schiff und Ladung sind bei der Containerfahrt glücklicherweise sehr selten. Nur gelegentlich kommt es zu Kollisionen mit der Pier oder anderen Schiffen sowie zu schweren Sturmschäden. Wenn etwas passiert, dann am ehesten, dass die Ladung in Brand gerät. Das bereitet auch den für ihre hohen Sicherheitsstandards ausgezeichneten Reedereien wie F. Laeisz zunehmendes Kopfzerbrechen, denn selbst höchste Sorgfalt bei der Beladung der Schiffe und ausgefeilte Sicherheitsstaupläne können Unglücke wie das Feuer auf der *Hanjin Pennsylvania* nicht ausschließen. Zwei tote Seeleute und der Verlust des Schiffes waren zu beklagen; die eigentliche Ursache blieb ungeklärt.

Seit 1999 ist die Familie Schües Alleineigentümer der Reederei F. Laeisz. Herr im traditionsreichen Haus, das ist eine erfolgreiche Entwicklung, wenn man bedenkt, dass Nikolaus W. Schües 1973 beim Beginn der geschäftlichen Partnerschaft im übertragenen Sinn einige Zimmer im Laeisz-Hof bezog. Der Senior hat sich mit der Zeit als Hamburger Kaufmann par excellence erwiesen, nicht nur, als er bei der DSR-Übernahme nach Ansicht seines Konkurrenten Heinrich Schulte »in ausgesprochen kaltes Wasser sprang«, sondern auch, weil er in der Handelskammer eine wichtige Rolle spielte. Von 1996 bis 2002 amtierte er sogar als deren Präses. F. Laeisz ist heute ein Familienunternehmen, das bis auf den Schiffbau alle Bereiche der Wertschöpfungskette Schifffahrt abdeckt: Das Emissionshaus Hamburgische Seehandlung akquiriert Eigenkapital zur Finanzierung von Projekten. Ursprünglich war der Finanzdienstleister von F. Laeisz gemeinsam mit der Warburg Bank auf die Beine gestellt worden. Mittlerweile gehört er komplett zur Unternehmensgruppe. Das Kerngeschäft von F. Laeisz liegt im Betrieb und der Bereederung von Schiffen. Hinzu kommen die Vercharterung über die Tochterfirma Martini Chartering und als letzter Bereich die Logistik in Form der Minderheitsbeteiligung an der Bremer Senator Lines.

Derzeit gibt es 140 Bereederer in Deutschland. Niko Schües geht davon aus, dass hier in den kommenden Jahren aufgrund der hohen Kosten eine stärkere Konzentration einsetzt. Größere Firmen haben Vorteile, beispielsweise beim Einkauf der immens verteuerten Treibstoffe und Schmieröle. Zudem werden sie aufgrund ihres Volumens oftmals bevorzugt behandelt. Das kann sich beispielsweise bei kürzeren Wartezeiten vor Werftaufenthalten auszahlen. Hier ist Größe eindeutig Stärke, weshalb der Reeder weiteres Wachstum des Familienunternehmens für attraktiv hält. Mit 65 Schiffen, die zum Teil in Kooperation mit führenden Emissionshäusern wie Norddeutsche Vermögen, MPC Capital und GEBAB finanziert wurden, ist man längst nicht am Ende der Leistungsfähigkeit angelangt. Die Zahl kann ruhig weiterwachsen, nicht aber die Dimension der Containerfrachter. Da hat man sich eine gewisse Größenbeschränkung auferlegt. Niko Schües weiß, dass die Betriebskosten größerer Frachter anteilig sinken. Das »ideale Schiff« sei aber noch nicht gefunden, denn gegen die ganz großen Schiffe spricht die eingeschränkte Einsatzfähigkeit. Es wird sich zeigen, ob die 13 000er wirklich profitabel sind. Bei F. Laeisz will man den Bogen nicht überspannen. Acht für einen Liniendienst benötigte Schiffe à 4585 TEU zu finanzieren und zu bereedern ist schon eine beträchtliche Aufgabe. Die Reederei konzentriert sich daher vornehmlich auf die Klasse von 2500 bis

4500 TEU, denn die sei aufgrund ihrer vielfältigen Einsetzbarkeit am ehesten vertretbar.

Niko Schües bezeichnet Personalführung als »eine zentrale Säule« des Unternehmens. Längerfristige Bindungen zum einzelnen Arbeitnehmer sind im heutigen Wettbewerb der Reedereien von Bedeutung. Daher stellt F. Laeisz den Besatzungsmitgliedern überwiegend langfristige Verträge aus. Das betrifft auch Ausländer wie die Matrosen von Kiribati, deren Ausbildung auf der Schule im Südpazifik die Reederei gemeinschaftlich mit anderen Hamburgern finanziert. Dies ist ein Teil der sozial verantwortlichen Unternehmenskultur, um die man sich bei F. Laeisz bemüht. »Es lebt sich gut mit gutem Gewissen«, sagt der Reeder in diesem Zusammenhang. Da 45 Prozent der Flotte unter deutscher Flagge fahren, wird neben den Osteuropäern auf der Brücke auch eine ganze Anzahl Offiziere und Kapitäne aus Deutschland sowie aus dem EU-Ausland beschäftigt. Insgesamt arbeiten 450 deutsche Crewmitglieder auf den Schiffen. Der Anteil von über einem Viertel erscheint auf den ersten Blick ungewöhnlich hoch. Er erklärt sich aber zum Teil dadurch, dass die Besatzung auf den sechs Forschungsschiffen wie auf der im Auftrag des Alfred-Wegener-Instituts für Polar- und Meeresforschung seit 1996 bereederten *Polarstern* größtenteils deutscher Nationalität ist.

Der große Sprung, den F. Laeisz 1993 mit der Beteiligung an der DSR-Übernahme wagte, hat wirtschaftlich Früchte getragen. 65 Schiffe sind heute in Fahrt, davon schon 31 Containerfrachter. Im Jahr 2007 wurden weitere sechs Frachter eines neu entwickelten Typs bei Aker Yards Germany bestellt, was für die Auftragslage in Wismar und Warnemünde von Belang ist. Wenn man bedenkt, wie überschaubar die Verhältnisse noch zu Beginn der neunziger Jahre aussahen, wird die in dieser Zeit erbrachte Leistung bewusst. Daran hatten auch die mit DSR hinzugekommenen Mitarbeiter einen wichtigen Anteil. Niko Schües schätzt an ihnen besonders, dass die Techniker und Nautiker aus der Epoche der DDR-Handelsschifffahrt sehr gut ausgebildet waren. Sie konnten auf großer Fahrt nahezu alles reparieren, da ihnen die üblichen Ersatzteile aufgrund von Devisenmangel nicht zur Verfügung standen. Überhaupt fiel es den ehemaligen DSR-Seeleuten leichter als anderen Berufsgruppen, neue

Arbeitgeber zu finden. Angesichts des Mangels an qualifiziertem Personal in der Schifffahrt waren und sind sie bis heute begehrt. Derartig privilegiert war wohl keine andere Berufssparte nach dem Zusammenbruch des zweiten deutschen Staates und dem Verkauf der Volkseigenen Betriebe durch die Treuhand, der Zehntausende den Arbeitsplatz und viele jegliche Perspektive kostete.

Durch die Fusion der Frachtschiffaktivitäten von DSR und F. Laeisz wurden auch zwei verschiedene Unternehmenskulturen zusammengeführt. Noch heute ist das starke Gemeinschaftsgefühl der Mitarbeiter aus der DSR-Zeit zu spüren. In der Reederei wird dies respektiert, denn die Betriebszugehörigkeit wird selbstverständlich inklusive der DDR-Jahre gezählt. In der deutschen Schifffahrt ist es überaus selten, dass jemand ein Jubiläum von 45 Jahren in einem Unternehmen feiern kann. Bei F. Laeisz in Rostock ist das jedoch schon häufig der Fall gewesen, auch 50-jährige Jubiläen hat es schon gegeben. In diesem Zusammenhang betont Niko Schües: »Eine Diskussion um Ost oder West gibt es bei Laeisz heute nicht mehr.« Der Firmenchef, der einmal wöchentlich in Rostock nach den Geschäften sieht und einmal monatlich Reisen nach Übersee unternimmt, hält »vernünftigen Menschenverstand« für eine zentrale Qualifikation des Reeders, da Schiffsmanagement ein Personengeschäft sei. Studiert haben müsse man dafür nicht. Als Beispiel führt er seinen Vater an, der freilich einer Generation entstammt, die in der Nachkriegszeit ihre Ausbildung nur in Ausnahmefällen auf dem Campus absolvierte. Der 1965 in Blankenese geborene Niko Schües hat ausländische Universitäten besucht und als Schiffsmakler in New York gearbeitet, bevor er zur Feuerprobe nach Rostock ging. Die hat er bestanden und mit den Mitarbeitern der zusammengeführten Unternehmensteile eine ansehnliche Bilanz erarbeitet. Die drei Sterne, die zum Logo von F. Laeisz gehören, wirken angesichts dessen wie ein hanseatisches Understatement. Möglicherweise sah dies auch der kritische Schiffszertifizierer Germanischer Lloyd so und verlieh der Reederei Anfang 2008 die in der Branche seltene Auszeichnung *GL Excellence – 5 Stars*, die einen hervorragenden Zustand in den Bereichen Umweltschutz, Sicherheit und Qualität bescheinigt.

> Wir verdanken einen großen Teil
> unseres Wohlstands China.
> ROBERTO ECHEVARRIA

China, Umwelt, Unternehmensethik

Chinas zweistelliges Wirtschaftswachstum treibt die Containerisierung geradezu ungestüm voran. Der Seeweg ist das schwimmende Förderband der chinesischen Industrieproduktion zu den Abnehmern in aller Welt. Ist das fernöstliche Riesenreich der Motor der Globalisierung – oder das billige Transportmedium Containerschiff? Die Globalisierung hat weitreichende Folgen für die Arbeitnehmer in der westlichen Welt, denn die Industrie wählt weltweit die günstigsten Standorte, sei es zur Herstellung von Fertigprodukten oder lediglich einzelner Teile. Die Ökonomen sprechen von komparativen Kostenvorteilen, die sich dadurch ergeben, dass die Herstellung zahlreicher Produktkomponenten an weit auseinanderliegenden Orten zum niedrigsten Preis erfolgen kann. Die seit Jahrzehnten ablaufende Verbilligung des Seetransports machte diese dezentralen Fertigungsprozesse möglich. Darin steckt die Dynamik des weltweiten Güterverkehrs, der dem Laien häufig Kopfschütteln abfordert. Nachvollziehbar erscheint es, Schuhe, Kleidung und elektronische Geräte aus dem asiatischen Herstellungsland auf die Märkte der Endabnehmer zu befördern. Dagegen lösen bizarr anmutende Transportwege Verwunderung aus: Vielfach geläufig ist das Beispiel der Nordseekrabben, die fangfrisch im Kühlcontainer nach Marokko geschafft und dort per Hand gepult werden, um nach ein paar Tagen im heimischen Supermarkt zu landen. Der Transport kostet so wenig wie die Arbeitskraft in Nordafrika, wodurch der Aufwand gerechtfertigt und der Profit gesteigert wird.

Nach diesem Prinzip läuft heute so viel per Containerlogistik, dass fast nichts undenkbar erscheint: Eine Ware kann in verschiedenen Produktionsstufen mehrfach über Zehntausende Seemeilen verfrachtet worden sein, bevor sie ihre endgültige Gestalt annimmt und in den Verkauf kommt. Selbst beim Grünfutter für Vieh lohnt der Transport, sodass Heu aus den USA in Containern nach Japan gelangt, womit dortige Rinderzüchter ihre Tiere mästen. Auch beim Wein gibt es mittlerweile Möglichkeiten, die vor Jahren noch undenkbar waren, was ein Beispiel aus Australien illustriert: Im Erzeugerland abgefüllter Shiraz wird in Kartons à zwölf Flaschen exportiert. Per Hand lassen sich in einem 20-Fuß-Container 1050 Kartons verstauen, 250 mehr, als wenn sie auf Paletten hineingefahren würden. Die Frachtkosten von Melbourne direkt nach Hamburg belaufen sich auf 2100 Euro, das sind pro Flasche lediglich 6 Cent. Auch wenn der Transport per Lkw vom Hafen zum Einzelhandel zweimal so viel kostet wie der weite Weg übers Meer, gerät der australische Shiraz im Weinregal gegenüber den europäischen Konkurrenzprodukten preislich nicht ins Hintertreffen. Dies lässt sich bezüglich des Transportkostenanteils auf alle nur denkbaren Produkte ausweiten, seien es T-Shirts aus Vietnam, Schuhe aus China oder Elektrogeräte aus Taiwan. Die Seefracht spielt beim Endpreis eine verschwindend kleine Rolle. Möglich macht dies zum einen die Funktionalität des Containers als stapelbarer und weltweit kompatibler Standardbehälter und zum anderen seine vor allem dank der immer zahlreicheren Schiffe anwachsende Masse: Ein Riesenfrachter der kommenden Generation kann 13 000 TEU befördern und benötigt dabei keine größere Besatzung als ein Schiff der Panmax-Klasse, das nur ein Drittel der Kapazität aufweist. Hier steigern die Reedereien ihre Effizienz in einer Weise, die für die Bahn- und Straßenspediteure nicht möglich ist. Plastisch beziffert der Hamburger Logistikunternehmer Raetke Müller die Kostenverteilung, wenn ein TV-Gerät aus Asien nach München in den Laden gelangt: Nur ein Fünftel entfällt auf den Seetransport bis Hamburg, vier Fünftel der Transportkosten liegen bei der Spedition per Zug oder Lkw. Von daher betrachtet ist das Schiff das ideale Transportmittel für Konsumgüter aus Fernost.

Um den immensen wirtschaftlichen Bedeutungszuwachs Chinas

zu ermessen, bietet das Haus der Geschichte in Bonn einen interessanten Einblick: In der Dauerausstellung steht ein halbgeöffneter Container, gefüllt mit Produkten, die zu Beginn der achtziger Jahre in Deutschland exportiert beziehungsweise importiert wurden. Eine Grafik benennt anhand der Warenströme die wichtigsten Außenhandelspartner der Bundesrepublik. Das Frappierende daran: Japan, Korea und andere ostasiatische Staaten dominieren, während das Volumen des chinesischen Exports nicht der Rede wert ist: kaum Handel, kaum Transport, in der Summe unscheinbar. Das hat sich innerhalb von zwei Jahrzehnten grundlegend gewandelt. Nachdem die chinesische Staatsführung ihrer Wirtschaft die Exportorientierung verordnet hatte, setzte eine immense Warenflut ein, die das Label »Made in China« heute allgegenwärtig sein lässt. Der schnelle Marsch versetzt China in die Lage, wohl bereits im Jahre 2009 die Schwelle zum Exportweltmeister zu überschreiten. Von dort stammen Konsumprodukte jeglicher Art, die vornehmlich in Ostasien, den USA und Europa gekauft werden. Und die Deutschen? Sie sind die Transportweltmeister. Sie stellen den größten Anteil der Charter-Containerschiffe und damit die Lasttiere des Welthandels zur Verfügung.

Hapag-Lloyd-Chef Michael Behrendt zufolge gäbe es ohne die Containerfrachter keinen Welthandel. So richtig wie diese Feststellung ist die Erkenntnis, dass die heutige deutsche Handelsschifffahrt massiv davon profitiert, ja, dass sie ihren Boom dem Aufschwung in Ostasien verdankt. Die deutschen Trampreeder ermöglichen das stete Wachstum der Warenströme. Und sie leben zu einem guten Teil vom chinesischen Export. Roberto Echevarria von der NSC Schifffahrtsgesellschaft erklärt unumwunden: »Wir verdanken einen großen Teil unseres Wohlstands China.« Das können zahlreiche Mitglieder der deutschen Reeder-Elite unterschreiben. Sie und die mit ihnen verbundenen Investoren sind die ersten Profiteure des ständig ausgeweiteten Welthandels. Daher entsprechen sie auch der in Wirtschaftskreisen vorherrschenden Zurückhaltung, die Regierung Chinas und ihre Unterdrückungspolitik zu kritisieren. Warum auch, wenn die Regierungschefs der Bundesrepublik und die namhaftesten Industriekonzerne des Landes regelmäßig bei der aufstrebenden

Großmacht vorstellig werden, um nachhaltige Geschäftsbeziehungen zu knüpfen und die bereits bestehenden zu vertiefen?

Es wird gern von den politischen Entscheidern und Managern aus der westlichen Welt vorgebracht, dass China infolge seiner wirtschaftlichen Prosperität freiheitlicher werde. Die Gleichung lautet: mehr Wohlstand – mehr Freiheit. Doch diese Wunschvorstellung ging auch nach dreißig Jahren unausgesetzten Wirtschaftswachstums nicht auf. Da die herrschenden Kader die Entstehung einer ihnen zugewandten, konsumfreudigen städtischen Mittelschicht zuließen, nimmt die soziale Zerklüftung in der chinesischen Gesellschaft auf Kosten der Landbevölkerung ständig zu. Das spätkommunistische China der Gegenwart ist eine mächtige Parteidiktatur, um die die internationale Politik wie auch die Wirtschaft keinen Bogen macht. Zu bedeutsam sind übergeordnete sicherheitspolitische Interessen des Westens, für die Chinas Unterstützung benötigt wird, wie wiederholt das Beispiel Nordkorea belegt, oder die einst gegen die UdSSR gerichtete Annäherung an Peking durch US-Präsident Richard Nixon. Zu groß sind die zukünftigen Geschäftspotenziale, sodass das ökonomische Kalkül schwerer wiegt als Fragen der Freiheit und der Menschenrechte.

Daher sind alle relevanten Akteure gleichermaßen angezogen, nicht nur die Deutschen, sondern auch solche, die wie Amerikaner und Franzosen Menschenrechtsfragen offiziell höher hängen als andere. Für Produzenten aus aller Herren Länder bieten sich hochprofitable Kostenvorteile, da zahllose Arbeitskräfte des 1,3-Milliarden-Volks zwischen Peking und Shenzen zu Niedrigstlöhnen arbeiten. Und wenn erst weitverbreiteter Konsumbedarf im Reich der Mitte entsteht, dann möchten die international agierenden Konzerne mit von der Partie sein. Welcher Reeder wollte da abseits stehen, weil ihn möglicherweise die menschenrechtsfeindliche Machtausübung des Regimes abstößt? Man könnte argumentieren, dass der Tonnage vercharternde Trampreeder dem Charterer das Einsatzgebiet des Frachters überlässt und somit keine direkte Verbindung nach China besitzt. So viel Zurückhaltung passt allerdings nicht zu den Reedern. Schifffahrtskaufleute haben traditionell ihr Augenmerk auf die Chancen des Handels und der Märkte gerichtet, nicht aber auf die Widrigkeiten politischer Systeme. Vor diesem Hintergrund ist man geschätzter Kunde chinesischer Werften und nüchtern operierender Stammgast an den schier endlosen Containerterminals der wachsenden Hafenstädte Chinas. Im übertragenen Sinn schaut niemand über die Kaikanten und die Werkstore der Werften hinaus. Vorrang hat das Ergebnis, also preisgünstige Frachter und abzufahrende Ladung, denn davon leben die Reedereien.

In China werden heute 93 Prozent aller Leercontainer produziert, die weltweit zum Einsatz kommen. Jährlich sind dies drei Millionen TEU zusätzlich. Praktischerweise treten die meisten dieser Container ihre Jungfernfahrt mit Ladung aus chinesischer Produktion an. Es wäre ja auch wenig sinnvoll, sie leer zum Käufer zu transportieren. China ist ein Exportriese, und heimische Containerhersteller wie der Weltmarktführer CIMC aus Shanghai liefern die stählerne Transportverpackung dafür. Die Rolle des Spediteurs übernimmt ein Dutzend großer Linienreedereien, angeführt von den Europäern Mærsk, CMA CGM und MSC. Tatsächlich machen sie einen großen Teil ihrer Umsätze auf den Linien, die China als Ausgangspunkt haben. Auf der Rennstrecke Asien–Europa wuchsen die Transportkapazitäten mit bis zu 16 Prozent jährlichem Plus noch schneller als auf den anderen Routen der Welt.

Bislang liegen die maßgeblichen Konsumentenmärkte in Europa und den USA. Dieses Gefüge könnte sich allerdings mittelfristig verschieben. Indiens Bevölkerung macht schon länger über 1,1 Milliarden Menschen aus. Wenn dort und in anderen asiatischen Staaten Kaufkraft entsteht und Konsumentenwünsche wachsen, wird die Schifffahrt neue Linien einrichten, um diese Märkte zu bedienen. Es wird gehofft, dass bis dahin die Verkehrsinfrastruktur in den Hafenstädten Indiens, das heißt Terminalanlagen, Bahnstrecken und Straßen, in erforderlichem Maß bereitsteht. Solche Szenarien künftiger Logistikverschiebungen spielen längst eine Rolle in den Chefetagen der Reedereien, denn sie tragen zur Beruhigung bei, wenn über die Beschäftigung der immer weiter vergrößerten Flotten nachgedacht wird. Erck Rickmers beispielsweise erwartet angesichts des unausgesetzten Wachstums der Weltbevölkerung eine zwangsläufige Vermehrung des globalen Handels. Daher sei das eigentliche Problem der Schifffahrt in Zukunft der Mangel an erfahrenen Schiffsbesatzungen, um die jährlich hinzukommenden Hunderte neuer Frachter effizient und sicher zu betreiben. Diese Sorge wird unisono seitens der deutschen Reeder artikuliert, auch vom langjährigen VDR-Vorsitzenden Frank Leonhardt.

Bei den Prognosen zur Entwicklung des Welthandels und der damit verbundenen Transportströme, die nach Deutschland gelangen, wird auch das Bundesverkehrsministerium aktiv. Sein im März 2008 vorgestellter »Masterplan Güterverkehr und Logistik« wurde ersonnen, um den durchaus denkbaren Verkehrskollaps zu vermeiden. Schließlich macht in der Logistikbranche und bei den Verkehrsplanern die Befürchtung die Runde, dass sich der wachsende Verkehr eines Tages selbst lahmlegen könnte. Der Masterplan favorisiert eine verstärkte Verlagerung des Güterverkehrs von der Straße auf die Schiene, wofür die Stromsteuer bei den Güterbahnbetreibern wegfallen soll. Lkw dagegen würden durch höhere Mautgebühren belastet, um Transporte über 200 Kilometer Entfernung per Bahn attraktiver zu machen. Darüber hinaus streben die Planer im Verkehrsministerium an, zur Entlastung des landseitigen Güterverkehrs die Zahl der küstennahen Schiffstransporte zu steigern. Jeglicher Transport führt zu Emissionen an Kohlendioxid, Stickoxiden, Schwefel und Staubpartikeln. Das ist auch bei den Containerschiffen der Fall, wenngleich auf dem Seeweg pro Container nur 2,6 Liter Schweröl auf 100 Kilometer verbrannt werden, wie Mærsk für seine gigantischen E-Klasse-Frachter errechnet hat. Eine bessere Bilanz bietet kein anderes Transportmittel, doch die Emissionen summieren sich beträchtlich, angesichts der jährlich 400 Millionen TEU-Bewegungen auf dem Globus, die entweder kurze regionale Strecken oder wie zwischen Shanghai und Bremerhaven bis zu 11 000 Seemeilen pro Box betragen können. Unter dem Strich steht die nüchterne wie erschreckende Feststellung, dass sich in den vergangenen Jahren mit dem massiven Anwachsen der Handelsflotten auch der Brennstoffverbrauch auf See vervielfacht hat.

Insgesamt haben sich nach Berechnungen des Instituts für Physik der Atmosphäre in Oberpfaffenhofen die CO_2-Emissionen aus der gesamten Schifffahrt auf mittlerweile über eine Milliarde Tonnen jährlich gesteigert. Das ist enorm, aber der Anteil der Schifffahrt am weltweiten CO_2-Ausstoß liegt nur bei etwa zwei Prozent. Dagegen beläuft sich der Schwefeldioxidausstoß auf über vier Prozent und der Anteil an den vom Menschen erzeugten Stickoxiden auf sieben Prozent. Schwefel- und Stickstoffverbindungen sowie der gefährliche Feinstaub aus den geradezu kraftwerksgroßen Hauptmaschinen des Schiffsverkehrs können Hunderte von Kilometern weit ins Landesinnere ziehen. Die Luftschadstoffe betreffen zahllose Menschen, denn mehr als die Hälfte der Weltbevölkerung lebt in Küstennähe. Die Emissionen beeinträchtigen die Atemluft vor allem in Hafenstädten oder Orten an den Binnenwasserstraßen wie Elbe und Weser. Neben der daraus resultierenden Gesundheitsgefährdung betrifft das aber auch die Ökologie, denn Schwefeldioxid verbindet sich mit Feuchtigkeit zu saurem Regen, mit den bekannten nachteiligen Auswirkungen an Land.

Dass Handlungsbedarf besteht, ist seit längerem bekannt. Schon heute finden verschiedene Regularien zur Verminderung der Umweltbelastungen Anwendung. So ist es seit 2006 beziehungsweise 2007 in Ost- und Nordsee sowie im englischen Kanal nur noch erlaubt, die Schiffsmaschinen mit schwefelarmem Schweröl zu betreiben. Die Obergrenze des Schwefelanteils liegt in diesen Gewässern bei 1,5 Prozent gegenüber der sonst erlaubten dreifachen Menge. Infolgedessen müssen die Reeder für den Betrieb ihrer Frachter tiefer in die Tasche greifen. Schadstoffarmes Marine Diesel Oil kostete im April 2008 in Rotterdam mit 950 Dollar pro Tonne fast das Doppelte. Die Europäische Union schreibt vor, ab Januar 2010 nur noch Schiffen das Anlaufen ihrer Häfen zu gestatten, die während der Liegezeit Kraftstoffe mit 0,1 Prozent Schwefelgehalt verbrauchen. Das wird ein großer Fortschritt für die Verbesserung der Luftqualität sein, denn beispielsweise in Hamburg stammt der größte Teil der Emissionen an Feinstaub und Schwefel aus den Schloten der Frachter. Der von ihnen emittierte Feinstaub ist ein Gemisch von Asche, Ruß und aus unverbrannten Kohlewasserstoffen gebildeten organischen Verbindungen sowie Sulfat-Salzen, die »lungengängig« und damit besonders gesundheitsschädigend sind. Auch am Kai benötigen die Schiffe ständig Energie, vor allem die Containerfrachter, die viele hundert

Kühlcontainer an Bord haben. Zwar lassen sie während der Hafen-liegezeiten ihre mit schwefelarmem Marine Diesel Oil gespeisten Hilfsmotoren laufen, aber bis zum Erreichen der Kaikanten sind die Hauptmaschinen in Betrieb – mit Schweröl. Die Belastungen für die Luft sind beträchtlich, denn auch die harmloser erscheinenden Schiffsdiesel emittieren große Mengen Schadstoffe. Das betrifft freilich nicht nur die Handelsflotten, sondern auch hübsch anzusehende Kreuzfahrtschiffe. In diesem Zusammenhang bemerkte Frank Leonhardt, dass sich Tausende Hamburger von der gelegentlich in den Hafen einlaufenden *Queen Mary 2* begeistern ließen und an die Elbe strömten, um den Giganten zu sehen. Nicht weiter zu stören scheint aber, dass dieser beeindruckende Passagierdampfer wegen seines Strombedarfs, der Tag für Tag dem einer 200 000-Einwohner-Stadt entspricht, Unmengen Schadstoffe in den norddeutschen Himmel bläst.

Einige Reedereien wie NSB testen die Methode, während der Liegezeit im Hafen den notwendigen Strom von Land zu beziehen. Dafür sind spezielle Installationen an Bord und am Terminal notwendig. Wenn in der Praxis alle im Hafen liegenden Schiffe einen Strom-Landanschluss nutzen würden, hätte dies eine wesentliche Reduzierung der Emissionen zur Folge, doch die Technik ist bei weitem noch nicht ausgereift. Versuche in US-Westküstenhäfen oder in Travemünde zeigen, dass hier noch eine lange Entwicklungsphase notwendig ist, bis weltweit praktikabel mit Landstrom für Schiffe gearbeitet werden kann. Stromspannung und Stromstärke können je nach Hafen und Herkunftsland des Schiffes variieren. Das ist aber nur ein Teil der mit dieser Alternative verbundenen Probleme, denn die entsprechende Verkabelung der Kaianlagen würde wiederum hohe Investitionen nach sich ziehen. Zudem ist der Strombedarf großer Kühlcontainerfrachter immens: Sie haben einen Verbrauch von bis zu zehn Megawatt. Claus-Peter Offen weiß zu berichten, dass in Los Angeles das Stromnetz zeitweise arge Probleme hatte, als die Schiffe ans Netz angeschlossen wurden. Trotz der dieser Schilderung innewohnenden Skepsis vertritt der Reeder die Ansicht, es setze sich letztlich immer das durch, was sinnvoll sei. Daher müsse man die gegenwärtigen technischen Schwierigkeiten an Bord und an Land überwinden. Hier kommt der internationalen Normungsbehörde ISO die Aufgabe zu, die Standards festzulegen. Das dauert, möglicherweise sogar so lange wie bei der Normung der Containergröße in den sechziger Jahren. Bis dahin werden zwangsläufig in den Häfen die Schiffsdiesel laufen und die Luftqualität verschlechtern. Beim steten Anwachsen des globalen Handels zur See ist das hinsichtlich der Umweltbelastung keine gute Aussicht.

Die durch die internationalen Vorschriften bedingten Kosten und Investitionen fließen in die Kalkulation ein. Der Verband Deutscher Reeder achtet dabei darauf, dass dies möglichst »wettbewerbsneutral« vonstatten geht. So möchte die Lobby der Schifffahrt auf keinen Fall, dass küstennahe Schiffstransporte mittels kleinerer Frachter und Feeder wegen gestiegener Treibstoffkosten auf andere Verkehrsträger wie Bahn oder Lkw umgeleitet werden. Der Reederverband weiß, dass die Bundesregierung und die Europäische Union anstrebten, möglichst große Teile der Verkehrsströme über See abzuwickeln. So soll es bleiben, auch wenn das schwefelreduzierte Schweröl höhere Kosten verursacht. Wenn der Anfang 2008 veröffentlichte Masterplan des Verkehrsministeriums die Erhöhung der Lkw-Maut erwägt, entspricht dies den Interessen der maritimen Wirtschaft. Der Reederverband sieht im Seetransport praktizierten Umweltschutz, denn dies sei die sinnvollste Methode, große Lasten über weite Distanzen zu befördern. Daran lässt sich nicht rütteln, wohl aber an dem, was aus den Schloten der Schiffe qualmt. An der Reduzierung der Umweltbelastungen zu arbeiten, wird gerade angesichts der immer stärker wachsenden Flotten der Bulker, Tanker und Containerschiffe auf Dauer nicht nur eine Frage der Umweltbilanz, sondern auch der unternehmerischen Ethik bleiben. Rentabilitätsdenken und Verantwortungsbewusstsein stehen sich hier gegenüber. Da viele der deutschen Reeder über moderne Schiffe mit hohen technischen Standards verfügen, dürfte es leichter fallen, beides in Einklang zu bringen.

Die Vereinten Nationen ermittelten im Jahr 2002, dass etwas mehr als ein Zehntel der Meeresverschmutzung auf den Seetransport zurückzuführen ist. Der grobe Rest gelangt von Quellen an Land oder über die Luft in die Meere. Kommt das einer Klage gegen die Handelsflotten gleich – oder etwa einem Freibrief? »Das Beste für die Umwelt wäre, überhaupt kein Schiff fahren zu lassen«, stellt Erck Rickmers mit leicht provokantem Ton fest. Nach einer Kunstpause fügt er an, dass es aber keine Alternative zum Einsatz der Frachter und zum Seetransport gebe. Das ist zutreffend, denn heute werden schon über 90 Prozent des internationalen Handels per Schiff abgewickelt; 1980 waren es noch 15 Prozent weniger, und das Gesamtvolumen stieg beträchtlich an. Die International Maritime Organization und die Reederverbände machen Vorgaben, deren Ziel die Verbesserung der Ökobilanz des Welthandels ist. Daher sind zahlreiche Reedereien darum bemüht, die Belastungen durch Emissionen konsequent zu reduzieren. Nachhaltigkeit ist für die Schifffahrtsunternehmen ein wichtiges Thema. Sie machen es publik, auch weil es ein Wettbewerbsvorteil bei der Akquise von Fondsgeldern sein kann, wenn die Umweltorientierung des Anlageobjekts Schiff erkennbar ist. Das ökologische Bewusstsein deutscher Anleger endet eben nicht, wenn sie in geschlossene Fonds investieren, um an der globalen Handelsschifffahrt zu verdienen. Die andauernden Debatten um den Klimawandel und die Gesundheitsgefährdungen durch Smogbildung und Feinstaubkonzentrationen spielen eine Rolle und wirken auf die maritime Wirtschaft Deutschlands ein. Entsprechend finden sich umweltethische Erklärungen in den für die Crew formulierten »Mission Statements« der Reedereien sowie auf ihren Homepages und bei sonstigen werblichen Auftritten. Niemand möchte sich nachsagen lassen, mit deutschem Geld unter Billigflagge und schwarzer Abgasfahne in rücksichtsloser Weise Profite einzufahren. Da die deutschen Reeder und Fondsmanager die modernste Flotte der Welt in Fahrt bringen, ist naheliegend, dass hier effizientere, ressourcenschonendere Komponenten zum Einsatz kommen als bei älteren Schiffen. Auch hier sind die Deutschen an vorderster Front.

Bislang ist der Antrieb großer Frachter nicht anders als durch Hauptmaschinen zu leisten, die fossile Brennstoffe nutzen. Der Einsatz von Windkraft, den die Medien Ende 2007 ins Blickfeld rückten, als der Hersteller SkySails einen riesigen Zugdrachen auf einem Schwergutfrachter installierte, wird für große Containerschiffe keine Ergänzungsmöglichkeit sein. Der Grund ist physikalischer Natur: Sie sind zu schnell. Ein auf der Asienroute eingesetzter 8800-TEU-

Frachter von Hapag-Lloyd bringt es auf ein Tempo von etwa 24 Knoten. Da würde der für drei bis acht Beaufort ausgelegte SkySail-Drachen wenig nützen, denn der Wind bläst von achtern nicht immer mit höherer Geschwindigkeit, als das Schiff fährt. Lediglich kleinere Schiffe von der Größe eines Feeders können bei einer idealen Geschwindigkeit von 15 Knoten mit dem derzeit um die 160 Quadratmeter großen Lenkdrachen eine spürbare Unterstützung ihres Vortriebs erzielen. Je nach Windrichtung ermöglicht dies bis zu zehn Prozent Brennstoffersparnis, das aber auch nur tagsüber, denn im Dunkeln wird der Drachen nicht ausgefahren. Was dagegen bei Großcontainerschiffen Vorteile bringt, ist vor allem technischer Natur: Wird die Rumpfform optimiert, sinkt der Fahrtwiderstand. Zudem bewahren spezielle Schiffsanstriche unter der Wasserlinie, die aufgrund ihrer Beschaffenheit den Bewuchs mit Algen, Seepocken und Muscheln verhindern, die aquadynamischen Eigenschaften des Rumpfes. Bei den hier Verwendung findenden Antifouling-Anstrichen achten verantwortlich handelnde Reedereien darauf, langlebige »Marathonfarbanstriche« mit geringem Biozidgehalt zu verwenden. Seit einigen Jahren weiß man, wie schwerwiegend die Gewässerbelastung durch die früher aufgebrachten tributylzinnhaltigen Unterwasseranstriche war. Das gilt es zu vermeiden. Am Ende der Möglichkeiten ist man bei weitem noch nicht angekommen. Gegenwärtig wird mit Beschichtungen des Rumpfes auf Silikonbasis oder mit Beimischung von Glasflocken experimentiert, um die Oberfläche des Rumpfes gleitfähiger zu machen.

Expertisen der Zertifizierer wie Det Norske Veritas und Germanischer Lloyd sowie von der Schiffbautechnischen Anstalt in Hamburg und Ergebnisse aus Forschungsinstituten ergänzen ständig den Kenntnisstand rund ums Schiff. Hiervon gehen praxiswirksame Impulse aus. So sieht sich der Germanische Lloyd in der Pflicht, für seine Kunden ständig weitere Methoden zur Optimierung der Effizienz des Schiffsbetriebs zu finden. Zwei Aspekte sind hier ausschlaggebend: Geringerer Schwerölverbrauch reduziert die Kosten – und die Emissionsbelastungen. Auch internationale Institutionen der Schifffahrt geben Empfehlungen aus und erlassen Vorschriften, die hinsichtlich der Umweltverträglichkeit wichtige Innovationen umsetzen. So ist seit einiger Zeit bekannt, wie gravierend die Folgen sein können, wenn in dem von den Schiffen mitgeführten Ballastwasser Organismen als blinde Passagiere mitreisen und nach dem Abpumpen in fremde Lebensräume gelangen. Containerschiffe nehmen große Mengen Ballastwasser auf, um zur Stabilisierung des Schiffes die ungleiche Verteilung der Lasten in den Containern auszugleichen. Der World Wildlife Fund schätzt, dass jährlich etwa die fünffache Wassermenge des Chiemsees weltweit als Ballastwasser transportiert und in fremde Biotope entleert wird.

Bakterien, Einzeller, Algen, Quallen, Krebse und andere Lebewesen – an die 7000 Arten – überwinden so als unfreiwillige blinde Passagiere größte Distanzen und können überleben, wenn der neue Lebensraum dem ihrer Herkunft ähnelt. Das kann beträchtliche Konsequenzen nach sich ziehen: Muscheln aus Asien, die nach Nordwesteuropa eingeschleppt wurden, verdrängen die heimischen Miesmuschelbestände, was wiederum für Wasservögel von Bedeutung ist, denn sie verlieren eine wichtige Nahrungsquelle. Als eine der ersten Reedereien lässt E. R. Schiffahrt zur Reinigung des Ballastwassers eine neue Pump- und Filtertechnik in vier derzeit im Bau befindliche Frachter installieren, die die von der International Maritime Organization verlangten Standards erfüllt. Das Ballastwasser darf vor dem Abpumpen nur mit solchen Chemikalien zur Tötung von Kleinstlebewesen behandelt werden, die nicht umweltschädlich sind. Ab 2009 sollten diese Normen gelten, doch da bislang noch zu wenige Mitgliedsstaaten die Ballastwasserkonvention ratifiziert haben, wird es zu einer Verschiebung um ein Jahr kommen. Erst 2016 enden alle Übergangsfristen, sodass dann zur Eindämmung der maritimen Artenmigration weltweit kein ungefiltertes Ballastwasser mehr in die Meere und Flüsse zurückgepumpt werden darf.

Die genannten großen Themen sind – genau wie verlässliche Altölentsorgung, Mülltrennung an Bord und umwelt- und sicherheitsorientierte Schulungen der Crew – für deutsche Reedereien ein wichtiger Bestandteil ihrer unternehmerischen Verantwortung. Manche Reedereien übernehmen die Vorreiterrolle aus freien Stücken und setzen Bestimmungen um, bevor sie zur Norm werden. Die übrigen Unternehmen folgen nach. Wer die hohen Standards erfüllt, kann sich entsprechend zertifizieren lassen. Die Norm ISO 14001 bescheinigt die fest verankerte Umweltorientierung des Managements. Das ist nicht nur als umweltethischer Aspekt ein wichtiger Baustein der Unternehmenskultur, sondern auch hinsichtlich des Wettbewerbs unter den Reedereien von Relevanz. Nach ISO 14001 sind unter anderem F. Laeisz, NSB, Leonhardt & Blumberg, Rickmers-Linie, Hapag-Lloyd und Hamburg Süd zertifiziert; weitere Reedereien wie Thomas Schulte streben dies an. Eine ganze Reihe von Schifffahrtsunternehmen besitzt demnach eine vorbildliche Ausrichtung, dank des Managements, das einen kontinuierlichen Verbesserungsprozess verfolgt. Auch hieran lässt sich positives Denken und Handeln von Elite ablesen.

Containerfrachter als Teil der weltweiten Logistikkette können auch Gegenstand ethnologischer Unternehmenskulturforschung sein. Sven Wischke, Sozialwissenschaftler an der Universität Göttingen, analysierte dabei, wie der moderne Arbeitsplatz Schiff auf die zusammengewürfelten Besatzungen wirkt. Weltweit arbeiten heute schon weit über 100 000 Seeleute auf Containerfrachtern. Deren Arbeitsbedingungen wurden den Zwängen des hohen Wettbewerbsdrucks angepasst.

Zunehmende Automatisierung, steigende physische Belastung durch größere Schiffe bei gleichbleibender oder verringerter Besatzungsstärke und Termindruck fordern den Mannschaften einiges ab. Da die Liegezeiten der Schiffe in den Häfen extrem verkürzt wurden, besitzt der Landgang mittlerweile geradezu Ausnahmecharakter bei wochenlangen Seereisen um den halben Globus. So schaffen es nur manche Matrosen, beispielsweise einige Stunden in der Hamburger Seemannskneipe *Duckdalben* am Rande der Containerterminals zu verbringen. Für einen abwechslungsreichen Besuch des Stadtlebens fehlt in der Regel die Zeit, wenn der Frachter am Terminal festmacht und seine Ladung umschlägt. Enge Zeitfenster sind in den meisten Häfen die Regel, sodass die Crews kaum aus der Sichtweite ihrer Schiffe herauskommen.

In einem Report über Hamburg bezeichnete das Nachrichtenmagazin *Der Spiegel* die Seeleute in medientypischer Diktion als »Sklaven der Container«. Das ist freilich überzogen. Die vielen Zehn-

Maritimer Störfaktor: Die unberechenbare Kraft der Elemente belastet Schiffe, Ladung und Mannschaften auf See, aber auch Reeder, Zeitpläne und Logistikketten an Land

tausend Filipinos, Burmesen, Chinesen und anderen Ostasiaten sind Arbeitsmigranten der Moderne. Die häufig sehr jungen Männer heuern aus verschiedensten Gründen bei den international operierenden Reedereien an. Einer davon ist, dass in ihren Heimatländern berufliche Alternativen fehlen. Und die Verdienstmöglichkeiten auf den Frachtern von Reedereien aus der Europäischen Union und besonders aus Deutschland sind besser als anderswo, unabhängig von der Flagge, unter der gefahren wird. Dennoch, der Alltag auf den Schiffen, eintönige Containerstapel und industrielle Kaianlagen können zur Tristesse werden. Wenn die sozialen Kontakte verarmen und die familiären Bindungen strapaziert sind, wandelt sich die Arbeitsumwelt für viele Besatzungsmitglieder, auch für die Offiziere, zur Belastung. Streit und Gewalt an Bord, übermäßiger Alkoholkonsum, Depressionen – all das kommt nicht nur auf einzelnen Frachtern vor. Hierbei handelt es sich um die menschlichen Problemzonen der maritimen Industrie.

Global betrachtet hat sich der technische Zustand der Schiffe in der jüngsten Zeit stark verbessert, aber die Lebensbedingungen der Besatzungen haben nicht mitgezogen, eher ist das Gegenteil der Fall. Die seemännische Gemeinschaft ist von zentraler Bedeutung für einen effizienten und sicheren Schiffsbetrieb. Dem steht jedoch entgegen, dass infolge befristeter Anstellungskontrakte und Urlaubsablösungen eine starke Fluktuation von Crewmitgliedern an der Tagesordnung ist. Sie beeinträchtigt den gemeinschaftlichen Zusammenhalt und damit die Bordkultur. Die Offiziere sind hier stark gefordert, doch aufgrund der zahlreichen ihnen obliegenden Arbeitspflichten fällt es der Brückenbesatzung zunehmend schwerer, das Betriebsklima zu schützen oder gar zu verbessern. Die Reeder wissen um die Härten der Arbeit, wenn sie wie Frank Leonhardt von den sozialen Entbehrungen auf See sprechen. Rickmers, Offen, F. Laeisz, Schulte Group und andere expandierende Reedereien betonen einhellig, sie würden die Arbeitsbedingungen der Crews stärker berücksichtigen. Ein Routinier wie Knud Stubkjær, der bei E. R. Schiffahrt das Containergeschäft steuert, hat die Mitarbeitermotivation und den Teamgeist im Auge, wohl wissend, dass Bezahlung nicht alles ist. Dr. Heinrich Schulte hebt dagegen hervor, wie wichtig einerseits die Qualität des Essens an Bord und andererseits die Betreuung der Besatzungsmitglieder und ihrer Angehörigen im Heimatland durch Agenturen der Reederei ist. Das gehöre zum nachhaltigen Management im Sinne der Weiterentwicklung der Unternehmenskultur.

Auch Offiziere und Kapitäne können neben den typischen Belastungen und der damit verbundenen hohen Verantwortung vielfältig unter Druck geraten, beispielsweise aufgrund der ihren Fahrplänen zuwiderlaufenden Wartezeiten vor Häfen und Kanalpassagen. Nicht jeder ist persönlich derart gefestigt, dass er dies unbeschadet lange Zeit übersteht. Hier sind die Reeder und die landseitige Personalführung hellhörig, denn Alkoholmissbrauch in der Führungsmannschaft kann fatale Folgen haben. Die Kontrolle über Tausende Seemeilen hinweg ist nur indirekt möglich, aber auch an Land erfahre man schon das Nötige, sagt ein Hamburger Reeder und fügt an: »Es gibt loyale Menschen an Bord, die wissen, dass Ehrlichkeit kein Verrat ist.«

Der Betrieb eines Schiffes über Jahre ist ein hochkomplexes, kostspieliges und im Idealfall anhaltend rentables Unterfangen. Es kommt auf das effiziente Zusammenspiel der verschiedensten Bereiche und Abteilungen des Unternehmens Reederei an, damit alles funktioniert. Und letztlich hängt sehr viel von der Mannschaft an Bord und ihrer Führung ab, denn an sie delegiert der Reeder die Erfüllung der Aufträge. Knud Stubkjær weiß, dass Loyalität und Arbeitsfreude geschaffen werden müssen. Dazu trägt bei, wenn die Reeder ihren Schiffen Besuche abstatten. Nur wenige Seeleute bekommen ihren obersten Boss persönlich zu Gesicht. Es sind einfach zu viele Schiffe auf großer Fahrt, und nicht jeder Eigner hat die Möglichkeit oder das Interesse, ein paar Stunden an Bord zu verbringen. Jeder moderne Containerfrachter verfügt über eine »Owners Cabin«, die von Zuschnitt und Ausstattung her den Reeder oder die Taufpatin auf einer Reise beherbergen könnte. Manche Eigner nutzen diese Möglichkeit und machen eine Seereise mit, wie etwa Thomas Harmstorf, der auf der *Irène*, einem seiner Picasso-Schiffe, vom brasilianischen Santos nach Valparaíso mitfuhr und dabei die Magellan-Straße an der Südspitze Lateinamerikas passierte. Erleben die multiethnischen Mannschaften und Offiziere auf diese Weise ihren Reeder aus der Nähe, fördert das den Teamgeist in ganz anderer Weise, als wenn der Crew alljährlich im Namen der Taufpatin des Schiffes ein Spanferkel zum weihnachtlichen Festessen geschickt wird. Freilich gehören auch solche Gesten zur Bordkultur, an deren Förderung in den Reedereizentralen in Norddeutschland gearbeitet wird. Letztlich ist es eine Frage unternehmerischer Ethik, wenn die Herren der Containerschiffe den für sie tätigen Besatzungsmitgliedern, auch denen am unteren Ende der Hierarchie, gute Arbeits- und Lebensbedingungen an Bord schaffen und sie an der maritimen Konjunktur teilhaben lassen.

Hafenwachstum und Politik
Im März 2006
machte die *COSCO Guangzhou* am Terminal Tollerort gegenüber
dem Hamburger Fischmarkt fest. Das damals noch größte Containerschiff der Welt hatte für seine Jungfernfahrt von Singapur etwas
mehr als vier Wochen benötigt und brachte 4700 Container nach
Hamburg. Der Gigant hat einen maximalen Tiefgang von 14,5 Metern, wenn er mit 9500 TEU voll beladen ist. Aber das war er nicht,
als er am Tollerort festmachte. Sonst wäre der Frachter gar nicht bis
nach Hamburg gekommen, denn die Elbe lässt derzeit selbst bei Flut
nur einen Meter weniger an Tiefgang zu, als die *COSCO Guangzhou*
benötigen würde. Die Reeder kennen das Problem. Sie nennen es die
»nautische Erreichbarkeit«. Die ist nicht nur in Hamburg wenig günstig. Auch Rotterdam und Antwerpen, die beiden anderen wichtigsten
Häfen an der Nordwestküste Europas – der Nordrange –, sind nur
über enge Wasserwege zu erreichen, die von Ebbe und Flut beein-
flusst werden. Dabei gibt es Liniendienste, die in hoher Fahrplandich-
te ihre Schiffe in diese Häfen schicken. Bremerhaven gewinnt Anteile
hieran, ist aber bei weitem noch nicht so bedeutend wie die anderen
großen Terminals an der Nordsee. Die Volksrepublik China und der
kleine Stadtstaat Singapur sind seit Jahren schon die wichtigsten Con-
tainer-Handelspartner des Hamburger Hafens. Jeden Tag tritt einer
der schnellen Großfrachter die Reise elbabwärts an bis nach Südostasien, wie etwa die maximal 10 062 TEU fassende, 349 Meter lange
COSCO Europe, die seit Januar 2008 auf der Strecke pendelt. Es geht
gerade noch so, auch ohne weitere Ausbaggerung der Wasserstraße.

Derzeit sind auf südkoreanischen Werften mehr als 160 Frachter der New-Panmax-Klasse geordert. Viele sind bereits im Bau. Diese Schiffe könnten aufgrund ihrer Ausmaße in Nordwesteuropa bislang nur an den Terminals von Rotterdam, Bremerhaven und Hamburg abgefertigt werden. Immer eine handbreit Wasser unter dem Kiel, dieser bei der Schiffstaufe ausgesprochene Wunsch dürfte den Lotsen bei der Revierfahrt der Riesen durch die Elbe nicht nur ein Mal als Stoßgebet durch den Kopf gehen, wenn da nicht ein erleichterndes Faktum der Logistik bestünde: Für Dirk Max Johns, den Sprecher des Verbands Deutscher Reeder, hat die Elbmetropole eine glückliche geographische Lage. Er begründet dies damit, dass Hamburg am Ende der Nordrange liegt, weshalb die Containerfrachter nie vollbeladen die Elbe hinaufkämen. Schließlich würden sie schon vorher einen Teil ihrer Ladung in anderen Häfen löschen. Daher sei der maximale Tiefgang der neuen Mega-Carrier nicht erheblich. In der Tat sieht man bei den meisten Schiffen, die Övelgönne passieren und von den Schleppern in den Köhlbrand hineinbugsiert werden, die Freibordmarke ein paar Meter über dem Wasserspiegel. Das ist ein Anzeichen dafür, dass ihre Beladung und damit der Tiefgang nicht maximal ausfällt. Dennoch hält der VDR-Sprecher die Vertiefung der Elbe für zwingend notwendig. Er hat ein Szenario vor Augen, das für die örtliche Hafenwirtschaft gravierend wäre: Wenn eines Tages die größten Schiffe aufgrund ihrer Maße Hamburg nicht mehr anlaufen könnten, dann hätte dies einen unmittelbaren Statusverlust zur Folge. Hamburg wäre kein »Hub« mehr, der als Drehscheibe im Zentrum von Feeder-Diensten und anderen Zubringerverkehren fungiert. Der Absturz in die Provinzialität – etwa auf den Status des Hafens von Kopenhagen – stünde zu befürchten, so Johns. Man kenne solche Verschiebungen aus der Luftfahrt, wo Flughäfen mittels regierungsseitig geförderter Entwicklungssprünge einander den Rang abliefen. Daher plädiert der Reederverband für die konsequente Vertiefung der Elbe.

Die Linienreedereien als Charterer der von Hamburger Reedern bestellten New-Panmaxe sind leidenschaftslos, wenn es um den Ort des Ladens und Beladens ihrer Frachter geht. Sie brauchen freie und am besten schnell zugängliche Terminals mit guter Hinterlandanbindung für Züge und Lastwagen. Von schneller Zugänglichkeit kann bei der langen Revierfahrt durch die Elbmündung und die Elbe keine Rede sein: So werden etwa sieben Stunden benötigt, wenn das Schiff an der Stromseite des Burchardkais festmacht. Eine weitere Stunde fällt beim hypermodernen Terminal CTA an, da der Frachter erst den Köhlbrand passieren und dann im Wendebecken gedreht werden muss. Das wird auch bei NSB so gesehen. In Bezug auf Hamburg oder Bremerhaven gibt sich der Bereederer aus Buxtehude sachlich: Die Revierfahrt, bei Bremerhaven sind es jeweils fünf Stunden für An- und Abfahrt, ist anstrengend für die Kapitäne und kostet Zeit, was letztlich das wirtschaftliche Ergebnis der Charterer belastet. Wenn es günstiger gelegene Häfen gäbe, dann würden sie unter Garantie vom Linienverkehr bevorzugt angesteuert.

In einigen Jahren geht der Tiefwasserhafen in Wilhelmshaven in Betrieb. Dann dürfte sich ein Teil des Verkehrs der Großcontainerschiffe auch dorthin orientieren, was gegenüber Hamburg einen Zeitvorteil von einigen Stunden bringt. Könnte das für die Terminals Burchardkai, Tollerort, Altenwerder und Waltershof bedrohlich werden? Unbedenklich ist es auf keinen Fall. Ulrich Kranich von Hapag-Lloyd, der schon mehr als drei Jahrzehnte im Geschäft mit den Stahlboxen tätig ist, sagt dazu: »Ein Hafen stirbt nicht über Nacht.« Wenn die Kurven der Umschlagzahlen gegenüber der Konkurrenz nach unten abknicken, sei das ein negatives Zeichen, das zur Reaktion herausfordere. Vor diesem Szenario steht Hamburg aber derzeit nicht. Zudem liegt ein unschlagbarer Vorteil des Hafens an der Elbe darin, dass vor Ort ein hoher Bedarf an Konsumgütern und eine exzellente Hinterlandanbindung bestehen. So viel »Cargo-Catching«-Potenzial bringt sonst kein Standort an der Nordrange mit. Dennoch könnten mittel- und langfristig ganz neue Hubs angelegt werden, die die Megafrachter ansteuern, worauf der Feederverkehr den Weitertransport der Container in Häfen zweiter und dritter Kategorie übernimmt. Es gibt Überlegungen, in Scapa Flow im Norden Großbritanniens einen solchen Hub zu bauen. Von dort aus betrachtet wäre Hamburg nur noch ein Containerhafen zweiter Kategorie, was die Größe der ihn ansteuernden Schiffe angeht. Diese Vorstellung ist an der Elbe noch lange nicht akut, und ihre Konse-

quenzen sind unter den auf den erstrangigen Status des Hafens be-
dachten Entscheidern der Hafenwirtschaft derzeit kein Thema. Aber
es werden durch die unausgesetzte Weiterentwicklung der Containerlogistik Fakten geschaffen, die in diese Richtung zielen.

In dem Geschäft der zweitgrößten Frachter wird weiterhin Hapag-Lloyd eine starke Stellung einnehmen. Die Linienreederei be-
schränkt ihr Wachstum bislang konsequent auf Schiffe, die maximal
8800 TEU tragen können. Fünf davon fahren bereits, wie die *Berlin
Express*, die 2002 von Friede Springer getauft wurde. Acht weitere
sind seit 2007 bei Hyundai Heavy Industries bestellt. Hapag-Lloyd
spricht hier von einer optimalen Schiffsgröße für die schnelle Asienroute und vertritt die Ansicht, dass die Frachter weitaus flexibler
sind als die Ende 2009 etwa für Mærsk und CMA CGM ins Geschäft
eintretenden Giganten. Gleich mehrere Aspekte sind hier relevant:
Das Löschen der Ladung nimmt bei 13 000 TEU sehr viel mehr Zeit
in Anspruch. Zudem bleibt die Zahl der Terminals, die Containerbrücken dieser Dimension in größerer Zahl offerieren, auch mittelfristig noch überschaubar. Das kann kostspielige Wartezeiten verursachen, wenn New-Panmaxe nicht genügend freie Slots an den
Terminals finden. Nach Ansicht Ulrich Kranichs ist auch die Homogenität der Flotte vorteilhaft. Wenn man mit einem Standardschiff
operiert, kann man die Kosten für Wartung und Reparatur senken.
Für die 8800er hält Hapag-Lloyd beispielsweise teure Ersatzteile wie
Propeller und Welle vorrätig. Im Fall einer Beschädigung und des
nötigen Austauschs wäre es wirtschaftlich ruinös, erst einen Propeller beim Hersteller zu ordern und sechs oder mehr Monate auf die
Lieferung zu warten. Solche Bestellzeiten sind derzeit gang und gäbe.
Die Standardschiffe der »Reederei Gottes« können aufgrund ihrer
Maße idealerweise in den zwei wichtigen Ost-West-Diensten zwischen Asien und Europa sowie zwischen Asien und der Westküste
der USA eingesetzt werden. Neun Schiffe eines Typs werden für einen »String« benötigt, der einen wöchentlich verkehrenden Liniendienst auf der Rennstrecke von Ostasien nach Europa ergibt. Ein
weiterer Vorteil der homogenen Flotte: Besatzungsmitglieder können
reibungslos als Ablösung auf den Schwesterschiffen eingesetzt werden, da sie die erforderlichen Arbeitsabläufe beherrschen.

Läge der Hamburger Hafen an der Mündung des Suezkanals ins Mittelmeer, gäbe es die an der Elbe oftmals hitzigen Diskussionen um die Vertiefung des Fahrwassers nicht: Der ägyptische Kanal erlaubt Schiffen mit Tiefgang von bis zu 17,4 Metern die Durchfahrt. Viel Platz also im Vergleich zum bisherigen tideunabhängigen Maximaltiefgang von 12,5 Metern in der Elbe. Die Tiefe erscheint auf den ersten Blick bei den größten Containerschiffen der Welt das vordringlichste Problem zu sein, aber es ist nicht das einzige. Was schon bei der *Emma Mærsk* erkennbar war, setzt sich auch in der neuesten Generation der 13 000 TEU tragenden Frachter fort: Die Schiffe wachsen in die Breite – bis zu 49 Meter, die noch im Panama-Kanal erlaubt sein werden, und zum Teil sogar darüber hinaus. Der Tiefgang dagegen nimmt nicht zu, um die Zahl der erreichbaren Häfen für die Schiffe nicht noch weiter einzuschränken. Die Steigerung der Breite wiederum bringt Probleme mit sich, die das Fahrwasser betrifft: Sollten sich zwei der New-Panmaxe auf der Elbe begegnen, wird es für sie, wenn es nach den vorschriftsmäßig einzuhaltenden Abständen geht, einfach sehr eng. Und auch das Wenden der Kolosse am Terminal stellt noch höhere Anforderungen an Lotsen und Schlepperkapitäne. Vor dem Hintergrund dieser naturgegebenen Begrenzungen ist es unrealistisch, dass in Zukunft vollbeladene Megafrachter den Hamburger Hafen im planmäßigen Linienverkehr ansteuern. Kritiker, die keineswegs ins Horn der Umweltschützer blasen, halten es für einen weltweit einmaligen »Anachronismus«, dass ozeangängige Frachtschiffe so weit einen Fluss herauffahren müssen, um ihre Ladung umzuschlagen. »Irgendwann kippt es«, meint ein Kenner und erwartet, dass in einigen Jahren die größten Frachter der Welt aufgrund ihrer über die bislang für möglich gehaltenen Dimensionen hinausgehenden Maße nicht an die Hamburger Terminals gelangen.

Ole von Beust war entweder schlecht beraten oder ein nur mittelfristig planender Politiker, als er im März 2007 davon sprach, die Fahrrinne der Elbe müsse erneut angepasst – sprich: vertieft – werden, um den Hafen »für die Containerschiffe der nächsten und auch der übernächsten Generation« zugänglich zu halten. Dieses Statement des Hamburger Bürgermeisters war vor allem als lokalpolitische Botschaft zu verstehen. Mit dem Hafen kann immer Wahlkampf gemacht werden. Gleichzeitig rief von Beust die Nachbarländer Niedersachsen und Schleswig-Holstein dazu auf, die Bemühungen des Hamburger Senats um die Elbvertiefung zu unterstützen. Zahlreiche Einwohner dieser Länder arbeiten in der Hamburger Hafenwirtschaft. Keineswegs nur Spötter bringen vor, der Hafen sei der zweitgrößte Arbeitgeber Niedersachsens, nach Volkswagen. Das sollte, so die Hamburger Perspektive, die Nachbarn in der Diskussion um die Reizwörter »Elbvertiefung« oder »Fahrrinnenanpassung« geschmeidiger machen.

Es wird mehr als 330 Millionen Euro kosten, dem Fluss von Hamburg bis zur Mündung bei Cuxhaven eine durchgehende Tiefe von tideunabhängigen 14,5 Metern abzuringen. Ein Viertel der Summe hat der Senat eingeplant. Den Löwenanteil aber wird der Bund – und damit die Steuerzahler – berappen. Das Bundesverkehrsministerium ließ Gelder bereitstellen, um sogleich nach dem Abschluss des Planfeststellungsverfahrens mit den Arbeiten zu beginnen. Auf solche positiven Signale warteten der Hamburger Wirtschaftssenator und die Schifffahrtsbranche. Allerdings gibt es seit längerem vielfältigen Widerstand gegen das Projekt. Vor allem Umweltschützer und Elbanrainer stört die Aussicht einer immer stärker vertieften Elbe, die ihre Eigenarten hat. Schon der Römer Tacitus hielt in seiner Beschreibung Germaniens den ungewöhnlichen Umstand fest, dass das Gewässer in seinem Unterlauf unentwegt die Fließrichtung ändert. Ebbe und Flut führen dazu, dass mit den Wassermassen reichlich Schwebstoffe mitgeführt werden, die sich andauernd als Schlick ablagern. Diese Sedimente bilden sich noch nicht einmal einheitlich, sondern an manchen Stellen gehäuft.

An diesem Punkt haken die Reeder ein, die wie Bertram Rickmers ihren Ärger über die ständige Argumentation von Umweltschützern und etwa dem »Bündnis gegen die Elbvertiefung« kundtun, es ginge um eine komplette Kanalisierung des Flusses. Schon heute seien zahlreiche Abschnitte deutlich tiefer als nötig. Die Ausbaggerung – man geht von etwa 38 Millionen Kubikmetern Aushub aus – würde lediglich an einigen Stellen erfolgen und das Verhalten der Elbe bei Hochwasser nicht verändern. Davor haben die Anrainer, die zwischen Cuxhaven und dem Alten Land bei Hamburg hinter den

Deichen leben, Angst. Sie befürchten Überflutungen. Schließlich würden Sieltore, Schleusen und Deiche durch mehr Wasser im Fluss und durch größere Schiffe, die bei der Durchfahrt einen starken Schwell verursachen, stärker belastet als bisher. Zudem hat man beobachtet, dass infolge der schon seit 1885 vorgenommenen Ausbaggerungen die Sturmflutwasserstände immer weiter steigen. In den Wortführern und Lobbyisten der Vertiefung sehen die Kritiker elbhanseatische »Pfeffersäcke«, die aufgrund eigennütziger Wirtschaftsinteressen die Politik zu instrumentalisieren und die Elbe zu verhunzen suchten. Für Beatrice Claus, die deutsche Expertin des World Wildlife Fund (WWF) für Flüsse und Häfen, bringt die Ausbaggerung zahlreiche negative Effekte mit sich: »Mit jeder Vertiefung hat sich der ökologische Zustand des Flusses verschlechtert.« Dazu zählt sie die zunehmende Verlandung der Seitenbereiche neben dem Fahrwasser, die Lebensräume, Laich- und Nahrungsgebiete für Fische, Schnecken, Krebse, Muscheln und Vögel beeinträchtigt. Die Verlandung entstand infolge der Strombaumaßnahmen, die bislang vorwiegend darauf abzielten, die Fließgeschwindigkeit in der Fahrrinne möglichst hoch zu halten. Das führte an den Seiten zur Verlangsamung und zur Förderung der Sedimentbildung. Hinzu kommen der im Sommer oftmals beobachtete Sauerstoffmangel und die Beeinträchtigung der Lebensbedingungen von Meerforelle, Lachs und Aal in der Elbe.

Die Thematik ist zweifellos komplex, aber die vielzitierten Pfeffersäcke haben doch nicht nur ihre Geschäfte im Sinn. Unbestreitbar hängen von der Schifffahrt an der Elbe sehr viele berufliche Existenzen ab, in Hamburg und sogar im ganzen Norden. Die Kosten für die anstehenden Maßnahmen zum Ausbau der Infrastruktur sind erheblich, nicht nur bei der Vertiefung des Fahrwassers von Elbe und Außenweser. Betrachtet man die laufenden und künftigen Projekte an den deutschen Küsten im Ganzen, werden Hafenbetriebe und Regierungen bis 2012 mehr als acht Milliarden Euro investieren, um Kaianlagen zu optimieren, neue Terminals zu schaffen, Hafenanbindungen durch Schiene und Straße zu erweitern und die Wasserwege auf das Maß anzupassen, das beispielsweise in Rotterdam bereits besteht. Rechnet sich das viele Geld überhaupt, und wenn ja, für wen?

Wortführer der maritimen Wirtschaft wie der Chef der staatlichen Bremer Lagerhaus-Gesellschaft BLG, Detthold Aden, weisen geradezu gebetsmühlenartig darauf hin, dass schon jetzt in den Häfen und dem über die Logistikbranche hinausgehenden angegliederten Firmenumfeld massive Zuwächse von Arbeitsplätzen zu verzeichnen seien. Von 200 000 Stellen innerhalb des Zeitraums 2003 bis 2007 ist die Rede. Somit gilt der maritime Boom als Jobmotor, für den der immense Aufwand lohnt. Die Schifffahrt nützt eben nicht allein den Reedern, renditeorientierten Fondszeichnern und Aktionären der Hafenwirtschaft, von ihr profitieren auch gesamtgesellschaftliche Interessen wie der Arbeitsmarkt.

Seit anderthalb Jahrzehnten wird in der Bundesrepublik postuliert, im Sinne der Nachhaltigkeit sei der möglichst harmonische Dreiklang von Ökonomie, Ökologie und Sozialem anzustreben. Das ist, wie man an der dauerhaft diskutierten Hafenpolitik in Norddeutschland sieht, ein schwieriges Unterfangen. Der WWF empfiehlt seit langem ein nachhaltiges und umweltverträgliches Seehafenkonzept für die Bundesrepublik: Es sei angesichts der mittelfristig von den norddeutschen Terminals sowieso kaum zu bewältigenden Containermassen unzeitgemäß und letztlich ökologisch unverantwortlich, wenn die Bundesländer Hamburg, Niedersachsen und Bremen hinsichtlich ihrer Hafenförderpolitik miteinander konkurrieren. Zur Zeit der Regierung Schröder legte der damalige Umweltminister Jürgen Trittin dem VDR-Vorsitzenden Frank Leonhardt nahe, die Containerschifffahrt solle künftig bei den größten Schiffen auf den Tiefwasserhafen JadePort bei Wilhelmshaven setzen und in Hamburg die Frachter der darunterliegenden Größe abfertigen lassen. Darin aber sah Leonhardt kein akzeptables Szenario. Er und zahlreiche andere Reeder vertreten den Standpunkt, dass ein Hafen nur dann seine Wettbewerbsfähigkeit bewahrt und damit seinen zukünftigen Bestand sichert, wenn er für die größten Schiffe erreichbar bleibt. Das entspricht der Einschätzung des Containerchefs von Hapag-Lloyd, ein Hafen sterbe langsam, aber unweigerlich, wenn seine nautische Erreichbarkeit beeinträchtigt werde.

Beatrice Claus vom WWF meint angesichts der bald in Fahrt gehenden 13 000-TEU-Frachter und gegenwärtig beim Germanischen

Lloyd durchgerechneter noch größerer Containerriesen, es könne nicht sein, dass die Flüsse immer wieder den Schiffen angepasst würden. Irgendwann sei in ökologischer Hinsicht einfach Schluss. Was die Ökologie angeht, hat man sich in Deutschland und anderen westlichen Staaten, die eine große Handelsflotte unterhalten, in der Vergangenheit immer wieder als findig und kompromissbereit erwiesen. Schluss wird erst dann sein, wenn die Schiffe aufgrund ihrer kolossalen Ausmaße bei der Revierfahrt auf der Elbe nicht mehr aneinander vorbeifahren oder im Wendebecken vor dem Terminal CTA nicht mehr gedreht werden könnten.

Nach der Auszählung der Stimmen bei der Hamburger Bürgerschaftswahl vom Februar 2008, die die CDU die absolute Mehrheit kostete und die Grünen alsbald zum aussichtsreichsten Koalitionspartner werden ließ, herrschte Katerstimmung bei der maritimen Wirtschaft. Die Position der ökologisch orientierten Partei war strikt gegen die Ausbaggerung der Fahrrinne. Daran aber hängen zahlreiche wirtschaftliche Hoffnungen. Beispielsweise hatte die HHLA im Herbst des Vorjahres in dem zu ihrem Börsengang ausgegebenen Wertpapierprospekt postuliert, für die Anleger sei weiteres attraktives Umsatzwachstum zu erwarten, wenn die Elbvertiefung käme. Als Dr. Heinrich Schulte Anfang März 2008 zum traditionellen Reederfrühstück in eines der besseren Lokale der Stadt einlud, bekam er beim Blick in die Runde mit, dass mit einem Mal große Skepsis hinsichtlich der Umsetzung der Elbvertiefung vorherrschte. Wer hätte mit dieser Verschiebung der Machtverhältnisse gerechnet? Die Haltung der Reeder zu dieser Frage lässt sich am ehesten mit den Worten von Niko Schües verdeutlichen. Der Chef der Reederei F. Laeisz sieht es ganz einfach so: »Niemand, der in Hamburg bei Verstand ist, wird sich dem widersetzen.« Nur dann könne der Hamburger Hafen ein Hub ersten Ranges bleiben. Für die maritime Wirtschaft war es überaus erleichternd, dass der Erste Bürgermeister Ole von Beust die Vertiefung zur Conditio sine qua non seiner Partei machte. Die Elbvertiefung war längst ein Politikum. Nach energischen internen Diskussionen überwog bei den Grünen eine Mischung aus parteitaktischem Kalkül und Machtinstinkt angesichts der ihnen auf einmal wieder offenstehenden Wege in den Senat, wo man eher als in der Opposition auf die Bildungs- und Energiepolitik Hamburgs einwirken kann. Die Partei entschied sich für die Zusammenarbeit mit der CDU und kam ihr bei der Elbvertiefung entgegen. Mitte April bestand Konsens der Regierungspartner für die durchgehende Ausbaggerung der Fahrrinne auf 14,5 Meter.

Die Grünen handelten bei der Elbvertiefung eine Kompensation in der Form aus, dass die den Hamburger Hafen anlaufenden Schiffe künftig eine Umweltabgabe zu zahlen haben. Das, davon ist Bertram Rickmers überzeugt, wird weder die Wettbewerbsfähigkeit Hamburgs maßgeblich beschneiden noch die Linienreedereien beeinträchtigen. Ein paar tausend Euro mehr an Hafengebühren können niemanden abschrecken, der mit Tageschartern von 20 000 bis 50 000 Dollar operiert. Die über diese Sonderabgabe gewonnenen Mittel sollen in eine Umweltstiftung fließen, die unter anderem von Naturschützern geforderte Maßnahmen zur Renaturierung, Rückdeichung und zur Wiederanbindung von Nebengewässern der Elbe mitfinanziert. Die Grünen und der WWF werden manche Kröte schlucken müssen, denn auch sie haben zu berücksichtigen, dass sie im Sinne nachhaltiger Politik bei allem Kampf für die Ökologie die Ökonomie nicht übergehen dürfen. Und schließlich: Bereits Ende der neunziger Jahre hatten die Hamburger Grünen als Koalitionspartner der SPD der damals anstehenden Vertiefung des Flusses auf 12,5 Meter zugestimmt. Nicht nur die Fahrrinne, sondern auch die Wertigkeit der politischen Ziele kann eben den Erfordernissen der Zeit angepasst werden. Das Wasser der Elbe, die Frachter, Terminalbetreiber, Reeder, Finanzierer, die regionale Politik sowie die Konjunkturkurve des Welthandels – alles ist hier wie durch kommunizierende Röhren miteinander verbunden. Für die Entscheider vor Ort steht die Förderung des wirtschaftlichen Potenzials eindeutig im Vordergrund, und von denen, die Umweltaspekte dagegen ins Feld führen, erwarten sie arbeitsmarktpolitisches Augenmaß.

In Hamburg ist Eurokai ansässig, der einzige privatwirtschaftliche deutsche Terminalbetreiber. Beinahe von Anfang an ist die Firma am Umschlag der Stahlboxen beteiligt, denn Ende der sechziger Jahre gehörte Kurt Eckelmann zu den Pionieren in diesem Geschäft. Was damals eher zögerlich und unscheinbar begann, nachdem Ende Mai

1968 erstmals ein Vollcontainerschiff seine Ladung am Burchardkai gelöscht hatte, entfaltete schnell ein enormes Potenzial. Dank der zunehmenden Containerisierung des Stückguttransports prosperierten die staatliche HHLA und die private Firma Eurokai. Kurt Eckelmann, dessen Vorfahren ihren Lebensunterhalt bereits seit 1865 mit der Hafenschifffahrt verdienten, hatte sogar wichtigen Anteil an der weltweiten Etablierung der Normgröße von Containern. Eckelmanns eigenes Terminal Waltershof wurde 1987 stark vergrößert, indem das benachbarte Gelände der Holzhandelsfirma J. F. Müller – »Holzmüller« genannt – hinzugewonnen wurde. Hier stiegen die Müllers als Partner von Eurokai ein, denn der Containerumschlag bot sehr viel bessere Perspektiven als der Umschlag von Hölzern aus aller Welt. Heute liegt Eurokai in den Händen des 1951 geborenen Thomas H. Eckelmann. Sein großes unternehmerisches Geschick verschaffte ihm Einfluss und Vermögen in der vernetzten Containerlogistik, nicht allein in Konkurrenz zur HHLA, sondern weit darüber hinaus. Ein immenser Sprung gelang Eckelmann, als er Ende der neunziger Jahre die Gründung von Eurogate einfädelte. Das 1999 gestartete Joint Venture fasst die Containeraktivitäten der Bremer BLG Logistics Group und der Eurokai-Holding zusammen.

Eurogate betreibt den zentral im Hamburger Hafen gelegenen Terminal Waltershof, wo mittlerweile schon 2,9 Millionen TEU jährlich umgeschlagen werden. 21 gewaltige Containerbrücken stehen dort bereit. Sie gewährleisten, dass gleichzeitig mehrere Großcontainerschiffe mit bis zu 9000 TEU innerhalb eines Tages abgefertigt werden können. Wie bei den Terminals der HHLA arbeiten die Kranführer in Vierstundenschichten, das ganze Jahr hindurch. Erst die Tag und Nacht geleistete Arbeit der Routiniers in den Kanzeln hoch über den Schiffen macht die hohen Umschlagszahlen möglich. Zur Erweiterung ihrer bislang auf sieben Großschiffsliegeplätze beschränkten Kapazität kooperiert Eurogate mit der Stadt Hamburg; sie lassen den ehemaligen Petroleumhafen mit dreistelligem Millionenaufwand zum Containerterminal umwandeln. Dieses Westerweiterung genannte Projekt ist für den Hamburger Hafen von Bedeutung, um die prognostizierten Zuwächse zu bewältigen.

Im Aufbau besitzt Thomas H. Eckelmann große Erfahrung. Er

verantwortet bei Eurogate die internationalen Aktivitäten, die an verschiedenen europäischen Hafen- und Bahnstandorten die Infrastruktur für den Containerumschlag erstellen. Mittlerweile kontrolliert Eurogate große Teile des Umschlags im Mittelmeerraum und darüber hinaus. In Tanger und dem süditalienischen Gioia Tauro ist Eurogate mit hohem finanziellem Engagement am Aufbau und Betrieb von Terminals beteiligt. Dem Bremer Unternehmen kommt auf internationaler Ebene zugute, dass mancherorts mit Mærsk kooperiert wird. Mittlerweile ist Eurogate die Nummer eins unter den europäischen Hafenbetreibern.

Auch an den Terminals in Bremerhaven tritt die von den beiden Vorständen Thomas H. Eckelmann und Emanuel Schiffer geführte Eurogate sehr erfolgreich auf. Seit einigen Jahren werden an den fortlaufend erweiterten Liegeplätzen die weltgrößten Frachter abgefertigt, da Containerbrücken angeschafft wurden, die dank ihrer Ausleger selbst über die 22. Containerreihe an Deck hinausreichen. Das ist passend für die 56,4 Meter breiten Schiffe der E-Klasse von Mærsk und kommt – auch gegenüber Hamburg – einem imageträchtigen Standortvorteil gleich. Die Dimensionen an der Weser sind beachtlich, vor allem angesichts der sprunghaften Entwicklung, die dieses Wachstum ermöglichte. Die ersten Container, die nach Deutschland gelangten, wurden in Bremen abgeladen, als 1966 der amerikanische Frachter *MS Fairland* im Auftrag der Reederei Sea-Land im dortigen Überseehafen festmachte. Und obwohl schon zwei Jahre später eine 700 Meter lange Kaianlage für den Containerumschlag in Bremerhaven in Betrieb ging, setzte der Standort am stärksten auf die Verschiffung von Autos und anderen Produkten. Erst ab Mitte der neunziger Jahre wurde massiv in den Ausbau der Terminals für den Containerumschlag investiert. Zur Jahrtausendwende begann der Boom. Dass die BLG mittlerweile stolz erwartet, im Jahr 2008 an die fünf Millionen TEU umzuschlagen, hat verschiedene Ursachen, eine davon: Das Fahrwasser durch die Außenweser ist bereits 12,5 Meter tief und soll sogar noch um drei weitere Meter ausgebaggert werden. Diesen Vorteil nutzt in großem Maßstab die marktführende Linienreederei Mærsk, die hier am Geschäft an den Kaikanten über ihr Joint Venture mit Eurogate direkt beteiligt ist.

Bei Wilhelmshaven entsteht mit dem Tiefwasserhafen Jade-Weser-Port ein weiterer Anlaufpunkt an der Nordrange. Vom Land Niedersachsen wird das Areal gegenwärtig mit hohem Investitionsaufwand erschlossen. Bereits vor dem ersten Spatenstich geriet das Großprojekt wegen des Streits um die Auftragsvergabe an Baufirmen zum Politikum. Das hatte unter anderem lästige Verzögerungen zur Folge. Die Lizenz zum Betrieb der Terminalanlagen ging an ein Joint Venture von Eurogate und Mærsk. Die wirtschaftlichen Aussichten des Jade-Weser-Ports sind vielversprechend, denn hier wird es eine tideunabhängige Erreichbarkeit bei nur kurzer Revierfahrt und weitläufigem Manövrierraum vor den Kais geben. Auch asiatische Firmen hatten sich um die lukrative Lizenz beworben. Schon seit langem expandieren die Hafenbetreiber auf internationale Märkte. Das Trio der Weltmarktführer, Hutchison aus Hongkong, PSA aus Singapur und Dubai Ports, hat in zahlreichen Staaten einen sogar maßgeblichen Einfluss in der Hafenwirtschaft erlangt. Möglicherweise war das den Entscheidern in der Realisierungsgesellschaft am Jadebusen wenig geheuer. Sie bevorzugten den europäischen Marktführer Eurogate und holten als Minderheitsgesellschafter Mærsk ins Boot. Das ist schließlich ein eingespieltes Team, mit dem in Bremerhaven gute Erfahrungen gemacht wurden.

In der Hafenwirtschaft lässt sich dank des Booms mit den Stahlboxen seit langem schon sehr gut verdienen. Die HHLA war und ist aufgrund ihrer Betriebsergebnisse ein Filetstück für ihren Mehrheitseigentümer Hamburg. Die Hafenlogistik als Kerngeschäft der HHLA machte 2007 einen Umsatz von 1,15 Milliarden Euro, vor allem wegen der 6,7 Millionen TEU, die auf den Terminals im Hamburger Hafen bewegt wurden. Als Ergebnis nach Steuern konnten 117 Millionen Euro verbucht werden. Auch Eurogate, das Joint Venture von Bremen und Thomas H. Eckelmann, konnte in dem Zeitraum sein Ergebnis auf knapp 85 Millionen steigern, allerdings vor Steuern. Ein Teil dieser Mittel findet im Ausbau von Terminalanlagen Verwendung. Der Eurogate-Konzern beispielsweise will in Bremerhaven, Hamburg und beim Jade-Weser-Port bis 2011 insgesamt 750 Millionen Euro investieren. Dabei werden in Deutschland einige hundert neue Arbeitsplätze entstehen, was für strukturschwache Re-

Hongkong: wichtige Hafenmetropole und Sitz des weltweit
operierenden Terminalbetreibers Hutchison

gionen wie Wilhelmshaven von Bedeutung ist, da es dem örtlichen Arbeitsmarkt neue Perspektiven eröffnet. In Hamburg zahlt Eurogate eine erhebliche Pacht an die Stadt für die Nutzung des Terminals Waltershof und von Lagerflächen. Es gelingt allerdings spielend, dies durch die Gebühren von den Reedereien und Verladern, deren Fracht bewegt wird, zu refinanzieren.

Zu den Aufsichtsratsmitgliedern von Eurogate gehört Bertram Rickmers, den die mit dem Gezerre vor dem Baubeginn des Jade-Weser-Ports verbundenen Verzögerungen ärgern. Alle Reeder, nicht nur die in Deutschland, plädieren schließlich für die zügige Erweiterung und Modernisierung von Terminals. Den internationalen Geschäftspartnern begegnet bereits heute vielerorts das Problem des zeitfressenden Wartens vor den Häfen. Und wenn beispielsweise Jacques Saadé von CMA CGM den Terminalausbau mit freundlichen Worten empfiehlt, dann ist das eine starke Stimme im Chor der Schifffahrtsunternehmer, die das Gleiche einfordern: zukunftsgerechte Anlagen entsprechend der sprunghaften Größenentwicklung der neuesten Schiffe. Einen Mega-Carrier zu bauen, dauert etwas mehr als ein Jahr. Für die komplette Neuentwicklung eines Terminals benötigt man dagegen in Westeuropa die zehnfache Zeit. An den Küsten Chinas ist das Tempo im Vergleich zu den europäischen Häfen atemberaubend, aber das will keiner ernsthaft an der Nordrange oder im Mittelmeerraum kopieren. Dennoch unterlassen es die Reeder nicht, den Zeitdruck bei der Umsetzung der Infrastrukturprojekte in Europa anzumahnen. Sie wissen um die Zwänge, die aus der Dynamik ihres Geschäfts entstehen.

Der Andrang an den Kaikanten ist seit längerer Zeit so stark, dass die Slots für Schiffe knapp sind. Genau genommen arbeiten die Häfen ständig nahe der Kapazitätsgrenze, und die Reeder zahlen das, was die Hafen- und Terminalbetreiber ihnen in Rechnung stellen. Angesichts dessen zeigt sich Raetke Müller, der Erbe von »Holzmüller«, überaus zufrieden. Sein Geschäft sei nicht krisenanfällig, denn bei den Terminals gebe es nicht die »Schweinezyklen«, die die Charterer heimsuchten. Deren Frachtraten fielen mehr als ein Mal auf ein schmerzhaftes Niveau. Die »Krandreher« dagegen kennen solche Nachfrageschwankungen nicht. Die Verlaufskurve ihres Anteils am

Geschäft mit den Containern zeigt seit Jahren unausgesetzt nach oben. Daran ändert auch die Abwanderung von Großkunden nichts Wesentliches. Als etwa Mærsk beschloss, künftig nicht mehr Hamburg, sondern Bremerhaven anzulaufen, oder als die Schiffe einer Linienreederei-Allianz von Eurogate zu den HHLA-Terminals abwanderten, gab es Rückgänge im Containerumschlag. Schon bald aber konnten diese durch die Gewinnung neuer Kunden in der Abfertigung ausgeglichen werden. Im Schnitt steigt der Umschlag dynamisch mit mehr als zehn Prozent pro Jahr an. Gerade Eurogate und HHLA, mit ihrem gegenüber dem Geschäftsjahr 2006 um 14,6 bzw. 11,7 Prozent gesteigerten Umschlagvolumen, erleben goldene Zeiten.

Der Hamburger Hafen ist und bleibt von zentraler Bedeutung für eine Vielzahl von Unternehmen und Reedereien. Langfristig aber könnte die Entwicklung zu Lasten Hamburgs ablaufen, wenn sich die Konzentration unter den international operierenden Logistikkonzernen weiter verstärkt. Das Beispiel von im Containergeschäft maßgeblichen Linienreedereien wie Mærsk und Evergreen belegt, wie Marktmacht entsteht und wie sie wirken kann. Von ihnen profitieren einige Dutzend bevorzugt angesteuerte Häfen. Die aus Taipeh stammende Evergreen hat Antwerpen zu ihrem westeuropäischen Anlaufziel erkoren. So etwas bedeutet bislang kein wirkliches Problem für Hamburg, da die Terminals Burchardkai, Waltershof und Altenwerder ohnehin nahezu ausgelastet sind. Dennoch ist den Beteiligten klar: Die bisherige Spitzenstellung unter den nordwesteuropäischen Containerhäfen ist nicht in Stein gemeißelt. Stete Bemühungen des Senats und der Hafenwirtschaft sind vonnöten. Die dafür aufzuwendenden Kosten sind beträchtlich. Hier befindet sich die Stadt in einem schwierigen Kreislauf: Zur Finanzierung verkaufte sie einen Teil der HHLA, womit ein Drittel der von dem Hafenbetreiber bislang in den staatlichen Haushalt zurückfließenden Einkünfte verlorengeht. Die bei der HHLA-Teilprivatisierung erlöste Milliarde ist ausschließlich für die Hafeninfrastruktur bestimmt. Sie wird aber für die notwendigen Großprojekte rund um die Kais, die Erneuerung der veralteten Hafenbahn und das lange diskutierte Straßenbauprojekt Hafenquerspange bei weitem nicht ausreichen. Die Bahnverbindungen Hamburgs nach Süden und Osten bieten derzeit einen guten Standard, doch die für den Lkw-Transit von Containern benötigten Autobahnen sind längst anfällige Nadelöhre. Gegenwärtig funktionieren die Logistikketten noch, aber ein Ausbau der Hinterlandanbindung des Hafens ist dringend notwendig, um die kommenden Zuwächse des Containerumschlags zu bewältigen.

18 Millionen TEU prognostiziert man für Hamburg im Jahr 2015, doppelt so viel wie acht Jahre zuvor. Ein gewichtiger Teil dieses Volumens wird aufgrund der Osterweiterung der Europäischen Union als Nachfrage aus den baltischen Staaten erwartet. Sie sind schon jetzt dank des über den Nord-Ostsee-Kanal durchgeführten Feeder-Verkehrs mit der Elbe verbunden. Zusätzlich rechnet man damit, dass die in Russland fortschreitende Containerisierung auch bis Hamburg spürbar wird. Im Osten wird das bislang lose Netz der Containerlogistik engmaschiger, woran auch deutsche Firmen beteiligt sind. So hat Eurogate Anteil an der Entwicklung von Terminals wie in St. Petersburg, und die HHLA ist im ukrainischen Odessa aktiv. Wirtschaftlich wird dies direkt oder indirekt Hamburg nützen. Das vorrangigste Ziel der Politik ist der Erhalt und wo immer möglich auch die Schaffung neuer Arbeitsplätze in der Hamburger Hafenwirtschaft. Das soll durch die Stärkung des Hafens im Wettbewerb an der Nordrange gewährleistet werden.

Hamburg sieht sich im Ranking der Containerhäfen der Welt gern möglichst weit oben. Als Nummer zwei in Europa verfolgt man das Ziel, den Rivalen Rotterdam einzuholen. Der niederländische Hafen an der Maas hat gigantische Dimensionen; mittlerweile ist er schon 40 Kilometer lang, und er wächst weiter. Rotterdams Status hängt vor allem davon ab, dass hier der größte Energieumschlagplatz Europas für Öl und Gas angesiedelt ist. Gegenüber den Tankerflotten und Raffinerien nimmt sich der Containerverkehr geradezu nebensächlich aus, aber auch hier gibt es die branchentypischen Zuwächse und neu projektierte Terminalanlagen. Um noch tragfähigeren Schiffen den Zugang zu gewähren, soll die Maas – ganz wie die Elbe – vertieft werden. Allerorten herrscht Wachstum, doch trotz der Steigerung der TEU-Umschlagzahlen fiel Hamburg 2007 um einen Platz zurück. Vor allem in Asien wachsen die bewegten Mengen weitaus schneller. Daran wird sich nichts ändern, sodass mittelfristig viele Häfen der westlichen Welt ihre vorderen Platzierungen einbüßen werden. In anderer Hinsicht jedoch steht Hamburg an der Spitze der maritimen Containerwirtschaft: *Lloyd's List* zufolge managten deutsche Unternehmen Ende 2007 schon über die Hälfte der global operierenden Containerflotte. Zudem wurden diese Schiffe fast ausschließlich über Hamburger Broker befrachtet. Diese einträgliche Führungsposition hat den Vorzug, dass sie unabhängig von Ebbe, Flut und Wahlergebnissen ist. Für die weltweit in vorderer Reihe der Containerbranche mitspielende deutsche Reeder-Elite und die zahlreichen Schiffsmakler ist es von untergeordneter Bedeutung, wie sich der Hafen der Stadt künftig entwickelt. Schließlich werden nicht nur hier, sondern auch an vielen hundert anderen Terminals der Welt die von ihnen betreuten und befrachteten Schiffe abgefertigt.

Bei der Frage nach dem zukünftigen Status des Hamburger Hafens im internationalen Netzwerk der Containerlogistik geht es nicht um Superlative, die an Emotionen gekoppelt sind. Im Fokus des Interesses stehen Arbeitsplätze und Renditeziele börsennotierter Hafenbetreiber. Klappern gehört zu deren Geschäft. Da die Elbe die Lebensader ist, steht der Fluss dauerhaft auf der Agenda der Hafenwirtschaft. Die Reeder stimmen bei Gelegenheit in diesen Chor ein, doch eigentlich singen sie nicht das lokalpatriotische, sondern das globale Lied. So wie Erck Rickmers, der seine Unternehmen als international bezeichnet und in ihrem deutschen Standort etwas eher Zufälliges sieht. Dennoch profitieren auch die Reeder vom Imageträger Hamburger Hafen. Warum? Die zukünftige Entwicklung der maritimen Verbundwirtschaft in der Bundesrepublik hängt von vielen Faktoren ab. Das hohe Ziel lautet, den wirtschaftlichen und arbeitsmarktpolitischen Absichten in einem für möglichst viele Seiten zufriedenstellenden Maße zu entsprechen. Da kann es hilfreich sein, wenn Minister und Senatoren bei der alljährlichen Schiffahrtsregatta auf der Ostsee als Gäste mitsegeln. Neben dem hier und am Verhandlungstisch geführten Dialog sind aber auch starke Bilder von Nutzen, wie sie der Hafen liefert: Die rund um die Uhr arbeitenden Containerterminals und die ständig ein- und auslaufenden Frachter verleihen Hamburg einen unvergleichlichen maritimen Charakter.

Herzstück der Bahnlogistik: Der größte europäische
Rangierbahnhof in Maschen, südlich von Hamburg, fungiert
als Drehscheibe des Hinterlandverkehrs deutscher Seehäfen

Das erhöht die allgemeine Akzeptanz der Branche an der Elbe, was den vielfältigen wirtschaftlichen Interessen der Reeder und der Emissionshäuser zugute kommt. Hier manifestiert sich das Geschäft in haushohen Stahlkolossen und schier endlosen Reihen von Containerstapeln. Das bedeutende Marktvolumen erscheint nicht virtuell, wie etwa das der Telekommunikationsbranche, sondern real. Es hat Gestalt im Hamburger Hafen, denn dort ist die Dimension des globalen Logistikgeschäfts am ehesten in Deutschland zu erahnen. Wenn der Reederverband mit Regierungsvertretern über zentrale Fragen der Schifffahrtspolitik konferiert, ist diese unübersehbare große Kulisse von unschätzbarem Wert.

Status, Stil und Selbstverständnis

Jemanden mit legendärem Ruf wird man unter den deutschen Reedern vergeblich suchen. Keine Spur von einem neuen Aristoteles Onassis, dem Griechen, der es aus kleinsten Anfängen zum superreichen Tankerreeder gebracht hatte und Frauen wie Maria Callas und Jacqueline Kennedy an sich band. Auch zum Typus des Norwegers John Fredriksen, der im Londoner Stadtteil Chelsea eine üppige Villa wie aus einem Bollywood-Film bewohnt, findet sich keine auch nur annähernde Entsprechung. Fredriksen kämpfte im Frühjahr 2008 als aggressiver Minderheitsaktionär im TUI-Konzern für einen Börsengang von Hapag-Lloyd, was zur Folge hatte, dass TUI den Verkauf der hocheffizient arbeitenden Containerreederei beschloss. Verglichen mit dem Norweger wirken die deutschen Reeder und in der Schifffahrt tätigen Fondsmanager sehr bodenständig, selbst wenn einige von ihnen temperamentvoller Natur sind und ebenso auf eine Selfmademan-Karriere zurückblicken können. Das amerikanische Wirtschaftsblatt *Forbes* sieht in seinem neuesten Milliardärsranking Fredriksen auf Platz 113 und bezeichnet ihn als den vermögendsten Zyprioten – er hat diese Staatsbürgerschaft angenommen, um sich den norwegischen Steuerbehörden zu entziehen. In seinem Heimatland hingegen gilt der bullige Unternehmer, der seinem Ruf als unberechenbarster Investor im globalen Schifffahrtsgeschäft mit dem Hapag-Lloyd-Manöver gerecht wurde, ungeachtet dessen als der reichste Norweger. Unter den 59 von *Forbes* ausgemachten deutschen Milliardären sind bislang noch keine Reeder zu finden. Dennoch ist eine Reihe der in der Schifffahrt tätigen deutschen Geschäftsleute sehr vermögend geworden, woran der Containerboom großen Anteil hat.

Auch wenn sich viele Angehörige der Reeder-Elite ein luxuriöses Leben leisten, fällt bislang keiner von ihnen durch einen Hang zum Glamour auf. Klingend sind ihre Namen allein in der maritimen Geschäftswelt der Reedereien, Werften, Schiffsbanken und Emissionshäuser. Niemand aus diesem Kreis schickt sich auch nur ansatzweise an, zu einer allseits bekannten Society-Persönlichkeit zu werden. Ein wenig stach Anfang der neunziger Jahre Claus-Peter Offen hervor. Damals gehörte ihm das Edelrestaurant *Mezzanotte* in Hamburg-Eppendorf, in dem er während der Tennisturniere am Rothenbaum als Gastgeber der »Players Night« Sportstars wie Boris Becker und Andre Agassi empfing. Selten sind demnach die Anlässe, die mediales Interesse auf sich ziehen. Im Sommer 2006 wusste das *Hamburger Abendblatt* zu berichten, »eine emsig tanzende Clique« um Bertram Rickmers, Jochen und Christoph Döhle sowie den Eurokai-Chef Thomas Eckelmann habe der Sylter Party »*MS Europa* meets Sansibar« besonderen Schwung verliehen. Solch eine Meldung über maritime Kreise besitzt Ausnahmecharakter. Während der sommerlichen Saison feiern auf der Nordsee-Insel eine Menge Betuchter mit vielen Halb- und wenig echten Prominenten ihre Feste. Einige der führenden Köpfe der deutschen Schifffahrtsbranche schätzen Sylt als Zweitwohnsitz. Exklusive Häuser in Kampen, wie etwa bei Claus-Peter Offen und Bernd Kortüm, gehören mit großer Selbstverständlichkeit zu ihrem Lebensstil. Genauso passen kostspielige Leidenschaften rund um den Yachtsport ins Bild: Dem einen genügt der Sport auf Nord- und Ostsee, der andere strebt mit immensem Aufwand für seine Rennyacht nach vorderen Regattaplatzierungen im Mittelmeer und bei der Atlantiküberquerung. Damit ist das Höchstmaß an Extravaganz allerdings bereits erreicht.

Eine ganze Reihe hält es mit Dr. Heinrich Schulte, den es überhaupt nicht ins Umfeld der Sylter Zehn-Millionen-Reetdachvillen zieht. »Bloß nicht auffallen« lautet dessen Motto. Er übernahm es von seinem Vater, der überzeugt war, dank dieser Devise Krieg und Gefangenschaft überstanden zu haben. Dem entspricht, dass Schulte seine Freizeit gern in einem eigenen Wald in Brandenburg verbringt. Ähnlich orientiert ist Frank Leonhardt, der einen Gutshof in Vorpommern besitzt und Society-Partys meidet. Derartige Zurückhaltung erscheint dem Geschäft angemessen und auch in persönlich-privater Hinsicht kein Manko zu sein. Generell betrachtet lebt die deutsche Reeder-Elite der Gegenwart hanseatisch zurückhaltend in gediegenen bis luxuriösen Dimensionen. Bei ihrem wirtschaftlichen Erfolg und dem damit verbundenen finanziellen Potenzial setzt etwas ein, das einen Teil des bürgerlichen Selbstverständnisses ausmacht: Es wird gestiftet. Eine ganze Reihe von Reedereien und in Schiffsanlagen tätigen Emissionshäusern ist in sozialen und kulturellen Projekten engagiert. Sie haben Anteil daran, dass Hamburg mit über tausend Stiftungen zur Metropole deutscher Stifteraktivitäten geworden ist. Hier im Norden fällt die Dichte der finanziell unabhängigen Millionäre höher aus als anderswo in Deutschland. Darauf basiert ein fein verästeltes Stiftungswesen, aber auch die Bereitschaft zu Spenden für Kultur und Soziales. Manche wollen dabei unauffällig bleiben, andere genießen die Anerkennung, die damit einhergeht.

Dafür gibt es eine Reihe Beispiele: An den Säulen im stattlichen Treppenhaus des Altonaer Museums ist auf Stiftertafeln abzulesen, dass einige der in der Stadt ansässigen Reeder den Etat des Hauses unterstützen. Zeitgenössischen Kunstsinn drückt auch die Förderung der Ausstellung »Seestücke – von Max Beckmann bis Gerhard Richter« aus, die 2007 in der Hamburger Kunsthalle gezeigt wurde. Reedereien wie Hamburg Süd, Ahrenkiel, Harmstorf, Bolten, Deutsche Afrika-Linien, Offen, »Orion« Bulkers und Vega gehörten neben einigen Emissionshäusern zu den Sponsoren der maritimen Bilderschau. Ist dies lediglich übliches Kultursponsoring von Unternehmen, die sich bei der Ausstellungseröffnung mit Vertretern der Politik wie dem damaligen Hamburger Wirtschaftssenator Gunnar Uldall ein Stelldichein gaben? Ja, aber es sind norddeutsche Firmen, die unter Ausnutzung der vorteilhaften Möglichkeiten der Tonnagesteuer und der freien Flaggenwahl im internationalen Geschäft ihr Geld verdienen. Ihr Image ist im Regelfall zurückhaltend positioniert. Gespendet wird zumeist diskret, wie es sich gehört. Klassisch mutet es an, wenn Reeder wie Thomas Harmstorf das Hamburger

Haus Seefahrtsdank fördern, in dem pensionierte Kapitäne leben. Empfänger können aber auch öffentliche Einrichtungen wie das unter Sparzwängen leidende Hamburger Weltwirtschaftsinstitut HWWA sein. Erck Rickmers engagierte sich für die renommierte Einrichtung, was ihm in der Gesellschaft der Hansestadt wohlwollend angerechnet wird. Bernd Kortüm fördert gleich eine ganze Reihe sozialer Projekte. Dazu gehört der Hamburgische Verein Seefahrt, den 1903 Albert Ballin gegründet hatte. Der Inhaber von Norddeutsche Vermögen finanzierte ein Schiff und unterstützt ein segelsportliches Integrationsprojekt des Vereins Mignon für behinderte Kinder.

Das prosperierende Emissionshaus MPC hat vor einigen Jahren sogar eine eigene Stiftung ins Leben gerufen. Sie will bildungsbenachteiligten Hamburger Jugendlichen dabei helfen, eigene Leistungspotenziale zu entdecken, Engagement zu entwickeln und durch den Zugang zu Bildung berufliche Chancen zu erlangen. Ein besonderer Ansatz wird dadurch verfolgt, dass Mitarbeiter von MPC über ein Jahr eine Patenschaft für einen Jugendlichen übernehmen und sich als »Lotse« um dessen Orientierung im Alltag und in Fragen beruflicher Ziele bemühen. Die auf Kinder- und Jugendförderung ausgerichtete Stiftung Maritim wurde 2006 vom Schifffahrtskaufmann Hermann Ebel gemeinsam mit seiner Frau Milena gegründet. Gleich im ersten Jahr förderten die Ebels mit einer Million Euro mehrere Projekte der Hamburger Kulturbehörde sowie der Hamburgischen Kulturstiftung. Zudem fließen Gelder seit über 15 Jahren zugunsten kroatischer und bosnischer Kriegswaisen, wofür die Ebels einen Hilfsverein unterhalten. Das gesellschaftliche Engagement des Ehepaars ist augenscheinlich tief verankert. Finanziert wird die Stiftung Maritim über einen Anteil der Aktien am Emissionshaus Hansa Treuhand AG. Dies dient freilich auch der Sicherung der Unternehmensgruppe bei einem künftigen Generationswechsel in der Führung. Dass die soziale wie unternehmerische Reputation Hermann Ebels in der Hansestadt stimmt, erfuhr er im August 2007 in einem Festakt in der kaiserzeitlichen Fischauktionshalle am Hafen. Dort wurde Ebel, der Hansa Treuhand noch über Jahre hinaus leiten will, im Rahmen des Hamburger Gründerpreis-Wettbewerbs für sein Lebenswerk ausgezeichnet.

Das alles kann in der Stiftungsmetropole Hamburg kaum besonderes Aufsehen erregen. Es würde eher auffallen, wenn sich die von der maritimen Konjunktur profitierenden Kreise enthalten würden. Dazu passt eine Bemerkung von Professor Peter Irminger, der an der Hochschule Bremen mit der Ausbildung des maritimen Nachwuchses befasst ist. Anfang 2006 sagte er gegenüber der Wochenzeitung *Die Zeit*: »Die Reeder haben viel Geld in der Tasche, und sie geben es zum ersten Mal zu.« Das betrifft nicht allein die Förderung der Ausbildung durch Stiftungsprofessuren in Leer, Bremen und Flensburg, sondern auch allgemeines gesellschaftliches Engagement. Unter den Stiftern und Spendern aus der deutschen Schifffahrtsbranche finden sich keine Unternehmer-Stars wie etwa der Milliardär Dietmar Hopp. Der SAP-Mitgründer hat, unter anderem zur Absicherung seines Vermögens gegenüber der Erbschaftssteuer, eine nach ihm benannte Stiftung gegründet, die im großen Stil im Gesundheitswesen agiert. Zusätzlich alimentierte er mit zweistelligen Millionenbeträgen den TSG Hoffenheim mit dem Ziel, den Provinzverein nach oben zu bringen und in der Fußball-Bundesliga zu verankern. Einen solchen Spleen leistet sich niemand aus der Reeder-Elite, auch wenn Hansa Rostock Unterstützung von F. Laeisz bekommt, allerdings nicht annähernd in der Weise, die Hopp bei Hoffenheim oder Roman Abramowitsch beim FC Chelsea an den Tag legen. In dieser Liga will Niko Schües auf keinen Fall mitspielen. Lieber ist ihm, dass seine Familie der Hamburger Musikhalle, die seit einigen Jahren den Namen der berühmten Reeder-Familie Laeisz trägt, eine nachhaltige Unterstützung zukommen lässt oder gemeinsam mit einer Reeder-Gruppe das neue Internationale Maritime Museum in der Speicherstadt fördert.

Wird dies publik, dann steht natürlich auch das Unternehmen dahinter in einem guten Licht. Im Stiftungswesen wird von einer »Ego-Rendite« gesprochen, die für nicht wenige Stifter von hoher Bedeutung sei. Anhaltender Geschäftserfolg, der zu Wohlstand führt und am Ende allseitige Anerkennung als Gönner einbringt? Dies könnte sozialen Aufsteigern als vordergründige Antriebskraft zugeschrieben werden. Bei den norddeutschen Reedern erscheint das gesellschaftliche Engagement tiefer verwurzelt. Dafür spricht, dass mancher von ihnen überhaupt nichts von Öffentlichkeit hält, wenn es ums Spenden geht. Diesem Stil hanseatischer Zurückhaltung folgt Frank Leonhardt, der über sein Engagement für kirchliche und soziale Projekte im Einzelnen nichts verlauten lässt. Innerhalb der Schifffahrtsunternehmen wird die karitative Tätigkeit als Teil der Unternehmenskultur betrieben. So regt Alexander Schulte unter seinen Mitarbeitern an, jeweils eine Winter- und Sommeraktion für Bedürftige auszuwählen, damit auch neue Empfängerkreise gefunden werden. Dies kommt der Hamburger Tafel sowie dem Kinder-Sterbehospiz »Sternenbrücke« im Vorort Rissen zugute, für das auch die Reederei NSC spendet. Ein guter Teil der gestifteten Beträge wird im Norden eingesetzt, wie etwa für den Bau der Elbphilharmonie oder für Museen. Solche Projekte unterstützt auch Dr. Heinrich Schulte mit Vorliebe, genauso aber den Wiederaufbau des Berliner Stadtschlosses. Den Reeder freut die Entscheidung, »die Zahnlücke« im Zentrum Berlins mit der Kopie des spätbarocken Schlüter-Baus zu füllen, denn die alternativen Entwürfe heutiger Architekten sind seiner Meinung nach inakzeptable Scheußlichkeiten. Derartig äußert man sich in der Regel freilich nicht im größeren Kreis. Nach wie vor pflegen die meisten Reeder einen distanzierten Umgang mit der Öffentlichkeit.

Das hat sehr viel damit zu tun, dass die Reeder einen Insiderzirkel darstellen, der nur gelegentlich mit der Außenwelt in Kontakt tritt. Niko Schües betont, ein Schifffahrtskaufmann müsse mit vernünftigem Menschenverstand ausgestattet sein, um in dem stark von Einzelpersonen bestimmten Geschäft erfolgreich sein zu können. Die Individualität der Einzelnen, die miteinander um die begehrten Serienbauplätze auf den Werften oder um lukrative Charterverträge konkurrieren, ist sehr stark ausgeprägt. »Korpsgeist« ist nur bedingt vorhanden und kommt etwa dann zum Tragen, wenn den Zusagen des VDR bei der Rückflaggung von Frachtschiffen allmählich entsprochen wird. Im Übrigen versuchen die meisten Reeder, ihre Schiffe optimal zu managen, Banken, Emissionshäuser und Anleger zufriedenzustellen und unter dem Strich ihren Schnitt zu machen. Wie dies erreicht wird, hängt von den Präferenzen der einzelnen Unternehmen ab.

Frank Leonhardt zufolge variierte vor einigen Jahrzehnten das Image der Seefahrt zwischen dem des skrupellosen Tankerreeders, dessen schrottreife Schiffe Umweltkatastrophen verursachten, und der Szenerie idealisierter weißer Traumschiffe. Die davon abweichende Normalität und die alltägliche Praxis des Schiffsbetriebs wurde demgegenüber nur selten abgebildet. Das moderne Selbstverständnis der vor allem mit der Containerschifffahrt und auch Bulkern glänzend verdienenden deutschen Reeder ist geprägt von dem Bewusstsein, dass sie jetzt und künftig in der globalisierten Wirtschaft eine wirkliche Rolle spielen. Gerade vor dem Hintergrund des noch in den achtziger Jahren krisengeschüttelten Rufs der Handelsschifffahrt genießen die Reeder einen starken mentalen Rückenwind. Man muss sich nur die sprunghafte Entwicklung seit Gründung der Bundesrepublik vor Augen führen: Anfangs befand sich die maritime Industrie auf dem Nullpunkt, dann dominierten Griechen und Norweger im internationalen Tanker- und Frachtgeschäft, bis die Deutschen dank der fortschreitenden Containerisierung eine Nische fanden und erfolgreich nutzten wie keine Schifffahrtsnation sonst. Dass dies nicht nur dem Wohlstand einiger Dutzend maßgeblicher Unternehmerfamilien zugutekam, sondern den Aufschwung der maritimen Industrie im Norden Deutschlands – mit Auswirkungen in die Zulieferindustrie wie etwa bei den Motorenherstellern MAN in Augsburg und Tognum am Bodensee – nach sich zog, gehört zu den zwei Seiten der Medaille.

Niemandem in der Branche werde etwas geschenkt, stellt Alexander Schulte fest. So gibt es auch keine Frühstücksdirektoren an der Spitze der Reedereien, sondern aktive, findige und zum Teil gewiefte Unternehmer. Der Typus des patriarchalischen Lenkers dagegen, der fulminanten Reederpersönlichkeit, die Heinrich Schulte vor allem in Egon Oldendorff sah, ist nahezu Vergangenheit. Die jüngste Generation der Reeder, verkörpert etwa durch Niko Schües, Erck Rickmers und Alexander Schulte, ist stärker von der gegenwärtigen Technik der Kapitaleinwerbung über Schiffsfonds geprägt als ihre älteren Konkurrenten. Jeder Reeder muss heute die Renditeerwartungen der KG-Modelle als wesentlichen Antrieb seines geschäftlichen Handelns ansehen. Dass Schiffsbanken die Schuldentilgung zuverlässig geleistet sehen wollen, gehört seit jeher dazu. Aber die ältere Generation hat noch gravierende Abschwünge der maritimen

Konjunktur und massive Krisen erlebt. Entsprechend wollen sie sich nicht am gegenwärtigen Erfolg berauschen. Die über Jahrzehnte in der Branche Tätigen wissen, dass selbst Angehörige der heute im Geld schwimmenden Reeder-Elite früher gelegentlich nicht in der Lage waren, ihre Leute pünktlich zu bezahlen. Manchmal mussten die Seeleute monatelang auf ihre Heuer warten, oder das Weihnachtsgeld kam erst zu Ostern. Derartige Zustände sind lange vorbei. Das wirtschaftliche Ergebnis hängt von der Fähigkeit ab, Risiko und Chancen in ein gutes Verhältnis zu bringen, und das beherrschen viele der älteren wie der jüngeren Generation in bemerkenswerter Weise.

Die am stärksten mit den Fondsmodellen und Emissionshäusern verbundenen Schifffahrtsmanager meiden die aus ihrer Sicht unbegründeten Szenarien eines zwangsläufigen Konjunktureinbruchs. Ihrem Selbstverständnis als Glied in der Wertschöpfungskette der Finanzdienstleistungen entspricht, dass sie in beruhigendem Ton über das zu erwartende permanente Wachstum des Handels zur See referieren. Diese Stimmlage, die von den Emissionshäusern MPC, HCI, Conti oder Dr. Peters nicht anders angeschlagen wird, besitzt einen zielgruppenorientierten, auf die Anleger ausgerichteten Charakter. Hier sind die Reedereien mit ihren überwiegend inhaltsreichen, kontinuierlich aktualisierten Auftritten im Internet geradezu werblich öffentlichkeitsorientiert. Dieses Plus an Transparenz weicht stark vom klassisch-konservativen Habitus des hinter den Doppeltüren in einer abgeschlossenen Welt agierenden Unternehmers ab.

Heute arbeiten die deutschen Reedereien durchweg effizient und rentabel. Dilettantismus an der Spitze lässt der Markt nicht zu. Entsprechend lange liegt das Reedereisterben zurück: Es fiel in die allgemeine Schifffahrtskrise vor über zwei Jahrzehnten. Mit dem Erfolg wächst das Selbstbewusstsein; die Steigerung von Einfluss und Macht ruft Befriedigung hervor. Das ist normal, in jedem Bereich des geschäftlichen wie persönlichen Lebens. Die gegenwärtig blendende Verfassung der Reeder ist das Ergebnis enormer Leistungen, aber auch der günstigen steuerlichen Bedingungen. Dies wiederum ruft den Staat auf den Plan und weckt Begehrlichkeiten. »Unser Gegner sitzt im Finanzministerium«, sagt Dr. Heinrich Schulte, womit er umschreibt, dass es möglicherweise zu Eingriffen in die Bedingungen der Tonnagesteuer kommen wird. Schon 2007 kritisierte der Bundesrechnungshof die gängige Praxis, trotz ausländischer Flagge die Tonnagesteuer in Anwendung bringen zu können. Ohne die Steuer und die mit ihr verbundenen Möglichkeiten allerdings, davon sind Schulte und andere Mitglieder der Reeder-Elite überzeugt, gäbe es heute keine deutsche Handelsschifffahrt mehr. Entsprechend selbstbewusst betreibt der Verband Deutscher Reeder seine Lobbyarbeit auf den Maritimen Konferenzen und hinter den Kulissen.

Claus-Peter Offen betont die starke Wachstumsausrichtung seines Unternehmens, das eine Obergrenze gar nicht erst definieren müsse. Zuwächse von dreißig bis vierzig Prozent an neuer Tonnage innerhalb weniger Jahre sind bei einer ganzen Anzahl deutscher Reedereien festzustellen. Wegen der gegenwärtigen Prosperität und der drängenden Nachfrage des Chartermarktes nach immer größeren Schiffskapazitäten geraten die Trampreeder ins Schwärmen. Während die einen ihr geradezu exponentielles Wachstum begeistert, gibt es aber auch kritische Stimmen wie die von Frank Leonhardt, der sich mehr »Augenmaß bei Neubauten« wünscht. Aufgrund jahrzehntelanger Erfahrung weiß er, wie schnell wirtschaftliche Prognosen zur Makulatur werden können. »Nein« sagen zu können, gehört nach Dr. Axel Schroeder von MPC zu den wichtigen Qualifikationsmerkmalen des hanseatischen Kaufmanns. Wägen und Wagen, das ist klassisch. Derzeit scheint der Wagemut stärker ausgeprägt. Das kann seine Ursache darin haben, dass einerseits viele Emissionshäuser zur ständigen Einwerbung von Anlagekapital gezwungen sind und entsprechende maritime Anlageobjekte benötigen, während andererseits zahlreiche Reeder nach vorn preschen. Wie bei einer Regatta will niemand ins Hintertreffen geraten, wenn einer nach dem anderen auf die neueste Technologie und die nächste Generation der Schiffe setzt. Wie überall spielt das Ego mit. In dieser Hinsicht sind die deutschen Reeder karriere- und statusbewusste Männer. Die stete Suche nach vielversprechenden Ertragsquellen treibt sie genauso an wie der Wille zur Distinktion innerhalb ihrer Branche. So bestehen ihre geschäftlichen Insignien aus einem individuellen Zusammenspiel von Innovation und Tradition, Schiffsgröße und TEU-Kapazitäten, Firmensitzarchitektur und Mitarbeiterzahl, gesellschaftlicher Aner kennung und gutem Ruf. Das Selbstverständnis der Gegenwart könnte ausgeprägter kaum sein: Sie nehmen, als mittelständische Unternehmer, die Spitzenposition in der Hierarchie der maritimen Industrie ein.

Unser Industriezweig ist ein Gewinner
der Globalisierung!

CLAUS-PETER OFFEN

Ausblick und Bewertung

Helmut Ponath sagt mit etwas verdrießlicher Miene: »Alle Welt kennt Hapag-Lloyd«, während selbst vor Ort die von ihm geleitete, seit Jahren stark prosperierende Buxtehuder Reederei NSB nur den wenigsten ein Begriff sei. Ähnlich ergeht es den anderen deutschen Trampreedereien, auch wenn sie mehrere Dutzend Schiffe managen. Die lokale Präsenz einer Firmenzentrale, in der fünfzig oder gar mehr als hundert Leute arbeiten, rückt nicht ins öffentliche Bewusstsein. Dabei spielt es keine Rolle, ob es sich um Reedereien mit langer oder kürzerer Tradition handelt: Leonhard & Blumberg, Schulte, Offen, Döhle oder NSC besitzen kein allseits bekanntes Profil. Das ist bei Schifffahrtsunternehmen außerhalb Hamburgs kaum anders. Ob Hartmann in Leer, Schlüssel in Bremen oder F. Laeisz in Rostock, auf dem örtlichen Arbeitsmarkt sind sie kaum relevant. Eine Linienreederei wie Hapag-Lloyd erregt demgegenüber geradezu Aufsehen, nicht nur, weil sie in Hamburg 2000 Mitarbeiter beschäftigt. Der fünftgrößte Container-Carrier der Welt gehört zum Touristikkonzern TUI. Seit März 2008 ist beschlossen, dass das Schifffahrtsunternehmen verkauft wird. Allerdings besteht Unklarheit darüber, wer der aussichtsreichste Kandidat ist und wie hoch der Preis ausfällt. Das hängt stark von der Profitabilität ab. Im Vergleich zu den Trampreedereien ließ das Ergebnis der großen Linien infolge schwankender Frachtraten, wiederholter Konjunktureinbrüche und teurer Akquisitionen in manchen Jahren trotz des maritimen Booms sehr zu wünschen übrig. Dafür ist gerade der Marktführer Mærsk ein Beispiel. Nun kommen noch die enorm gestiegenen Kosten für das Schweröl dazu, die nicht unmittelbar an die Frachtkunden weitergereicht werden können. Die Renditeaussichten für Investoren sind daher gegenwärtig eher gering, sodass für Hapag-Lloyd eher mäßige Angebote abgegeben wurden.

Als Reeder John Fredriksen auf einen Börsengang von Hapag-Lloyd zugunsten der TUI-Aktionäre drängte und die Konzernleitung darauf mit der Ankündigung des Verkaufs der Schiffsparte reagierte, kam in der Hamburger Politik und in den örtlichen Medien ein Sturm der Entrüstung auf. Und auch darüber hinaus kennzeichnet das Thema in der Öffentlichkeit eine beträchtliche emotionale Aufladung. Keine andere Reederei im Norden Deutschlands würde solche Reaktionen auslösen! Bald machte das Gerücht die Runde, NOL – die Neptun Orient Lines aus Singapur, ein mehrheitlich in Staatsbesitz befindliches Unternehmen – wäre an der Übernahme interessiert. Durch eine Fusion mit dem deutschen Part würde NOL zur drittgrößten Containerschiffsreederei der Welt aufsteigen. Dann aber bliebe der Sitz von Hapag-Lloyd wohl kaum am Ballindamm. Die Musik würde in Singapur spielen, das Top-Management aller Wahrscheinlichkeit nach ausgetauscht und die Bundesrepublik ihrer einzigen großen Linienreederei verlustig gehen. Was bliebe, wäre Oetkers Hamburg Süd, die aber trotz ihres Jahresumsatzes von 3,6 Milliarden Euro international nicht im Kreis der Größten mitspielt.

Viele zwischen Elbe und Alster wollen in diesen plötzlich über Hapag-Lloyd hereinbrechenden Optionen ein Drama erkennen. Sie hoffen auf eine »Hamburger Lösung« in der Form, dass deutsche Unternehmer mehr als drei Milliarden Euro aufbringen, um TUI die Reederei abzukaufen und ihre Eigenständigkeit zu bewahren. Die Idee betreiben auffälligerweise nicht Mitglieder der deutschen Reeder-Elite, sondern eine Gruppe um den ehemaligen Finanzsenator Wolfgang Peiner, Christian Olearius von der Privatbank M.M. Warburg und den für Hamburger Belange bereits wiederholt als spendenfreudig aufgefallenen Speditionsunternehmer Klaus-Michael Kühne. Der Wert von Hapag-Lloyd liegt wohl höher als das, was dieses Konsortium stemmen könnte, das sich Hamburgische Seefahrtsbeteiligung Albert Ballin GmbH nennt. Würden ausländische Investoren rund sechs Milliarden Dollar oder sogar mehr zahlen? Das wäre für den Reisekonzern aus Hannover und seine international gestreuten Aktionäre ein lohnendes Geschäft. Dass TUI Profit aus der Sache schlagen will, lässt gerade einige der Trampreeder von der Elbe kalt, die sich nicht für eine Beteiligung an den Hamburger Rettungsplänen erwärmen ließen. Da sie lieber in ihre gängigen, renditeträchtigeren Projekte investieren und eine Interessenkollision zwischen ihrer Position als Tonnage-Supplier und dem Charterer vermeiden wollen, ist so etwas auch nicht zu erwarten. Ein mächtiger Weißer Ritter, wie vor einigen Jahren in Person von Günter Herz, der den Germanischen Lloyd vor dem Verkauf an den französischen Konkurrenten Bureau Veritas bewahrte, ist nicht in Sicht.

Möglicherweise wird der Käufer für die Akquisition an die sechs Milliarden Dollar aufbringen. Bis dahin muss Hapag-Lloyd allerdings seitens ihres Besitzers für den potenziellen Käufer attraktiver gemacht werden, denn längst ist das renommierte Unternehmen lediglich eine operative Hülle. Die Schiffe gehören sämtlich der Hannoveraner Konzernmutter. Die Gewinne aus dem Schifffahrtsgeschäft werden über einen Ergebnisabführungsvertrag abgezogen. Auf diesem Weg hatte TUI bislang von Hapag-Lloyd profitiert, was auch schon bei anderen Konzerntöchtern praktiziert worden war. In Wirtschaftskreisen erinnert man zudem daran, vom Hannoveraner Konzern sei zwar noch nie eine Braut hübsch weggegangen, aber nach der Trennung hätten sich alle prächtig entwickelt. Ein Beispiel dafür ist der 1997 erfolgte Verkauf der Salzgitter AG, deren Marktkapitalisierung heute deutlich höher liegt als die der TUI. Obwohl nach einer Trennung von TUI mit einem Kursanstieg gerechnet wird, hat bislang wohl kein Reeder in jüngster Zeit Hapag-Lloyd-Aktien erworben.

Für die Trampreeder hätte ein Besitzerwechsel erst einmal keine unmittelbaren Folgen. Kortüm, Offen und Leonhardt würden ihre Schiffe wie die anderen Mitspieler weiter an Hapag-Lloyd verchartern. Wenn der neue Inhaber das Unternehmen inklusive des Namens schluckt, so wie es Mærsk mit P&O Nedlloyd oder Sea-Land tat, könnte man auch damit leben. Mittelfristig betrachtet macht allerdings die Konzentrationsbewegung der Linienreedereien das Geschäft der Tonnage-Supplier nicht einfacher. Dass Hapag-Lloyd so unerwartet geradezu wie ein Ochse auf dem Viehmarkt zum Verkauf geführt werden konnte, hätte sich selbst wenige Monate zuvor niemand träumen lassen. Getroffen sind davon aber längst nicht alle in der maritimen Industrie. Beispielhaft kommentiert Roberto Echevarria, der Chef von NSC, den anstehenden Verkauf der Pretiose vom Ballindamm lapidar: »Heutzutage ist alles denkbar.« Zu den Konsequenzen des Verkaufs könnte auch gehören, dass nichts aus den Plänen wird, Michael Behrendt zum Vorsitzenden des VDR zu ernennen. Bislang gilt der Vorstandschef von Hapag-Lloyd als designierter Nachfolger des nach über zwölf Jahren aus dem Amt scheidenden Frank Leonhardt, doch mit der Position muss eigentlich eine leitende Tätigkeit in der Schifffahrt verbunden sein. Behrendt ist aber kein selbständiger Reeder, sondern angestellter Manager.

Im August des Jahres 2007 verwies Michael Behrendt im *Spiegel* bei einem Vergleich der maritimen Standorte darauf, die Engländer besäßen, im Gegensatz zu Deutschland, »nicht mal mehr eine nationale Linienreederei«. Dass dieses Schicksal jetzt den Deutschen ebenso bevorsteht, sorgt auch auf bundespolitischer Ebene in Berlin für Diskussionsstoff. Fraglich ist, ob eine starke Exportnation in der globalisierten Wirtschaft tatsächlich eine im Lande ansässige große Linienreederei benötigt. Dies wird bisher bejaht, aber gibt es dafür wirklich überzeugende ökonomische Gründe? Ideen protektionistischen Charakters werden immer wieder in die Debatte eingebracht, wenn es um das vermeintliche »Tafelsilber« der Wirtschaft geht. So kam es einst zu besorgter Kritik, als arabische Investoren Aktienanteile von Daimler-Benz erwarben. Ähnliches wiederholte sich im Frühjahr 2008 in Italien anlässlich des Ringens um die Rettung der defizitären Fluglinie Alitalia.

Die mit diesen Großunternehmen verbundenen wirtschaftlichen wie emotionalen Dimensionen sind andere als bei der rund 150 Frachter und Passagierschiffe betreibenden Reederei. Hapag-Lloyd ist ein in der Containerlogistik überaus effizientes Unternehmen, das vor bald drei Jahrzehnten aus der Fusion mit dem Bremer Norddeutschen Lloyd entstand. Auch damals wurden mit der Verschmelzung zweier Rivalen bislang undenkbare Schritte vollzogen. Die gegenwärtigen Usancen global agierender Investoren und die Entscheidungsstrukturen von Konzernen wollen und können auf Traditionsdenken keine Rücksicht nehmen. Das wird nun auch an der Binnenalster vorexerziert. Es gibt einige norddeutsche Schifffahrtsunternehmer, die dies in nüchterner Betrachtung kalt lässt. Mit dem Wort »Willkommen in der globalisierten Wirtschaftswelt!« kommentiert der eine den möglichen Verkauf nach Ostasien, während der andere die Aufregung für »hoffnungslos übertrieben« hält und hinter der Herauslösung von Hapag-Lloyd sogar eine unseriöse Strategie der TUI zu erkennen vermag. Niemand allerdings will mit derartiger Kritik namentlich zitiert werden. Das wiederum ist typisch für deutsche Reeder und ihre Geschäftspartner, die sich nur in Ausnahmefällen dazu hinreißen lassen, öffentlich Bewertungen oder gar etwas Kritisches über die mit ihnen konkurrierenden »Kollegen« oder Unternehmen zu äußern.

Vor fünfzig Jahren hatte die deutsche Handelsschifffahrt den Nullpunkt verlassen, auf den sie infolge des Krieges und der Reparationspolitik der Siegermächte in der unmittelbaren Nachkriegszeit gefallen war. Aus heutiger Sicht wirken die Blüten des ersten Wiederaufbaujahrzehnts geradezu bescheiden in ihrer Größe, mit Ausnahme der Reedereigruppe von Rudolf-August Oetker. 1957 betrieb der Bielefelder Unternehmer allein acht Reedereien, deren bekannteste die seines eigenen Namens und Hamburg Süd waren. Über Oetker schrieb damals der Wirtschaftsjournalist Kurt Pritzkoleit, er treibe »ein souveränes Spiel von faszinierender Sicherheit und verwirrender Beweglichkeit« auch im Reedereigeschäft, was zum Konzernerfolg beitrug. Das ist bei Oetker noch heute so, aber der Umsatzanteil der Containerschifffahrt hat immens an Bedeutung gewonnen: Mit den Frachtern wird mehr Geld verdient als in allen anderen Geschäftsfeldern, woran der mit nachhaltigem Erfolg operierende Hamburg-Süd-Vorstandschef Klaus Meves stark beteiligt ist. Der Einschätzung Pritzkoleits könnten die Oetkers in der Rückschau Anerkennung zollen, da er ihrem Konzerngründer Souveränität und Beweglichkeit als charakteristische Eigenschaften zuschrieb. Letztlich sind dies Schlüsselqualifikationen für Reeder. Souverän und überzeugend müssen sie sein. Beweglichkeit gehört seit jeher zu ihrem Feld, das vor allem die zügige Anpassung an neueste Entwicklungen der Märkte und der Technik sowie die entschlossene Nutzung sämtlicher ihnen offenstehender Finanzierungsmöglichkeiten verlangt. Ohne das geht es nicht.

In dem nunmehr seit anderthalb Jahrzehnten anhaltenden Erfolg deutscher Reeder, der am deutlichsten im Containergeschäft ausfällt, sieht der Reederverband eine Art von Dividende, die endlich nach der schweren, 1973 einsetzenden Rezession der Schifffahrt eingefahren werden kann. Der maritime Aufschwung, der mit den politischen Umbrüchen in Mittel- und Osteuropa zusammenfiel, hat in seiner Vehemenz selbst die wichtigsten Akteure der Branche überrascht. Im Jahr 2007 wuchs die Welthandelsflotte um sieben Prozent, die deutsche aber um das Dreifache dieses Wertes. Innerhalb von fünf Jahren hat sich die deutsche Flotte mehr als verdoppelt. So groß wie heute war die hiesige Handelsflotte noch nie: Anfang 2008 wurde eine Tragfähigkeit von 90,7 Millionen tdw erreicht! Doch nicht nur darauf sind die Reeder stolz, sondern auch auf den modernen Standard ihrer Schiffe. Deren Durchschnittsalter liegt mit lediglich sieben Jahren im internationalen Vergleich sehr niedrig. Ältere Frachter – die wegen der in jüngster Zeit hohen Preise für Schiffsneubauten begehrt sind – werden ins Ausland verkauft.

Weltweit stehen derzeit an die 9000 Schiffe aller Art im Orderbuch der Werften. Mehr als die Hälfte davon sind Tanker und Bulker, neben 1700 Containerfrachtern. 750 davon haben Unternehmen aus Deutschland bestellt. Zwar werden nach und nach veraltete Handelsschiffe abgewrackt, aber die Steigerungsrate ist dennoch eklatant. Noch nie wies das Orderbuch so starke Zuwächse auf wie heute, gerade hinsichtlich der Tonnage der Neubauten. Der Auftragsbestand für Containerschiffe liegt bei zwei Dritteln der bereits vorhandenen Kapazitäten, denn die Standardschiffstypen werden wesentlich größer. Damit möchte man das wachsende Frachtaufkommen aus der arbeitsteiligen, globalisierten Produktion transportieren. Bereits heute berechnen die Konstrukteure Containerfrachter für bis zu 21 000 TEU, deren maximaler Tiefgang mit 21 Metern auf das ostasiatische Nadelöhr der Straße von Malakka ausgelegt wird und daher »Malakka-Max« heißen soll. Das technisch Machbare wird wiederum neue Anforderungen an die Tiefwasserhäfen und Terminalanlagen nach sich ziehen, wobei das Anpassungstempo dafür ausschlaggebend ist, welcher Hafen weiter aufblüht und welcher ins Hintertreffen gerät. Mittlerweile befinden sich die fünf größten Containerhäfen der Welt in Asien, drei davon allein in China. Der europäische Spitzenreiter Rotterdam folgt erst auf dem sechsten Platz, denn außerhalb Europas nimmt der Umschlag wesentlich schneller zu.

Die deutsche Containerschifffahrt wächst gegenwärtig um zehn Prozent. Niemand kann ihr auf diesem Feld veritable Marktanteile abjagen, auch wenn Deutschland eigentlich keine maritime Nation ist. Es reicht, wenn staatlicherseits anlegerfreundliche Rahmenbedingungen bewahrt werden, womit die Tonnagesteuer als das Rückgrat des Schifffahrtsstandorts Deutschland gemeint ist, und die Einsicht in die Notwendigkeiten der maritimen Containerlogistik zementiert wird: Tideunabhängige Schifffahrtsstraßen, längere Kaikanten und der Ausbau der landseitigen Infrastruktur sind zentrale Themen für die deutschen Reeder, ihren Verband und die Hafenwirtschaft. Nach wie vor ist die Hinterlandanbindung per Bahn ein Problembereich, denn die gewünschten wie erwarteten Zuwächse an Containertransport per Zug sind über das bestehende Schienennetz kaum abzuwickeln. Vielleicht könnte die Schiene aber auch eine ganz andere Funktion übernehmen, als lediglich für Verteilung ins Landesinnere zu sorgen. Es gibt Überlegungen, ob die Deutsche Bahn nicht mit den Reedern und Häfen in Konkurrenz treten könnte, indem sie die Landverbindung über Russland nach Peking nutzt. Ein Testzug, der im Januar 2008 in Hamburg ankam, benötigte 15 Tage für die 10 000 Kilometer lange Strecke. Gegenüber dem Seeweg ist das ein beträchtlicher Zeitvorteil. Das ist allerdings vorerst das einzige Plus, denn der 900 Meter lange Zug transportierte lediglich 89 TEU. Wenn die Absicht der Deutschen Bahn realisiert wird, rollt schon bald täglich ein Zug pro Richtung. Schwierig ist einerseits die Technik, denn die unterschiedlichen Spurweiten der Gleise machen ein zweimaliges Umsetzen der Container notwendig. Andererseits muss erst die Nachfrage für diesen Transportweg und die mit ihm verbundenen höheren Frachtraten geweckt werden.

Bei dieser eurasischen Idee der Bahn lächeln die deutschen Reeder milde, denn selbst wenn sich der Betrieb einpendeln sollte, dürfte dem Seetransport kaum etwas verlorengehen. Die schiere Masse bewältigen allein die Frachter: Wenn etwa die *Berlin-Express* von Hapag-Lloyd 8000 Container aus Asien nach Hamburg bringt, müssten für dieselbe Transportleistung 90 extrem lange Güterzüge eingesetzt werden. Da die Kosten beim Seetransport am niedrigsten liegen, erscheint es kaum denkbar, dass ein spürbares Frachtaufkommen aus dem Reich der Mitte über den Landweg nach Deutschland findet. Letztlich aber ist in der Idee eine interessante logistische Komponente enthalten: Ein Zug mit Containern aus China muss gar nicht bis an die Elbe fahren. Er könnte genauso gut auch andernorts in Deutschland enden, beispielsweise in Brandenburg, und von einem dortigen Umschlagbahnhof seine Fracht an die Empfänger verteilen lassen. Die Entzerrung der an der Küste anlandenden, weiter wachsenden Containerflut liegt im übergeordneten Interesse. Und wenn ein Teil des Logistikaufkommens im Landesinnern bewältigt wird, könnten strukturschwache Regionen davon profitieren.

Die gegenwärtigen, zum Teil exponentiell verlaufenden Steigerungsraten in der Branche verleiten Angehörige der Reeder-Elite zu dem Kommentar, es sei zu viel Euphorie im Markt, oder aber, man werde zum unausgesetzten Wachstum genötigt. Dass dies überhaupt möglich ist, liegt daran, dass die Deutschen große Meister in der Finanzierung von Schiffen sind. Die für die kostspieligen Investitionsprojekte benötigten Mittel stellen Zehntausende Anleger zur Verfügung, deren Kapital durch Abschreibungsmodelle und Tonnagesteuer »schiffsaffin« wurde. In den Augen der über die KG-Modelle zu Miteignern von Frachtschiffen werdenden Geldgeber stehen die Reeder an der Spitze der maritimen Wertschöpfungskette. Sie fungieren als Aushängeschilder, in sie wird Vertrauen gelegt, auf ihre Expertise wird gehofft, auf ihrer persönlichen wie kaufmännischen Performance ruhen die Renditeerwartungen. Daher rücken einige Reeder mehr als je zuvor in die Öffentlichkeit, wobei sie das Profil maritimer Fondsmanager pflegen. Unabhängig davon, ob sie gemäß dem Motto »Create value!« oder »Schifffahrt muss man lieben!« operieren, setzen die Banken, Emissionshäuser, institutionelle Investoren und Anleger auf den Erfolg ihrer Reedereipartner. Zur Bedachtsamkeit gemahnende oder gar kritische Stimmen, die dem gängigen

Konjunkturoptimismus zuwiderlaufen, sind in diesem wirtschaftlichen Beziehungsgeflecht nur selten zu hören.

Die in geschlossene Fonds investierenden Anleger interessieren weniger die Persönlichkeit und der Auftritt des Reeders als der pekuniäre Erfolg des Anlageobjekts. Mitunter sind die Geldgeber, von denen so viel in diesem Geschäftszweig abhängt, doch nicht so beständig, wie es die zehn- bis fünfzehnjährige Laufzeit eines Schiffsfonds erfordert. Dem Meinungsforschungsinstitut Allensbach zufolge möchte knapp ein Viertel der Investoren die Beteiligung vor dem Ende der Laufzeit abgeben. Die Gründe dafür liegen in dem Druck, eigene Schulden tilgen zu müssen, oder in der Einschätzung, dass das Ergebnis anderswo lukrativer sein könnte. Daher existiert ein nicht unbeträchtlicher »Zweitmarkt« für geschlossene Fonds, in denen Anleger ihre laufenden Beteiligungen anbieten. Das betrifft nicht allein Schiffe, sondern auch Immobilien. Diesem Angebot entsprechend, ist der Zweitmarkt rege und für Vermittler attraktiv. Längst gibt es Online-Auktionen und Handelsplätze wie Fondsbörse Deutschland oder die Deutsche Zweitmarkt AG in dem unübersichtlich wachsenden Geschäftsfeld. Die Reeder und die mit ihnen kooperierenden Emissionshäuser lassen sich dadurch nicht stören. Sie erleben auch über die Bankenkrise hinweg eine anhaltende Nachfrage nach Schiffsfonds.

Vor zwei Jahrzehnten suchte die maritime Industrie in Deutschland nach dem »Schiff der Zukunft« und senkte dabei zur Steigerung der Rentabilität die Mannschaftsstärke, wobei Berufsprofile mit anspruchsvolleren Qualifikationen entstanden. Gegenwärtig steigt mit jedem neu in Dienst gestellten Frachter die Anspannung auf dem Personalmarkt. Dies ist ein unausweichlicher Nebeneffekt der maritimen Konjunktur, der die Jagd nach qualifiziertem Bordpersonal für die Reedereien noch aufreibender als bisher gestaltet. Das wiederum verleiht den Gewerkschaften und den Seeleuten selbst eine stärkere Position, was mittelfristig zur Erhöhung der Gehälter und Heuern führt. So müssen sich die Reeder darauf einstellen, dass künftig nicht allein die Schiffsfinanzierung, der Schiffbau und das Schweröl, sondern auch das Personal teurer wird. All das sind Herausforderungen, die bewältigt werden können, da sie nicht überraschend kommen.

Der Reeder der Zukunft sitzt bereits heute in den Unternehmenszentralen an Elbe, Weser und Ems. Nach wie vor ist es von zentraler Bedeutung, dass er das Geschäft des Schifffahrtskaufmanns erlernt hat. Ein Studium, etwa Wirtschaftswissenschaften oder Jura, ist nicht zwingend notwendig als Rüstzeug für die erfolgreiche Tätigkeit an der Spitze, aber es erleichtert vieles. Schließlich machen Finanzierungsfragen und Verträge einen großen Teil der Arbeit aus. Technische Kenntnisse spielten eine große Rolle bei der Gruppe der Reeder, deren Familien im Werftgeschäft tätig waren oder eng mit dem Schiffbau zusammenarbeiteten. Dagegen ist vor allem die jüngere Generation stärker auf den Finanzmarkt ausgerichtet. Dieser Typus dürfte künftig an Gewicht gewinnen. Die bei ihnen persönlich weniger ausgeprägte oder gar fehlende technische Expertise kaufen sie ein, indem sie fachkundige Inspektoren beschäftigen. Letztlich ist alles eine Frage des Preises, und da zahlreiche deutsche Reeder im geschäftlichen Sinne obenauf sind, können sie sogar Topmanager anziehen. Beispielhaft dafür steht Erck Rickmers, der ein Vorstandsmitglied der Commerzbank abwarb: Nicholas Teller war vormals für das Schifffahrtsgeschäft der Großbank verantwortlich und übernahm später im Vorstand das Investmentbanking. Er wechselte im September 2008 als Partner und Vorstandsvorsitzender zur E.R.Capital Holding.

Abwerbung findet nicht nur bei deutschen Offizieren und Kapitänen auf der Brücke statt, sondern auch im Bankwesen, wo dank des Containerfrachterbooms im Verlauf der Jahre ein geradezu gigantisches Geschäft gemacht werden konnte. Innerhalb der Branche gingen jüngst die Augenbrauen hoch, als eine Hamburger Privatbank das komplette Schiffsanlagenteam eines Emissionshauses in sein Boot holte. Hanseatischen Formen entspricht dieses Gebaren keineswegs, aber einigen Mitspielern ist egal, wie und woher die guten Leute geholt werden, wenn das damit hinzugewonnene Leistungspotenzial vielversprechend genug aussieht. Im Finanzierungsgewerbe stehen Marktanteile und gegebenenfalls sogar das Streben nach Marktführerschaft im Vordergrund. Dahingehend schlug die vom US-amerikanischen Immobilienmarkt ausgehende Bankenkrise keine anhaltenden Wellen im Geschäft mit der Schiffsfinanzierung, denn die wichtigsten deutschen Institute wollen sich ihre vordersten Positionen nicht nehmen lassen. Entsprechend stellte die HSH Nordbank dem Emissionshaus MPC im Frühjahr 2008 ein umfangreiches Darlehen zur Finanzierung von acht 13 000-TEU-Frachtern zur Verfügung, die bei Hyundai Heavy Industries geordert wurden. Die Gesamtkosten belaufen sich auf 1,5 Milliarden Dollar. Neben der Bank soll die Platzierung auf dem KG-Markt die beträchtliche Summe erbringen. Schon Mitte 2012 werden diese acht Schiffe in Fahrt sein, womit MPC weiter nach vorn drängt. Hier zeigt sich, wie flüssig und effizient das auf ausgeprägten persönlichen Geschäftskontakten basierende maritime Netzwerk im Norden Deutschlands ist. Man kennt und vertraut sich und setzt auf die gängigen Projekte, auch wenn der Internationale Währungsfonds zur gleichen Zeit eine Billion Dollar an Abschreibungen und Verlusten im Bank- und Immobilienwesen für möglich hält.

In der Containerschifffahrt hängt sehr viel von der Verlaufskurve der Weltkonjunktur und der Ölpreisentwicklung ab, während die Schwäche des Dollar gegenüber dem Euro eher nebensächlich ist. Ulrich Kranich, der Containerchef von Hapag-Lloyd, erwartet ein fortgesetztes Wachstum. Dies sei vor allem auf der Route Asien–Europa in Sicht, denn niemand könne die Produktion von den asiatischen Ländern nach Europa oder in die USA zurückverlagern. Daher werde der containergestützte Transportbedarf in Zukunft nicht nur stabil bleiben, sondern wachsen. Das ist es, worauf die deutschen Trampreeder ihren Optimismus gründen und deshalb ein breiteres Lächeln zur Schau tragen als je zuvor, oder wie es Claus-Peter Offen in knappe Worte fasst: »Unser Industriezweig ist ein Gewinner der Globalisierung!« Nur gelegentlich wird er beeinträchtigt durch in jüngster Zeit vermehrte Angriffe von modernen Piraten in Südostasien und am Horn von Afrika. Abgesehen von den unmittelbaren Gefahren für die Besatzungen sind dies aber nur lästige Nadelstiche, die die Versicherungsprämien in die Höhe treiben.

Jeder, der lange genug im Geschäft ist, weiß um den zyklischen Charakter der Handelsschifffahrt. Seit Jahren geht es mit den Containerfrachtern, Bulkern und Tankern bergauf, wenn auch die Charterraten immer wieder volatil sind. Wenn es wellenförmige Abläufe sind, müsste die Welle irgendwann brechen. Da niemand – selbst die arrivierten Branchenkenner nicht – die Entwicklung der Container-schifffahrt der letzten Jahrzehnte korrekt eingeschätzt hat, sind sich die Experten uneins über die Aussichten. Sie fasziniert die Konjunktur aufgrund der damit verbundenen Verdienstmöglichkeiten. Nur wenige warnen, dass aller Erfahrung nach eine Talfahrt kommen müsste. Wie würden die Reedereien eine längere Rezession, etwa infolge von Konsumrückgang, Verlust an Frachtaufkommen und reduziertem Bedarf an Tonnage, überstehen? Es ist wie auf einem Schiff, das die lange atlantische Dünung durchschneidet und dann in ein Wellental eintaucht. Gut konstruierte Frachter reiten im Sturm das Auf-und-Nieder selbst zwischen den größten Wellen problemlos ab, auch wenn der Rumpf in der Torsion biegt und ächzt. Im Fall einer Rezession würde sich schnell zeigen, wer von den Mitspielern stabil kalkuliert oder nur auf ein einziges Pferd gesetzt hat. Zu beobachten ist, dass eine ganze Reihe der führenden Trampreedereien neben den Containerfrachtern in wachsendem Maße andere Schiffstypen wie Bulker, Produktentanker oder Autotransporter betreiben, um einerseits von der Nachfrage in diesen Bereichen zu profitieren und andererseits ihre Risiken durch Diversifikation zu streuen. Da kommt wieder das Oetker-Motto »nicht alle Eier in einen Korb ...« ins Spiel. Derzeit ist keine Krise der Schifffahrt in Sicht. Offen, Döhle, Ponath, Rickmers, Schulte, Ahrenkiel, Leonhardt, Schües, Echevarria, Harmstorf, Meier-Hedde, Hartmann und die anderen Mitspieler im Kreis der Trampreeder sonnen sich im Glück des schon jahrelang anhaltenden Moments, für den sie unausgesetzt gearbeitet haben. Sie sind Herren der Container, die Zehntausende auf See beschäftigen und die Lasttiere der Logistik nach den Möglichkeiten des Marktes in steter Bewegung halten. Das damit verbundene Resultat ist beachtlich, denn dieser sehr überschaubare Kreis von mittelständischen Kaufleuten hat wesentlich dazu beigetragen, dass der Nabel der Containerschifffahrt in Deutschland liegt.

Die Schifffahrtsunternehmer der Gegenwart verbringen mehr Zeit auf Flughäfen, in der First Class und in Besprechungszimmern als auf ihren Schiffen. Ähnlich verstreut wie die Produktionsstätten der globalisierten, arbeitsteiligen Wirtschaft sind eben auch die Geschäftspartner, Charterer, Banken, Agenturen, Frachtkunden und Werften. Manchem Angehörigen der Reeder-Elite sind die häufigen Fernreisen eine Art Lebenselixier, von dem sie offenbar nicht genug bekommen können, andere hingegen dosieren sparsamer und fliegen nur zweimal im Jahr nach Ostasien. Unausgesetzt neue Projekte anzustoßen und zu entwickeln, das nachhaltige Pflegen der Kontakte, die ständige Herausforderung, überzeugen zu müssen – all das fordert und formt die Persönlichkeit des Reeders. Läuft er damit Gefahr, »nichts als ein Getriebener, ein Gehetzter von einer übernommenen Pflicht zur andern, in immer engere und bedrängendere Abhängigkeiten hineinverzwickt« zu sein, wie es der Hamburger Journalist und Schriftsteller Hans Leip einst über Albert Ballin schrieb? Leip stellte in seiner romanhaften Biographie des großen kaiserzeitlichen Unternehmers eine interessante Frage: »Ist er noch er selber? Ist er es damals nicht viel mehr gewesen mit der kleinen eigenen Agentur …?« Ausgeprägter Erwerbs-, Gestaltungs- und Aufstiegswille scheint charakteristisch für einen Reeder, egal zu welcher Zeit. Sein Geschäft war und ist niemals ruhig, wenn er mehr als eine Handvoll Schiffe betreibt. Ob traditioneller Schifffahrtskaufmann mit eigenen Frachtern oder moderner Portfolio-Manager mit eher kurzfristiger Renditeorientierung, jeder muss auf seine Weise in der über mehrere Ebenen vernetzten maritimen Wirtschaft seine Ziele erreichen. Die Rastlosigkeit des anspruchsvollen Auftraggebers der Werften, des weltweit auftretenden Verhandlungspartners der Charterer und des verlässlichen Kreditnehmers der Banken gehört zum innersten Kern seines Alltagsgeschäfts. Nur die wenigsten Reeder delegieren dies an Beauftragte, da sie die Fäden in der Hand behalten wollen, während ihre über den Globus verstreuten Geschäftspartner den persönlichen Auftritt am ehesten schätzen.

Die Warte des Containerschiffsreeders ist eine andere als die des zufälligen Betrachters, der dem Containerlaster im Straßenverkehr begegnet oder eines der türkisblauen Mærsk-Schiffe auf der Außenweser sieht. Diejenigen von ihnen, die in ihrem Büro oder am Wohnsitz über einen Logenplatz am Fahrwasser verfügen, werfen so oft sie können einen prüfenden Blick auf die einlaufenden Frachter, in dem mitunter so etwas wie Jagdfieber zum Ausdruck kommt. In unterschiedlicher Ausprägung hängt ihr geschäftlicher Erfolg von der Fähigkeit ab, die Chancen des Marktes zu erkennen und zur Erreichung ambitionierter Ziele starke Geschäftspartner zu finden. Dabei sind Durchsetzungsvermögen, Beharrlichkeit, Ehrgeiz und das Streben nach Macht genauso von Bedeutung wie kaufmännisches Know-how und Vertrauenswürdigkeit. Ein bekannter Name stellt in der Schifffahrt so etwas wie immaterielles Kapital dar. Auch die über Generationen gewachsene maritime Tradition der Familie zählt viel, aber sie ist kein alleiniges Entreebillet. Reeder müssen offenbar, wie es der Schiffsmakler Christian Hinneberg nennt, farbige Persönlichkeiten sein, die in der Lage sind, auf deutschem und internationalem Parkett schnell und zuverlässig aus dem Bauch zu entscheiden, unabhängig davon, ob es um den Verkauf eines gebrauchten Frachters, die Bestellung einer Milliarden verschlingenden Neubauserie oder den Abschluss von Charterverträgen geht. Die Spannweite, die zwischen traditionellen Handschlaggeschäften und dem modernen Fondsmanagement liegt, zeichnet die Reeder als exklusive, eigenwillige Unternehmergruppe aus. Schade nur, dass sie sich so rar machen, denn Führungskräfte anderer Branchen könnten sich ein Beispiel an ihnen nehmen. Schließlich erscheinen die Reeder aufgrund der Art ihres internationalen Agierens, ihrer Vernetzung, ihrer ständigen Neuorientierung und der dadurch ermöglichten Effizienz als seit langem bewährte Prototypen einer globalisierten Wirtschaft.

Nachbemerkung und Dank

Die Anregung zu diesem Buch stammt von Georg C. Domizlaff. Er wies mich darauf hin, dass die Bedeutung der Containerschifffahrt für die norddeutschen Hafenstädte und vor allem Hamburg kaum überschätzt werden kann, dass aber gleichzeitig über die treibenden Kräfte in dieser Boombranche kaum etwas bekannt ist. Domizlaff öffnete mir in der folgenden Zeit manche Tür zu Reedern, Fondsmanagern und Kennern der Szene, wodurch es möglich wurde, die hier enthaltene Darstellung zu beginnen. In der Containerschifffahrt sind etwa 140 deutsche Reedereien tätig, aber nur ein sehr kleiner Kreis managt mehr als ein Dutzend Frachter. Bedeutende und wachstumsstarke Firmen sind in diesem Buch genannt und beschrieben worden, aber keineswegs alle, die aufgrund ihres Volumens oder ihres exponenziellen Wachstums als Mitspieler in der ersten Liga deutscher Schiffahrtsunternehmen hätten thematisiert werden können. Wer eine Reederei nicht adäquat dargestellt sieht, mag Anlass für Kritik darin finden. Allerdings ist nicht jeder Unternehmer zugänglich, wenn er zum Gegenstand der Recherche mit dem Ziel öffentlicher Thematisierung wird. Der Umfang der Darstellung einzelner Personen oder Reedereien in diesem Buch entspricht nicht dem Ranking von Tonnage oder TEU-Kapazitäten. Meine vorrangige Absicht als Autor war es, die maßgeblichen Köpfe unter den deutschen Containerschiffsreedern im Rahmen der Branchenentwicklung zu behandeln. So stark die Individualität der einzelnen Persönlichkeiten ausgeprägt ist, so wenig repräsentativ kann auch der ihnen gewidmete Text sein.

Das Buch basiert auf Offenheit und Unterstützungsbereitschaft vieler, denen ich für inhaltsreiche Gespräche und detaillierte Informationen zu Dank verpflichtet bin. An erster Stelle möchte ich den Reedern und Führungskräften aus der maritimen Wirtschaft danken: Roberto Echevarria (NSC Schifffahrtsgesellschaft mbH & Cie. KG), Peter Gast (Peter Gast Shipping GmbH), Thomas Harmstorf, Thomas Meier-Hedde und Amélie C. Oetker (Reederei Alnwick Harmstorf & Co. KG), Christian Hinneberg (Walter J. Hinneberg GmbH & Co. KG), Ulrich Kranich und Eva Gjersvik (Hapag-Lloyd AG), Frank Leonhardt (Leonhardt & Blumberg Reederei GmbH & Co. KG), Raetke Müller (J. F. Müller & Sohn AG), Claus-Peter Offen und Svante Domizlaff (Reederei Claus-Peter Offen GmbH & Co. KG), Helmut Ponath und Bettina Wiebe (NSB Niederelbe Schifffahrtsgesellschaft mbH & Co. KG), Bertram Rickmers (Rickmers Reederei GmbH & Cie. KG), Erck Rickmers (Nordcapital Holding GmbH & Cie. KG), Dr. Axel Schroeder (MPC Capital AG), Nikolaus H. Schües (Reederei F. Laeisz Schiffahrtsgesellschaft mbH + Co. KG), B. W. Alexander Schulte (Reederei Thomas Schulte GmbH & Co. KG), Dr. Heinrich Schulte (Bernhard Schulte GmbH & Co. KG), Knud E. Stubkjær (E. R. Schiffahrt GmbH & Cie. KG).

Darüber hinaus bin ich für Hintergrundgespräche, Detailinformationen und Empfehlungen einem weiteren Personenkreis dankbar. Nennen kann und möchte ich: Büro Dr. Stefan Behn (HHLA AG), Dieter Benze (Europäische Transportarbeiter Föderation), Beatrice Claus (WWF Deutschland), Dirk Max Johns und Lorena Gramsch (Verband Deutscher Reeder), Dr. Susanne Kill (Unternehmensarchiv Deutsche Bahn), Gelfo Kröger (DB Schenker), Dr. Helen Müller, Jochen Prinz, Marion Rathbauer (Büro Dr. Bernd Kortüm, Norddeutsche Vermögen Holding GmbH & Co. KG), Dr. h. c. Friede Springer, Professor h. c. Peter Tamm, Christoph Witte.

Erik Lindner, Berlin, September 2008

Glossar

Chartertermini, Reedereien

Bereederer	Reederei, die Schiffe managt, die nicht ihr Eigentum sind
Charterer	Mieter eines Schiffes für einen Zeitraum oder eine Reise
Charterrate	Mietzins für die Überlassung des Schiffes (im Regelfall in US-Dollar gezahlt)
Reederei	Gesellschaft mit Schiffseigentum im Betriebsvermögen
Linienreederei	Reederei, deren eigene oder gecharterte Schiffe auf festen Routen fahrplanmäßig verkehren
Spot-Markt	Chartermarkt, auf dem Schiffe kurzfristig für eine Reise oder einen kurzen Zeitraum gechartert werden
Trampreederei	Reederei, die ihre Schiffe per Zeitcharter vor allem Linienreedereien zur Verfügung stellt

Linienreedereien

APL	American President Line, USA, seit 1998 Tochter von NOL, Singapur
CMA CGM	Zusammenschluss von Compagnie Générale Maritime und Compagnie Maritime d'Affrètement, Frankreich
COSCO	China Ocean Container Shipping Company, China
CP Ships	Canadian Pacific Ltd., Kanada, seit 2005 Hapag-Lloyd-Tochter
CSAV	Compania Sudamericana de Vapores S.A., Chile
Evergreen	Evergreen Line, Taiwan
Grand Alliance	1998 gegründetes Containerschifffahrts-Konsortium (Hapag-Lloyd, MISC, NYK, OOCL)
Hamburg Süd	Hamburg Südamerikanische Dampfschifffahrts-Gesellschaft KG, Hamburg, Oetker-Tochter
Hanjin	Hanjin Shipping Co., Südkorea
Hapag-Lloyd	Hapag-Lloyd AG, Hamburg, TUI-Tochter

Mærsk	A.P. Møller-Mærsk Group, Dänemark; weltgrößtes Schiff-fahrtsunternehmen
MISC	Malaysian International Shipping Corp., Malaysia
Mitsui	Mitsui OSK Lines, Japan
MSC	Mediterranean Shipping Company, Schweiz
NOL	Neptune Orient Lines, staatliche Reederei, Singapur
NYK	Nippon Yusen Kaisha, Japan
OOCL	Orient Overseas Container Line, Hongkong
OPDR	Oldenburg-Portugiesische Dampfschiffs-Rhederei, seit 1996 Tochter von Schulte Group, Hamburg
P & O Nedlloyd	Royal P&O Nedlloyd, britisch-niederländische Reederei, seit 2005 Mærsk-Tochter
Sea-Land	Sea-Land Corporation, USA, 1960 als erste Containerschiffsreederei gegründet von Malcom McLean, seit 1999 Mærsk-Tochter

Einige im Text behandelte Reedereien im Charter-Containergeschäft

Döhle	Peter Döhle Schiffahrts-KG, Hamburg
DSR	Deutsche Seereederei, Rostock
E.R. Schiffahrt	E.R. Schiffahrt GmbH & Cie. KG, Hamburg
H. Schuldt	Norddeutsche Reederei H. Schuldt GmbH & Co. KG, Tochter von Norddeutsche Vermögen, Hamburg
Harmstorf	Reederei Alnwick Harmstorf & Co. GmbH & Co. KG, Hamburg
Laeisz	Reederei F. Laeisz Schiffahrtsgesellschaft mbH + Co. KG, Rostock
Leonhardt & Blumberg	Leonhardt & Blumberg Schiffahrts GmbH & Co., Hamburg
NSB	Niederelbe Schiffahrtsgesellschaft mbH & Co. KG, Buxte-hude
NSC	NSC Schifffahrtsgesellschaft mbH & Cie. KG, Hamburg
Offen	Reederei Claus-Peter Offen (GmbH & Co.) KG, Hamburg
Rickmers	Rickmers Reederei GmbH & Cie. KG, Hamburg (gleichzeitig Linienreederei)
Schulte	Reederei Thomas Schulte GmbH & Co. KG, Hamburg
Schulte Group	Bernhard Schulte GmbH & Co. KG, Hamburg, Reederei und Holding

Finanzierungstermini, Emissionshäuser, Banken

Atlantic	Atlantic Gesellschaft zur Vermittlung internationaler Investitionen mbH & Co. KG, Hamburg
CONTI	CONTI Unternehmensgruppe, Emissionshaus und Reederei, München
Fonds	für einen bestimmten Zweck gebildeter und verwalteter Vermögenswert

Ein-Schiff-Gesellschaft	von Emissionshäusern gegründete Kommanditgesellschaft, die ein Schiff besitzt und dieses durch eine Reederei bereedern lässt
GEBAB	GEBAB Konzeptions- und Emissionsgesellschaft mbH, Meerbusch
Geschlossener Fonds	Gesellschaft, die ein fest definiertes Fondskapital zur Finanzierung von Investitionsprojekten an mehrere Anleger emittiert
Hamburger Seehandlung	Emissionshaus von F. Laeisz
Hansa Treuhand	Hansa Treuhand Schiffsbeteiligungs AG & Co. KG, Hamburg
HCI	Hanseatische Capitalberatungsgesellschaft mbH, Hamburg
HSH Nordbank	Hamburg-Schleswig-Holsteinische Landesbank, Hamburg
Initiator	Anbieter, der allein oder gemeinsam mit anderen Anbietern ein Investitionsprojekt auflegt oder öffentlich privates Anlagekapital für ein derartiges Projekt einwirbt
König & Cie.	König & Cie. GmbH & Co. KG, Hamburg
MPC	Münchmeyer Petersen Capital AG, Hamburg
Nordcapital	Nordcapital Emissionshaus GmbH & Cie. KG, Hamburg
NV	Norddeutsche Vermögen Holding GmbH & Co. KG, Hamburg
PCE	Premium Capital Emissionshaus GmbH & Co. KG, Hamburg
Pool	Schiffe, die unter der Regie eines Koordinators als Einheit betrachtet und deren Erträge kumuliert werden
Private Placement	Platzierung einer Beteiligung unter wenigen Anlegern mit hohen Zeichnungssummen
Tonnagesteuer	seit 1. 1. 1999 bestehende Möglichkeit für Schifffahrtsgesellschaften, eine pauschalierte Gewinnermittlung in Relation zur im internationalen Schiffsverkehr eingesetzten Tonnage vorzunehmen

Schifffahrtstermini, Werften, Häfen etc.

BLG	Bremer Lagerhaus-Gesellschaft, BLG Logistics Group AG & Co. KG, Bremen
BRT	Bruttoregistertonne (vgl. tdw)
Bulker	Massengutfrachter
Bunker	Schweröl, Treibstoff für Schiffsmotoren
CTA	Container Terminal Altenwerder, Hamburg
Daewoo	Daewoo Shipbuilding & Marine Engineering Co., Ltd., Okpo, koreanische Werft
ETF	Europäische Transportarbeiter Föderation, Seeleute-Gewerkschaft
Eurogate	Eurogate GmbH & Co. KGaA KG; Unternehmen, in dem die Container-Aktivitäten von BLG Logistics Group (Bremen)

	und Eurokai (Hamburg) zusammengefasst sind; u. a. Betreiber von Terminals in Bremerhaven und Hamburg sowie Bahntransport
Eurokai	Eurokai KGaA, Hamburg
Feeder	in Zuliefer- und Verteildiensten eingesetztes Containerschiff
Gantry Crane	Portalkran im Containerterminal zum Umschlag von Containern
Germanischer Lloyd	technische Überwachungsorganisation und Klassifikationsgesellschaft für Schiffe und Meerestechnik, Hamburg
Hanjin	Hanjin Heavy Industries Co., Ltd., Busan, koreanische Werft
HHLA	Hamburger Hafen und Logistik AG, teilprivatisierter staatlicher Hafenbetreiber
HDW-Gaarden	zu ThyssenKrupp gehörende Kieler Werft (ehemals Howaldtswerke Deutsche Werft)
Hub	Containerhafen oberster Kategorie, der im Zentrum eines Netzes von Feeder-Diensten sowie ggf. von Bahn- und Straßenlogistik liegt
Hyundai	Hyundai Heavy Industries Co., Ltd., Ulsan, koreanische Werft
ISO	International Organization for Standardization, internationaler Normenausschuss
ISPS-Code	International Ship and Port Facility Security Code, seit 1. 7. 2004 geltendes Hafen- und Schiffssicherheitsreglement
ITF	Internationale Transportarbeiter Föderation, Seeleute-Gewerkschaft
Jade-Weser-Port	im Bau befindlicher Tiefwasser-Containerhafen in Wilhelmshaven
kn	Knoten, Geschwindigkeitsangabe (1 kn = 1 sm pro Stunde; 25 kn entspricht 46,3 km pro Stunde)
Löschen	Entladen eines Schiffes oder Containers
New-Panmax	neue Generation von Containerschiffen (12500–13100 TEU), Einsatz ab Ende 2009; maximale Breite 49 Meter, um den ab 2014 ausgebauten Panama-Kanal zu passieren
Nordrange	Seehäfen entlang der Nordseeküste wie Antwerpen, Rotterdam, Bremerhaven, Hamburg
Odense Staalskibsværft	zum Mærsk-Konzern gehörende Werft in Odense
Off-Hire	Beschäftigungslosigkeit des Schiffs, z. B. bei Werftaufenthalten; für diese Zeit entfallen Chartererlöse
OPEC	Organization of the Petroleum Exporting Countries (Organisation der erdölexportierenden Länder)
ÖTV	Gewerkschaft Öffentliche Dienste, Transport und Verkehr
Panmax	Generation von Containerschiffen (bis 5000 TEU) mit Breite bis 32,30 Meter, um die Schleusen des Panama-Kanals zu passieren (vor Ausbau 2014)
Produktentanker	kleiner Tanker, der neben Benzin und Dieselöl auch Speiseöl sowie Säuren und andere aggressive Chemikalien befördert

PSA	Port of Singapore Authority, weltgrößter Betreiber von Containerterminals
Revierfahrt	Manövrieren auf Seeschifffahrtstraßen und in Häfen, mit Lotsenführung
Samsung	Samsung Heavy Industries Co., Ltd., Koje, koreanische Werft
Schiffsregister	bei Registergerichten geführtes öffentliches Register, in das Schiffe eingetragen werden (ähnlich dem Grundbuch für Immobilien)
Sietas	J. J. Sietas KG Schiffswerft GmbH & Co., Hamburg
Slot	freie Kapazität auf einer Werft für den Bau eines Schiffes; freier Liegeplatz am Containerterminal
Seemeile	1,852 Kilometer
tdw	tons dead weight, Tragfähigkeit des Schiffs in Tonnen
TEU	twenty-foot equivalent unit, Maßeinheit für 20-Fuß-ISO-Container
Twist Lock	drehbare Eckverriegelung als Verbindungsstück zwischen zwei Containern
Van Carrier	Transportfahrzeug für bis zu vier Container auf dem Terminalgelände
VDR	Verband Deutscher Reeder
Zweitregister	offene Schiffsregister ausländischer Staaten, in denen u. a. deutsche Reeder Schiffe zwecks Ausflaggung eintragen lassen

Literaturverzeichnis (Bücher und Artikel)

25 Jahre NSB, in: *Hansa. International Maritime Journal*, Sonderdruck, 2007

100 Jahre Verband Deutscher Reeder. 100 Years German Shipowners' Association, hg. von Dirk Max Johns, Verband Deutscher Reeder, Hamburg 2007

Stefan Aust, Claus Richter, Matthias Ziemann, Wettlauf um die Welt. Die Globalisierung und wir, München 2007

Peter Suppli Benson, Bjørn Lambek, Stig Ørskov, Mærsk – manden og magten, Kopenhagen 2004

Otto Bönisch, Harry Wenzel, Joachim Stübner, DSR-Lines. Die Deutsche Seereederei Rostock, Hamburg 1996

Julian Bray, Janet Porter, The fine art of deal-making, in: *Lloyd's List*, 9.6.2004 [über Walter J. Hinneberg GmbH & Co. KG]

Julian Bray, Janet Porter, Germany's admired broking business that shuns all forms of publicity, in: *Lloyd's List*, 8.6.2004 [über Hinneberg]

Julian Bray, Janet Porter, Shipbroking the Hinneberg Way, in: *Lloyd's List*, 9.6.2004

Julian Bray, Janet Porter, Walter Hinneberg – the face of the most successful shipbroker ever?, in: *Lloyd's List*, 8.6.2004

Frank Broeze, The Globalisation of the Oceans: Containerisation from the 1950s to the Present, St.John's 2002

Renate Bunde, Ursachen und Konsequenzen der Ausflaggung der deutschen Handelsflotte. – Warum das »Zweitregister« hohe gesellschaftliche Kosten verursacht, aber keinen Beitrag zum Erhalt der bundesdeutschen Seeschiffahrt leisten kann, Hamburg 1991

Container. Transport, Technik, Versicherung, hg. von der Münchener Rückversicherungs-Gesellschaft, München 2004

Brian J. Cudahy, Box Boats, How Container Ships Changed the World, New York 2006

Die reichsten Deutschen, in: *Manager Magazin Spezial*, Oktober 2007

Jürgen Dobert, Das goldene Händchen, in: *Hamburger Abendblatt*, 23. 1. 1995 [über Claus-Peter Offen]

Ders., Mit der Steuer in der Hand, in:
100 Jahre Verband Deutscher Reeder, 2007, S. 329 – 349

Svante Domizlaff, Der Mann, der gegen den Strom schwimmt, in: *Hamburger Abendblatt*, 13. 11. 2003 [über Bertram Rickmers]

Ania Faas, Die Sklaven der Container, in: *Spiegel Extra*, Global City Hamburg, August 2007, S. 24 – 27

Ralph Geuther, Der Wettbewerb in der Containerlinienschiffahrt. Der Transportmarkt Bundesrepublik Deutschland – Fernost, Göttingen 1990

Julian Hans, Käpt'n gesucht. Die deutschen Reedereien sind so gut im Geschäft, dass ihnen das Personal ausgeht, in: *Die Zeit*, 5. 1. 2006

Ullrich Hautau, Seeverkehrsmärkte im wettbewerbspolitischen Wandel dargestellt am Beispiel der Container-Linienschifffahrt auf der Nordatlantik- und Fernost-Route, Frankfurt 2002

Alexander Jung, Thomas Schulz, »Ohne uns kein Welthandel«, in: *Der Spiegel*, 1/2008, S. 62 – 63 [über Michael Behrendt]

Arnold Kludas, 150 Jahre Rickmers 1834/1984, Herford 1984

Karsten Kunibert Krüger-Kopiske, Deutsche Containerschiffe. Eine illustrierte Flottenliste der Containerschiffe im deutschen Management. Stand Frühjahr 2004, Hamburg 2004

Arne Larsson, Ships and Friendships, Chippenham 2004

Marc Levinson, The Box. How the Shipping Container made the world smaller and the world economy bigger, Princeton 2006

N. N., Reederei Offen rechnet mit einem Anstieg der Frachtraten, in: *Die Welt*, 18. 5. 1999

Thomas Pawlik, Heinrich Hecht, Containerseeschifffahrt, Königswinter 2008

Hans Georg Prager, F. Laeisz. Vom Frachtsegler zum Kühlschiff, Containerschiff und Bulk Carrier, Herford 1994

Olaf Preuß, Eine Kiste erobert die Welt. Der Siegeszug einer einfachen Erfindung, Hamburg 2007

Christian Schüle, Die starken schwachen Männer, in: *Mare*, 68, 2008, S. 76 – 93 [über Seeleute]

Susanne Schulz, Herr Møller sucht das Glück, in: *Manager Magazin*, 13.7.2007 [über Mærsk]

Thomas Schulz, Die Herren der Container, in: *Spiegel Extra*, Global City Hamburg, August 2007, S. 22–24

Burkhard Strassmann, Dicke Luft im Hafen, in: *Mare*, 64, 2007, S. 84–86

Eva-Maria Thoms, Unter fremder Flagge. Deutsche Reeder finanzierten das gestürzte liberianische Regime von Charles Taylor mit, in: *Die Zeit*, 41/2003

Henning Winter, Christian Hennig, Markus Gerhard (Hg.), Grundlagen der Schiffsfinanzierung, Frankfurt 2007

Sven Wischke, Containerschiffe als Gegenstand ethnologischer Unternehmenskulturforschung. Unveröffentlichte Magisterarbeit, Sozialwissenschaftliche Fakultät der Universität Göttingen, 2008

Hans Jürgen Witthöft, Container – Die Mega-Carrier kommen, Herford 2004

Alexander Zeuner, Frank Leonhardt. Der Hanseat und das Meer, in: *Manager Magazin*, 22.8.2007

Zwischenbericht des Parlamentarischen Untersuchungsausschusses (12. Ausschuss), »Vertragsabschlüsse Schiffbau und Schiffahrt«, Landtag Mecklenburg-Vorpommern, 1. Wahlperiode, Drucksache 1/2700, 13.1.1993

Personenregister

Abramowitsch, Roman 255
Aden, Detthold 236
Agassi, Andre 252
Ahrenkiel, Christian 154, 188, 253, 272
Andersen, Nils S. 141
Aponte, Diego 144
Aponte, Gianluigi 143
Aponte, Raffaela 143
Aust, Stefan 136 f., 273, 284

Baer, Gerd 26
Ballin, Albert 34 f., 254, 273
Becker, Boris 252
Behrendt, Michael 139, 150, 213, 264, 285
Behrmann, Heino 153
Benze, Dieter 97, 104, 168 ff.
Beust, Ole von 108, 130, 233 f., 237
Beveridge, Ian 187
Bismarck, Otto von 35
Block, Harald 42, 97
Blumberg, Arthur 192
Brandt, Willy 187

Callas, Maria 251
Carstensen, Peter Harry 108
Chang, Yung-Fa 145
Claus, Beatrice 235 f.

Dobert, Jürgen 100, 107, 131 f., 164, 206, 285

Döhle, Christoph 52, 252
Döhle, Jochen 13, 24, 48 f., 53 f., 99, 105, 126, 134, 136, 170, 195, 201, 252
Döhle, Peter 49, 52, 201 f.
Domizlaff, Svante 9, 15
Dreyer, Karl-Joachim 108

Ebel, Hermann 14, 37, 42, 97, 110, 193, 255
Ebel, Milena 255
Echevarria, Roberto 43 ff., 48, 126, 136, 211, 213, 264, 272
Eckelmann, Kurt 238 f.
Eckelmann, Thomas H. 239 ff., 252
Essberger, John T. 26, 174

Feininger, Lyonel 48
Fredriksen, John 251, 262

Galatiltis, Petras 73, 75
Gast, Peter 26, 108–112, 116, 143
Gomolka, Alfred 202

Haller, Martin 34
Harmstorf, Alnwick F. 37, 76 f., 278
Harmstorf, Andreas 77

Harmstorf, Thomas 58, 68 f., 73–80, 100, 123, 136, 148, 159, 227, 253, 272
Henke, Norbert 201
Hennemann, Friedrich 201 ff.
Herz, Daniela 143
Herz, Günter 143, 263
Hinneberg, Anita 123
Hinneberg, Christian 86, 108, 117–120, 122 f., 136, 201, 274
Hinneberg, Walter 86, 117, 120, 122, 284
Hinneberg, Walter J. 117–123, 284
Höger, Fritz 34, 56
Hopp, Dietmar 255

Irminger, Peter 255

Jensen, Alfred 192
Johns, Dirk Max 230, 284

Kennedy, Jacqueline 251
Kersten, Rolf 121
Kluge, Kurt 106
Kohl, Helmut 94, 198
Kortüm, Bernd 13 f., 101, 105 f., 136, 164, 195, 197, 252, 254

Bildnachweis

Klaus Bodig   50/51
Deutsche Bahn AG, Hans-Joachim Kirsche   248/249
F. Laeisz GmbH   198
Erik Lindner   16/17, 18/19, 20/21, 38/39, 40/41, 46/47, 54/55, 60/61, 62/63, 64/65, 66, 70/71, 184/185
Mecklenburger Metallguss GmbH, MMG   114
Astrid Möller, Bildwerkstatt Nienstedten   190
NSB Niederelbe Schiffahrtsgesellschaft mbh & Co. KG   162
Norddeutsche Vermögen Holding GmbH & Co. KG   106
Eberhard Petzold, www.foto-dock.com   72, 128/129, 224/225, 242/243
Rickmers Holding GmbH & Cie. KG   23
Christian Schoppe   83
Reederei Thomas Schulte GmbH & Co. KG   175
Michael Stanzer für die NSC Schifffahrtsgesellschaft mbH & Cie. KG   43
Jan Windszus   59
Michael Zapf   127